Gustav E. Closen, Die Sünde der Söhne Gottes

SCRIPTA PONTIFICII INSTITUTI BIBLICI

DIE SÜNDE DER " SÖHNE GOTTES "
GEN. 6, 1-4

Ein Beitrag zur Theologie der Genesis

von

GUSTAV E. CLOSEN S. J.

ROM 1937
PÄPSTLICHES BIBELINSTITUT

Imprimatur. † ALOYSIUS TRAGLIA,
　　　　　　Archiep. Caesarien. in Palaestina, *Vicesger.*

Iura editionis et versionis reservantur

PRINTED IN ITALY

ROMA - SCUOLA TIPOGRAFICA PIO X - VIA DEGLI ETRUSCHI, 7-9 - ROMA

VORWORT

Der Text Gen. 6, 1-4, mit dessen Deutung sich diese Arbeit beschäftigt, lässt sich unter vielfacher Rücksicht behandeln. Schon die blosse Geschichte der Exegese dieser wenigen Verse würde ein lohnendes Thema darstellen, das mit Sicherheit selbst auf neue Ergebnisse rechnen könnte. Doch soll eben die Geschichte der Exegese in dieser Studie nur den Platz einnehmen, der ihr als wertvollster Hilfsquelle und als Ergänzung in jeder exegetischen Arbeit zukommt. Auch zahlreiche andere Fragen, die aus den verschiedensten Berührungsgebieten hier zu erwähnen sind, mögen nur so weit herangezogen werden, als sie der positiven Deutung des Textes *selber dienen. Wer ferner weiss, welch eine Rolle Gen. 6, 1-4 als Schrifttext oder als Idee in der Geister-, Engel- und Dämonenlehre bei Heiden, Juden und Christen in den letzten zwei Jahrtausenden gespielt hat, wird sich nicht wundern, wenn die vorliegende Untersuchung sich nicht einmal eine vollständige Statistik aller einschlägigen Literatur vornimmt. Diese ist, wenn alles berücksichtigt würde, ins Uferlose angewachsen. Schon um 800 n. Chr. konnte* Georgios Synkellos *vom Problem unseres Textes schreiben:* σχεδὸν ἅπας λόγος φανερὸς καὶ ἀπόκρυφος τοῦτο ἐμνημόνευσεν ([1]). *Heute, über 1000 Jahre später, gilt das noch viel mehr. So bleibt das Ziel dieser Arbeit darauf beschränkt, eine* positive Deutung dieses Textes der Genesis *zu versuchen, dabei vor allem zu streben, den theologischen Lehrgehalt der Stelle herauszuarbeiten, besonders diese Verse zu sehen*

---

[1] *Chronographia*, Ed. Dindorf, Bonna 1829, 24.

im Zusammenhang mit der Theologie der Sünde, wie sie in der Genesis überhaupt geboten wird.

Um dieses Ziel besser zu erreichen, bemüht sich die Arbeit auf in etwa neuen Wegen an die Interpretation des Textes heranzutreten. Bisher haben wir ja in der Exegese von Gen. 6, 1-4 das eigentümliche Schauspiel, dass zwei extreme Lösungen des Problems sich wenigstens seit dem dritten Jahrhundert unserer Zeitrechnung schroff gegenüberstehen. Die einen sehen in den « Söhnen Elohims » Vertreter einer bestimmten Menschengruppe, Söhne Seths, « Übermenschen », Tyrannen, Richter, fromme und religiöse Menschen o. d. m. Den andern sind diese « Göttlichen » Wesen einer höheren Welt, Engel oder Dämonen, die in geschlechtlicher Liebe materialisiert eine gott- und menschenwidrige Einigung von Geist und Fleisch, Unsichtbarem und Sichtbarem, Übernatur und Natur versuchen. Die Vorkämpfer der ersten Ansicht schliessen aus exegetischen und dogmatischen Gründen jede Mythologie aus dem Texte aus. Die andern weisen auf die — wohl tatsächlich unüberwindlichen — Schwierigkeiten hin, die es verbieten, in den « Göttlichen » eine einzelne Klasse, eine Sondergruppe von Menschen zu erblicken.

Demgegenüber möge hier der exegetische Versuch gemacht werden, weder die eine noch die andere Ansicht zu übernehmen. Die « Söhne Elohims » wären nach dieser Auffassung weder Wesen einer höheren Welt, keine Engel oder Dämonen, noch auch Vertreter einer blossen Einzelgruppe aus der Gesamtheit des Menschen- bezw. Männergeschlechtes. Sie wären, wenn diese Deutung sich als durchführbar erweist, Menschen, d. h. die Männer unseres Geschlechtes, aber in ihrer Gesamtheit, so gut wie ausnahmslos alle.

Es ist klar, dass diese Lösung viele Schwierigkeiten der obigen Deutungen vermeidet. Sie spricht ja weder von Mythologie noch von einer Sonderklasse von Menschen. Andrerseits erwächst ihr die schwere Aufgabe, eine genügende Erklärung dafür zu bieten, warum hier die Männer « Gottessöhne » und die

Frauen « Menschentöchter » heissen. Ebenso ist die Begründung, warum V. 4 die Giganten erwähnt sind, in dieser — wie übrigens in jeder nichtmythologischen — Deutung auf den ersten Blick nicht wenig erschwert. Das alles sind Fragen, deren Lösungen auf psychologischem und literarischem Gebiet zu liegen scheinen. — Damit wären Ziel und Hauptaufgaben vorliegender Untersuchung kurz gekennzeichnet..

Was die äussere Art des Vorangehens angeht, so soll auf eine kurze exegesegeschichtliche Einführung eine erste philologische Erklärung folgen. Die tiefer führenden sachlichen Fragen, die in diesem Kapitel noch offen bleiben, mögen dann den Gegenstand der weiteren Abhandlung bilden.

Diese Untersuchung ist im wesentlichen der Biblischen Fakultät des Päpstlichen Bibelinstituts zur Erlangung der Doktorwürde in der Bibelwissenschaft vorgelegt und von ihr angenommen worden. Allen denen, die mit Rat und Tat beim Zustandekommen der Arbeit halfen, möchte ich auch hier von ganzem Herzen meinen aufrichtigsten Dank aussprechen, vor allem dem Rektor des Päpstlichen Bibelinstituts, P. Aug. Bea, *und den Professoren des Instituts.*

Rom, Dezember 1936.

Gustav E. Closen S. J.

INHALT

Vorwort . . . . V–VIII
Inhalt . . . . IX–XII
Verzeichnis benutzter Werke . . . . . . XIII–XVII

Historische Einführung 1–10
Literarische Zusammenhänge 11–18

Erster Teil

ERSTE PHILOLOGISCHE ERKLÄRUNG DER EINZELNEN WORTE UND VERSE 19–72

Ausführlicher wurden dabei behandelt:

טבות 25–28
לא – – לְעוֹלָם 31–35
יָדוֹן 36–40
רוּחִי 40–50
בְּשַׁגַּם 51–52
בָּשָׂר 52–64
Ergebnis des ersten Teils. 71–72

Zweiter Teil

TIEFER FÜHRENDE EXEGETISCHE PROBLEME 73–216

1. KAPITEL: *Die Engeltheorie* 73–131

   I – Kritik ihrer Beweise 75–108

      A. Die sprachlichen Gründe . . . 75-84
      B. Die exegetischen Argumente . . 84–100
      C. Das Zeugnis der Religionsgeschichte . 100–108

   II – Gründe für ihre Ablehnung . . . 109–131

      A. Sie ist gedanklich unmöglich . . 109–119
      B. Sie widerspricht der Engellehre des A.T. 119–127
      C. Der Zusammenhang schliesst sie aus . 127–131

2. KAPITEL: « *Sethiten und Kainiten* » . . . 133–155

   I – Kritik der exegetischen Argumente für die Sethitentheorie 133–143

   II – Gibt es dogmatische Gründe für die Theorie der « Söhne Seths » ? 143–147

   III – Gründe gegen alle « Einzelklassentheorien » 147–155

3. KAPITEL: *Die « allgemein-menschliche » Deutung von Gen. 6, 2* 157–184

   I – Die Bedeutung der Ausdrücke « Söhne Gottes » und « Menschentöchter » . . 157–171

   II – Der Sinn ihrer Gegenüberstellung . . 172–184

4. Kapitel: *Der Sinn der 120 Jahre* 185–194

5. Kapitel: *Die Nephilim* 195–216

   I – Allgemeine Auffassung von Giganten in der hl. Schrift 195–198

   II – Die Giganten in Gen. 6, 4 und die Ehen der « Gottessöhne » 198–207

   III – Der Grund für die Erwähnung der Riesen in Gen. 6, 4 208–216

Dritter Teil

ABSCHLIESSENDE LITERARISCHE
UND THEOLOGISCHE FRAGEN   217–254

1. Kapitel: *Die literarische Form im Prolog zum Sündflutbericht* 219–225

2. Kapitel: *Die Quellen der Erzählung* . . . 227–238

3. Kapitel: *Die Theologie der Sünde in der Genesis*   239–254

Verzeichnis der Schriftstellen 255–258

BENUTZTE WERKE UND ARTIKEL (¹)

ALLGEIER, ARTHUR, *Das Buch des Predigers oder Koheleth,* Bonn 1925.
BAETHGEN, FRIEDRICH, *Die Psalmen*³ (HK), Göttingen 1904.
BÄHR, CARL CHR. W. F., *Symbolik des Mosaïschen Cultus,* I u. II, Heidelberg 1837 u. 1839.
BAUER–LEANDER, *Historische Grammatik der hebräischen Sprache des A. T.,* I, Halle 1918.
BEA, AUGUSTINUS, *De Pentateucho*², Romae 1933.
— *De Scripturae Sacrae Inspiratione*², Romae 1935.
BOGORODSKIJ, J. A., *Beginn der Geschichte der Welt und des Menschen nach den ersten Seiten der Bibel* (russisch), Kazan 1906 (²).
BOHLEN, P. VON, *Die Genesis,* Königsberg 1835.
BOUSSET, WILHELM, *Die Religion des Judentums im neutestamentlichen Zeitalter,* Berlin 1906.
— *1 Kor.,* in WEISS, JOHANNES, *Die Schriften des NT,* II³, Göttingen 1917.
BOUSSET–GRESSMANN, *Die Religion des Judentums im späthellenistischen Zeitalter,* Tübingen 1926.

(¹) Nicht aufgenommen wurden in dieses Verzeichnis die Werke, deren Abfassungszeit vor 1800 liegt.
Ist im Laufe der Arbeit ein Werk mit dem blossen Namen des Verfassers zitiert, so ist entweder das einzige von ihm benutzte Werk gemeint oder der an der betreffenden Stelle in Frage kommende Schriftkommentar.
An deutschen Übersetzungen der Hl. Schrift wurden gelegentlich verwandt:
HENNE, EUGEN, *Das A.T.,* Paderborn 1934-1936.
MENGE, HERMANN, *Die Hl. Schrift* (*Handbibel*), Stuttgart 1928. Doch wurde keine Stelle nach diesen Übersetzungen zitiert, ohne in jedem einzelnen Falle mit dem Urtext verglichen und kritisch geprüft worden zu sein.
(²) Die Übertragung der russischen Texte verdanke ich der liebenswürdigen und opferbereiten Hilfe meines Mitbruders BERNHARD SCHULTZE S. J.

Brooke, A. E. *The Fragments of Heracleon,* in *Texts and Studies* I 4, Cambridge 1891.
Budde, Karl, *Die biblische Urgeschichte,* Giessen 1883.
— *Das Buch Hiob*² (HK), Göttingen 1913.
Cassuto, Umberto, *La questione della Genesi,* Firenze 1934.
Ceuppens, F. L., *De historia primaeva,* Romae 1934.
Chantepie de la Saussaye, *Lehrbuch der Religionsgeschichte* II⁴, Tübingen 1925.
Charles, R. H., *Apocrypha,* Oxford 1913.
— *Pseudepigrapha,* Oxford 1913.
Cornely–Zorell, *Commentarius in librum Sapientiae*², Parisiis 1910.
Dausch, Petrus, *Die drei älteren Evangelien*⁴, Bonn 1932.
Davidson, A. B., *The Theology of the Old Testament,* Edinburgh 1904.
Deimel, Anton, *Pantheon Babylonicum,* Romae 1914.
— *Die Inschriften von Fara* I, *Liste der archaischen Keilschriftzeichen,* Leipzig 1922.
— *Šumerische Grammatik,* Roma 1924.
— *Šumerisches Lexikon* II, 2, Romae 1930.
— *De catalogo antiquissimorum regum Babyloniae,* in *Verbum Domini* 4 (1924) 218-222.
Delitzsch, Franz, *Die Psalmen,* Leipzig 1894.
Dillmann, August, *Handbuch der alttestamentlichen Theologie,* Leipzig 1895.
Duhm, Bernhard, *Das Buch Hiob* (KHK), Freiburg 1897.
— *Die Psalmen*² (KHK), Tübingen 1922.
Ebeling, Erich, *Tod und Leben nach den Vorstellungen der Babylonier,* Berlin 1931.
Erman, Adolf, *Die Literatur der Ägypter,* Leipzig 1923.
Erman–Ranke, *Ägypten und ägyptisches Leben im Altertum,* Tübingen 1923.
Fischer, J., טוֹב וָרָע *in der Erzählung von Paradies und Sündenfall,* Bibl. Zeits. 22 (1934) 323-331.
Flemming–Radermacher, *Das Buch Henoch,* Leipzig 1901.
Galdos, Romualdus, *Commentarius in librum Tobit,* Parisiis 1930.
Giesebrecht, F., *Das Buch Jeremia,* Göttingen 1907.
Goettsberger, Johann, *Das Buch Daniel,* Bonn 1928.
Grosch, Hermann, *Die Echtheit des zweiten Briefes Petri*², Leipzig 1914.
Gunkel, Hermann, *Die Genesis*³, Göttingen 1910.

Gutberlet, Constantin, *Das Buch der Weisheit*, Münster 1874.
Heinisch, Paul, *Das Buch Ezechiel*, Bonn 1923.
— *Das Buch Genesis,* Bonn 1930.
Herrmann, Johannes, *Ezechiel,* Leipzig 1924.
Hoberg, Gottfried, *Die Genesis*[2], Freiburg 1908.
Holzinger, H., *Genesis* (KHK), Freiburg 1898.
Hummelauer, Franc. de, *Commentarius in libros Samuelis,* Parisiis 1886.
— *Commentarius in Genesim,* Parisiis 1895.
Hundhausen, L. J., *Das zweite Pontificalschreiben des Apostelfürsten Petrus,* Mainz 1878.
Jacob, Benno, *Das erste Buch der Tora,* Berlin 1934.
Jastrow, Morris, *Religion Babyloniens und Assyriens* I, Giessen 1905.
Institutiones Biblicae I[4] (editae a Pont. Inst. Bibl.), Romae 1933.
Joüon, Paul, *Grammaire de l'Hébreu Biblique,* Rome 1923.
Junker, Hubert, *Die Biblische Urgeschichte,* Bonn 1932.
— *Zur Erklärung von Gen. 6, 1-4*; *Bibl.* 16 (1935) 205-212.
Kalisch, M. M., *Historical and Critical Commentary on the Old Testament, Genesis,* London 1858.
Kalt, Edmund, *Biblisches Reallexikon* I, Paderborn 1931.
Karge, Paul, *Rephaim. Die vorgeschichtliche Kultur Palästinas und Phöniziens* (bes. SS. 618 ff., 641 ff.), Paderborn 1917.
Kaupel, Heinrich, *Die Dämonen im A. T.,* Augsburg 1930.
— *Die Strafengel im Buche Henoch; ein Beitrag zur Angelologie der alttestamentlichen Apokryphen,* in *Theol. u. Glaube* 27 (1935) 146-195.
Kautzsch, E., *Die Heilige Schrift des A. T.* I[3], Tübingen 1909.
Keil, Carl Friedrich, *Biblischer Commentar über die Bücher Mose's,* Leipzig 1878.
— *Die Briefe des Petrus und Judas,* Leipzig 1883.
Kittel, Rudolf, *Die Bücher der Könige* (HK), Göttingen 1900.
Knabenbauer, Jos., *Commentarius in librum Job,* Parisiis 1886.
— *Commentarius in Danielem Prophetam,* Parisiis 1891.
Knabenbauer-Zorell, *Commentarius in Isaiam Prophetam*[2], Parisiis 1922.
Knabenbauer-Merk, *Commentarius in Evangelium sec. Matthaeum*[3], Parisiis 1922.
Knopf, Rudolf, *Die Briefe Petri und Judä,* Göttingen 1912.
König, Eduard, *Stilistik,* Leipzig 1900.

König, Eduard, *Hermeneutik des AT*, Bonn 1916.
— *Theologie des A.T.*³⁺⁴, Stuttgart 1923.
— *Die Genesis*²⁺³, Gütersloh 1925.
— *Die Psalmen*, Gütersloh 1927.
— *Das Buch Hiob*, Gütersloh 1929.
Kraetzschmar, Richard, *Das Buch Ezechiel* (HK), Göttingen 1900.
Lagrange, M.-Joseph, *La Paternité de Dieu dans l'Ancien Testament*, Rev. Bibl. N. S. 5 (1908) 481-499.
Landersdorfer, Simon, *Die Bücher der Könige*, Bonn 1927.
Lesêtre, Henri, *Fils de Dieu*, in Vigouroux, *Dict. de la Bible* II (1899) 2255-2257.
Lods, Adolphe, *Le Livre d'Hénoch, Fragments Grecs*, Paris 1892.
— *La chute des anges*, in Rev. d'Hist. et Phil. relig. 7 (1927) 295-315.
Merk, Augustinus, *Introductionis in S. Scripturae Libros Compendium*¹¹, Parisiis 1934.
Meyer, Eduard, *Die Israeliten und ihre Nachbarstämme*, Halle 1906.
Müller, Max, *Die Liebespoesie der alten Ägypter*², Leipzig 1932.
Oehler, Gustav Friedrich, *Theologie des A. T.*³, Stuttgart 1891.
Perrella, Gaetano M., *I Figli di Dio e le Figlie dell' Uomo*, in Div. Thom. (Piacenza) III, 10 (1933) 435-450.
Pinard de la Boullaye, H., *L'Étude comparée des religions* I-II, Paris 1922-25
Pohl, Alfred, *Historia populi Israel*, Romae 1933.
Procksch, Otto, *Die Genesis*, Leipzig 1913.
Reinke, Laurentius, *Die Ehen der Söhne Gottes mit den Töchtern der Menschen*, in *Beiträge zur Erklärung des A.T.*; V, 91-186, Münster 1863.
Riessler, Paul, *Altjüdisches Schrifttum ausserhalb der Bibel*, Augsburg 1928.
— *Das A.T. und die babylonische Keilschrift*, in Theol. Quart. (Tübingen) 93 (1911) 493-504, bes. 502 f.
Robert, Charles, *Les Fils de Dieu et les Filles de l'Homme*, in Rev. Bibl. 4 (1895) 340-373, 525-552.
Rothstein, J. W., *Die Bedeutung von Gen. 6, 1-4 in der gegenwärtigen Genesis*, Beiheft 34 zur ZAW (« Budde-Festschrift »), Giessen 1920, 150-157.
Scheeben, Jos., *Handbuch der katholischen Dogmatik* II, Freiburg 1878.
Schmidt, Hans, *Die Erzählung von Paradies und Sündenfall*, Tübingen 1931.

SCHOLZ, PAUL, *Die Ehen der Söhne Gottes mit den Töchtern der Menschen. Eine exegetisch-kritische, historische und dogmatische Abhandlung über den Bericht Genesis 6, 1-4.* Regensburg 1865.

SCHRADER–ZIMMERN–WINCKLER, *Die Keilinschriften und das AT³*, Berlin 1902.

SCHRANK, FRANCISCUS DE PAULA DE, *Commentarius literalis in Genesim,* Solisbaci 1835.

SCHUMANN, GUSTAV ADOLF, *Genesis, hebraice et graece, cum annotatione perpetua,* Lipsiae 1829.

SCHWALLY, FRIEDRICH, *Über einige palästinische Völkernamen;* V. *Die Nephilim,* in *ZAW* 18 (1898) 142-148.

SCHWIENHORST, HEINRICH, *Das Verhältnis des Judasbriefes zum zweiten Petrusbriefe,* Münster 1904.

SETHE, KURT, *Urkunden der 18. Dynastie,* Leipzig 1914.

SOCIN, A., *Exkurs über* יָדוֹן *in Gen. 6, 3;* in SIEGFRIED UND STADE, *Hebräisches Wörterbuch zum A.T.;* in *Theol. Stud. u. Krit.* 67 (1894) 211 f.

TALLQUIST, KNUT, *Die assyrische Beschwörungsserie Maqlû,* Leipzig 1895.

THUREAU–DANGIN, F., *Die sumerischen und akkadischen Königsinschriften,* Leipzig 1907.

UNGNAD, ARTHUR, *Babylonische Briefe,* Leipzig 1914.

— *Babylonisch–assyrische Grammatik²,* München 1926.

VACCARI, ALBERTO, *I libri poetici,* Roma 1925.

VOLLERS, K., *Zur Erklärung von* יָדוֹן *Gen. 6, 3; Zeits. für Assyriol.* 14 (1899) 349-356.

WITZEL, MAURUS, *Zum sumerischen Strophenbau,* in *Orientalia* 2 (1933) 224-231.

WUTZ, FRANZ, *Die Psalmen,* München 1925.

YAHUDA, A. S., *Die Sprache des Pentateuchs in ihren Beziehungen zum Ägyptischen* I, Berlin u. Leipzig 1929.

ZENNER, JOH. KONRAD, *Die Psalmen,* Münster 1906.

ZORELL, FRANCISCUS, *Psalterium ex hebraeo latinum,* Romae 1928.

EINLEITUNG

HISTORISCHE EINFÜHRUNG
LITERARISCHE ZUSAMMENHÄNGE

HISTORISCHE EINFÜHRUNG

Die geschichtliche Entwicklung, die die Exegese von Gen. 6,1-4 genommen hat, umfasst heute schon einen Zeitraum von über zwei Jahrtausenden. Es ist nicht die Absicht der hier vorgelegten historischen Einführung, diese Geschichte in ihrem Gesamtverlauf und all ihren einzelnen Phasen zu verfolgen. Nicht einmal ein Überblick über das Ganze soll versucht werden. Nur das Anfangsstadium dieser Exegese, die Entstehung der beiden Haupttypen der Deutung soll kurz beschrieben werden. Denn diese Geschichte hat das Eigentümliche, dass die Hauptformen der Deutung sehr rasch ausgebildet sind. Die Folgezeit bringt eine wachsende reflexe Vertiefung des erworbenen Gedankengutes, somit eine Verschärfung der Gegensätze zwischen den verschiedenen Ansichten, aber sehr wenig an originellen, neuen Ideen.

Die Exegese von Gen. 6,1-4 beginnt schon in der kanonischen Literatur des A. T. Interessanterweise sind es besonders die Riesen aus 6,4, die die Aufmerksamkeit der späteren biblischen Schriftsteller am meisten gefesselt haben. Bar. 3, 26-28 und Sap. 14, 6 betrachten diese Giganten als gottlose Aufrührer und Mitschuldige an der Katastrophe der Sündflut.

Das nächstfolgende Stadium dieser Exegeseentwicklung finden wir in der ausserkanonischen, apokryphen Literatur, im sechsten Kapitel des Henochbuches. Damit stehen wir in einer Zeit vor 150 v. Chr. ([1]). Der Wille, bei der Henoch-

---

([1]) CHARLES, *Pseudepigrapha,* Oxford 1913, 170 : « before the latter half of the second century b. C. ».

1. — CLOSEN, *Die Sünde der « Söhne Gottes »*.

erzählung vom Fall der Engel sich auf Gen. 6, 1-4 zu beziehen, ist unverkennbar. Καὶ ἐγένετο ὅταν ἐπληθύνθησαν οἱ υἱοὶ τῶν ἀνθρώπων, ἐν ἐκείναις ταῖς ἡμέραις ἐγεννήθησαν αὐτοῖς θυγατέρες ὡραῖαι καὶ καλαί. Καὶ ἐθεάσαντο αὐτὰς οἱ ἄγγελοι υἱοὶ οὐρανοῦ ([1]), καὶ ἐπεθύμησαν αὐτὰς..... 7,1: Καὶ ἔλαβον ἑαυτοῖς γυναῖκας ([2]). Damit ist die für die Exegese von Gen. 6, 1 ff. so verhängnisvolle Idee zum ersten Mal ausgesprochen. Die « Gottessöhne » sind auf die Engel gedeutet. Der ganze Sagenkreis vom *« daemon incubus »* hebt an. Von nun an wird die Exegese des Textes durch die Jahrhunderte hindurch sich ständig mit dieser Deutung auseinanderzusetzen haben.

Das Henochbuch gestaltete seine Idee phantastisch aus. Die bösen Engel lehrten die Frauen viel geheime und sündige Wissenschaft. Aus den Engelehen stammten die Giganten als Söhne. Αἱ γυναῖκες ἐγέννησαν τιτᾶνας, ὑφ' ὧν ὅλη ἡ γῆ ἐπλήσθη αἵματος καὶ ἀδικίας ([3]). Das Ende war die Sündflut.

Es könnte fast eine eigene Wissenschaft darüber ausgebildet werden, wie die Ideen des Henochbuches bis in kleinste Einzelheiten hinein Jahrhunderte lang nachgewirkt haben ([4]). Hier liegt offenbar die erste Quelle für die Schwankungen in den Lesarten der LXX ([5]), für die weitverbreiteten Volksmärchen vom Fall der Engel, die selbst in die Bücher zahlreicher Kirchenschriftsteller der ersten Jahrhunderte Eingang fanden. Aber wichtiger ist für uns die Frage, wie konnte eine

---

([1]) Οὐρανοῦ scheint Übersetzung von אלהים. Also las Henoch in Gen. 6, 2 « Söhne Gottes » und fügte ausdeutend und paraphrasierend sein ἄγγελοι hinzu. Vielleicht ist hier eine Spur dafür, dass die mythologische Interpretation die Varianten der LXX verursachte und nicht umgekehrt.

([2]) Ed. FLEMMING-RADERMACHER, Leipzig 1901, 22 ff.

([3]) 9, 9 ; a. a. O. 28 ff.

([4]) Vgl. z. B. ROBERT in *Revue Bibl.* 4 (1895) 348 ff.

([5]) Dass die beste und wohl auch ursprüngliche Lesart der LXX υἱοί und nicht ἄγγελοι (A, 55, 56, 72, 75, 121, 509) hat, ist nach den Arbeiten von RAHLFS ziemlich sichergestellt (vergl. *Genesis,* Stuttgart 1926). Die Geschichte der verschiedenen griechischen Übersetzungen eingehend zu prüfen und vorzulegen, kann nicht Aufgabe dieser Arbeit sein. Die Entwicklung dieser Lesarten ist nämlich so innig mit der ganzen *Geschichte der Exegese* von Gen. 6, 1-4 in den ersten christlichen Jahrhunderten verknüpft, dass sie nur in einer grossen zusammenfassenden Untersuchung über ebendiese Geschichte der Exegese entsprechend dargestellt werden kann. Darum mögen diese Arbeiten späteren Studien vorbehalten bleiben.

solche Deutung der Engelsünde überhaupt entstehen? Denn diese Überlegung führt uns unmittelbar an Probleme der positiven Deutung des Textes, die hier vor allem interessieren.

In der Fachexegese sind diese Fragen nach dem Ursprung der Hauptdeutungen für Gen. 6, 1-4 wenig oder gar nicht behandelt worden ([1]). Es ist darum begreiflich, dass auch diese Arbeit hier über erstmalige Versuche und Vermutungen kaum hinauskommt.

Zu optimistisch beurteilt vielleicht Jacob das jüdische Geistesleben, wenn er bezüglich der « Engeltheorie » für Gen. 6, 1-4 meint: « Vom israelitischen Standpunkt aller Zeiten, von denen wir Kenntnis haben, ist die Vorstellung undenkbar » (171). Es scheint vielmehr die Möglichkeit zu bestehen, dass jüdisches Geistesleben viel stärker am Entstehen der Engeldeutung für Gen. 6 beteiligt war, als man vielfach angenommen hat. Das Buch Tobit hat auch bei Juden Autorität gehabt und berichtet über jüdisches religiöses Leben. Nun aber findet sich hier eine Episode, die zur Missdeutung von Gen. 6 den Anlass gegeben haben könnte. Der junge Tobias fürchtet sich, das Brautgemach des Mädchens, das er liebt, zu betreten. Φοβοῦμαι μὴ εἰσελθὼν ἀποθάνω καθὼς καὶ οἱ πρότεροι ὅτι δαιμόνιον φιλεῖ αὐτήν, ὃ οὐκ ἀδικεῖ οὐδένα πλὴν τῶν προσαγόντων αὐτῇ (LXX 6, 15). Die altlateinische Übersetzung gibt den Text in folgender Weise: « Et nunc timeo hoc daemonium, quoniam diligit illam: et ipsam quidem non vexat, sed eum, qui illi adplicitus fuerit, ipsum occidit » ([2]). In der Vulgata fehlen diese Worte, aber Merk rechnet sie zu den Stellen des Buches Tobit, wo die Vetus Latina « diffusa et sine dubio magis primitiva » ([3]) ist im Vergleich zur Übersetzung des hl. Hieronymus.

Der Sinn der Worte ist klar, so klar, dass das Bemühen bei Galdos, jeden sexuellen Sinn des φιλεῖ αὐτήν auszuschlies-

---

([1]) Bezüglich der « Engeltheorie » wurde die Frage nach Herkunft und Entstehung des Gedankens ausdrücklich gestellt von A. Lods, *La chute des anges* (*Rev. d'Hist. et Phil. Rel.* 7 [1927] 295 ff.). Doch scheint diese Arbeit wegen zahlreicher methodischer Unklarheiten zu wenig brauchbaren Ergebnissen zu führen.

([2]) Sabatier 1, 2; Parisiis 1751, 727.

([3]) *Compendium* [11], 415.

sen, wenig überzeugend wirkt (¹). Der Jüngling erfährt die seltsame Tatsache, dass schon mehrfach ein Mann im Brautgemach des Mädchens von einem Dämon getötet wurde. Da findet er keine andere Erklärung dieser unheimlichen Ereignisse als die: « Der Dämon liebt das Mädchen ». Selbstverständlich ist richtig, was viele Exegeten bemerken: « Juvenis concludit (auctor autem non asserit), daemonem diligere puellam » (²). Es braucht sich evident nicht um eine « veritas rei citatae » zu handeln, sondern nur um eine « veritas citationis ». Berichtet wird, welch verzweifelter Einfall dem jungen Tobias in äusserster Not gekommen ist. Aber wie immer auch die richtige Erklärung war, der Text stand nun einmal da, und zwar in einem Buch, das in der jüdischen Welt zwischen 200-150 v. Chr. ausserordentlichen Einfluss gewann, das später selbst in die Midraschim seinen Weg fand (³). Das Buch der Jubiläen, das auch so viel über die Engelsünde bringt, stand sicher unter dem Einfluss des Tobitbuches (⁴). Also die Möglichkeit eines Einflusses Tobits auf das Buch Henoch und seine Engeltheorien steht ausser Frage. Es brauchte zu dem Gedanken, den der junge Tobias geäussert, nur noch die Beobachtung hinzuzukommen, dass « Söhne Elohims » in der Schrift gelegentlich die Engel bezeichnen, dann war die Anwendungsmöglichkeit auf Gen. 6, 1-4 gegeben, sobald in einem Schriftdeuter die nötige Geistesverfassung vorlag, die ein solcher Schritt brauchte.

Mit Sicherheit lässt sich natürlich eine solche Abhängigkeit des Henochbuches von Tobit nicht behaupten. Möglich bliebe ja auch älteres Gedankengut, dessen Dokumente uns nicht erhalten sind, das aber für Tobit und Henoch gemeinsame Quelle war. Immerhin darf die Vermutung einer Abhängigkeit der Engeltheorie des Henoch von dem Text aus Tobit wohl einmal versucht werden.

Für den Gedanken des jungen Tobias, der 6, 15 berichtet wird, brauchen wir eigentlich nach keiner weiteren « Quelle » zu forschen. Die Vermutung ergab sich unter diesen Umständen

---

(¹) *Comm. in l. Tobit*, Parisiis 1930, 195 ff.
(²) MERK, *Compendium*¹¹, Parisiis 1934, 418.
(³) CHARLES, *Apocrypha*, Oxford 1913, 198.
(⁴) CHARLES, a. a. O. 216; ders., *The Book of Jubilees*, London 1902, 166.

für den Jüngling — menschlich gesprochen — fast zwangsläufig. Wenn aber dieser Text durch irgend einen Zufall in Verbindung gebracht wurde mit der Tatsache, dass Engel in der hl. Schrift gelegentlich « Gottes Söhne » heissen, dann konnte die mythologische Deutung für Gen. 6, 1-4 entstehen. Ist diese Vermutung richtig, dann wäre der Ursprung der Engeltheorie ein Irrweg der Exegese aus einer falschen Kombination von Schriftstellen heraus. Wie weit Fabeln vom Ursprung der Titanen aus Ehen von Göttern mit Menschen mitbeigetragen haben, diese Exegese zu begründen und zu verbreiten, ist schwer zu entscheiden. Die blosse Entstehung lässt sich vielleicht durch die oben angedeutete Verquickung verschiedener Gedanken aus der Schrift erklären.

Wichtig wäre noch die Frage nach dem geistigen Milieu, das nötig war, eine solche Gedankenübertragung auf Gen. 6, 1-4 zu ermöglichen. Man könnte darüber die entgegengesetztesten Vermutungen aufstellen. Sind es Anfänge eines Einflusses der Essäer? Wollten sie vielleicht als Begründung ihrer Ehelosigkeit ein besonders starkes Argument sich dadurch verschaffen, dass sie zeigten, wie Gott nicht einmal den Engeln die Ehe verziehen? Oder haben wir genau das Gegenteil, dass eben der Materialismus eines beginnenden Sadduzäismus seine Freude daran hatte, die Engelvorstellungen der Schrift möglichst zu materialisieren? Sicher ist das letzte viel wahrscheinlicher und findet eine auffallende Bestätigung in einem Texte des Evangeliums, der in der Geschichte der Exegese von Gen. 6, 1-4 oft behandelt wurde. Es ist das Wort des Herrn: « In der Auferstehung heiraten sie nicht und werden nicht verheiratet » (Mt. 22,30). Gewöhnlich berufen sich die Gegner der « Engeltheorie » auf diesen Text als ein Schriftargument für die Geistigkeit der Engel. Wir dürfen vielleicht in jener Szene zwischen Jesus und den Sadduzäern noch mehr sehen. Es scheint in der Geschichte der Exegese von Gen. 6, 1-4 die erste Reaktion gewesen zu sein gegen die mythologische Deutung jenes Genesistextes. Sicher ist das, was Jesus von Nazareth sagte, als er den taktlosen Schwierigkeiten, die ihm Sadduzäer gegen die Auferstehung machten, entgegentrat, in der Geschichte der Exegese eine entscheidende geistige Überwindung der « Engeldeutung » gewesen. In der Auferstehung gibt es kein Freien und keine Hochzeit, die Menschen werden sein wie die Engel Gottes in Himmel. Damit ist zum wenigsten einschlussweise gesagt, dass es für die Engel Gottes weder Hochzeit noch Ehe gibt. Wer diese Überzeugung annahm, der konnte Gen. 6,2 nicht mehr auf Engel deuten. Geht es nun hier in den Worten Jesu auch um eine dem Sprecher bewusste Anspielung gegen eine Missdeutung von Gen. 6? Sicher waren jene Engelmärchen Jesus bekannt; dafür waren sie ja schon viel zu sehr im Volke verbreitet. Anders können wir uns das bei der grossen Zahl der damals entstehenden Apokryphen gar nicht vorstellen. Jetzt sagt Jesus: im Himmel keine Ehe; sondern sie werden wie die Engel sein! Muss darin in der damaligen Atmosphäre der Volksvorstellungen bezüglich der Engelehen nicht zugleich eine einschlussweise gegebene Ablehnung all dieser Märchen gelegen haben? Dann hätten wir noch vor Abfassung des ältesten Buches des N. T. schon das dritte Entwicklungsstadium in der Exegese von Gen. 6, 1-4, nämlich die bewusste geistige Überwindung des Engelmärchens aus dem Buche Henoch.

Die weitere Entwicklung der «Engeltheorie» ist geistesgeschichtlich nur noch insofern interessant, als diese immer mehr überwunden wird. Gleichwohl ist diese Exegese in einigen Kreisen durch die Jahrhunderte hindurch weiterhin vorgetragen worden und hat im 19. Jahrhundert, wie es der Einstellung der damaligen Bibelwissenschaft entsprach, einen ganz bedeutenden Aufschwung genommen. Ihre konsequenteste Ausbildung erfuhr sie wohl 1898 bei FRIEDRICH SCHWALLY: «Für die Menschentöchter war es eher eine Pflicht, den Gottgeborenen zu Willen zu sein. Auch auf Seiten der Göttersöhne ist keine Schuld zu finden, sie konnten sich Frauen holen, wo sie wollten. *Der Störenfried ist allein der neidische Gott*, der den hochberühmten Helden ihre Göttlichkeit nicht gönnt » ([1]). Damit hat, geistesgeschichtlich gesehen, die Exegese von Gen. 6, 1-4 einen Tiefstand erreicht, wie er nicht einmal in den jüdischen Apokryphen der vorchristlichen Zeit war. Bei aller unsinnigen Phantasie seiner Engelmärchen hatte Henoch doch immer noch eine theologisch einigermassen klare Auffassung bewahrt vom Problem von «Schuld und Sühne ».

---

[1] *ZAW* 18 (1898) 146.

Fast ebenso dunkel wie der Ursprung der mythologisierenden Deutungen vom Prolog des Sündflutberichtes ist die Entstehung der Sethitentheorie, die im Laufe der folgenden zwei Jahrtausende den Engeldeutungen so scharfen Widerstand entgegengesetzt hat. Es ist der Versuch, in den « Söhnen Gottes » aus Gen. 6, 2 Nachkommen Seths und in den Menschentöchtern Frauen aus der Familie Kains zu sehen. Der erste, der diese Deutung — freilich noch recht vorsichtig — vorzulegen wagte, war Julius Africanus([1]). Ihm verdanken wir überhaupt mehrfach die Überlieferung von recht originellen exegetischen Ideen. Was bei ihm über das Verhältnis der Genealogien Christi bei Matthaeus und Lucas geschrieben wurde, hat durch viele Jahrhunderte hindurch seinen Einfluss bewahrt und ist bis in die neueste Zeit hinein noch oft wieder vorgelegt worden. Seine Einwände gegen die Autorschaft Daniels bezüglich der Susanna-Erzählung spielen auch in der modernsten Kritik eine Rolle ([2]). Einen ganz ähnlichen, nur noch ungleich stärkeren Einfluss hat er mit dem Vorschlag gehabt, in den « Gottessöhnen » von Gen. 6, 2 die Söhne Seths zu sehen, die bis dahin von dem « Geschlechte des Fluches » getrennt gelebt, jetzt aber durch Heirat mit gottlosen Kainitinnen das allgemeine Verderben einleiteten. Wer den Text von Gen. 6, 1-4 unbefangen und unvoreingenommen liest, wird vielleicht erstaunt sein, wenn er hört, hier solle von Nachkommen Seths und Kains die Rede sein. Um so mehr kann man sich fragen, wie denn Julius Africanus, oder vielleicht sein Gewährsmann, auf diese Idee habe kommen können. Er scheint hier unter dem Einfluss Philos gestanden zu haben, für den Kain « überhaupt Führer und Vorbild der gottfeindlichen, sinnlichen, geistig toten Menschen » war ([3]). Mit solcher Vorstellung wäre freilich noch nicht unmittelbar der Gegensatz zwischen Kainiten und Sethiten gegeben. Aber auch der scheint historisch vorgelegen zu haben. Epiphanius hat uns ausführliche Nachrichten von zwei frühchristlichen gnostischen Sekten erhalten, den Καϊανοί und Σηθιανοί, die sich nach Kain und Seth als ihren geisti-

---

([1]) *Chronographia*, 2, *PG* 10, 65.
([2]) *De Historia Susannae epistola ad Originem*, *PG* 11, 41 ff.
([3]) R. Knopf, *Die Briefe Petri und Judä*, Göttingen 1912, 230.

gen Häuptern und Führern benannten (¹). Die Kaianer hatten eine ganz besondere Verehrung für Kain und Judas Iskarioth (*PG* l. c. 657). Die Entstehung dieser Sekten leitet EPIPHANIUS zurück bis in die allerersten Zeiten der frühchristlichen Gnosis. Diese Irrlehrer hätten ihre Auffassungen erhalten ἀπὸ τῶν προειρημένων μητέρων καὶ πατέρων αἱρέσεων, φημὶ Γνωστικῶν καὶ Νικολάου καὶ τῶν σὺν αὐτοῖς Οὐαλεντίνου τε καὶ Καρποκράτους, ἐσχήκασιν. Damit stehen wir aber sicher in Kreisen, die auch Beziehungen zur Engeldeutung von Gen. 6, 2 hatten. HERACLEON war Verteidiger der Engeltheorie (²); aber er gehörte auch zu den Valentinianern (³). Ja es scheint, dass die Lehre der Kaianer selbst sich mit der Engelmythologie von Gen. 6 beschäftigte. Bei ihren Untaten beriefen sich diese Irrlehrer auf einen bestimmten Engel, den sie sich bei der betreffenden Sünde zum Vorbild und Patron erwählten. EPIPHANIUS berichtet darüber (656): καὶ ὅταν ταῦτα πράττωσιν, οὕτω λέγουσιν· Ὁ δεῖνα ἄγγελε, καταχρῶμαί σου τὸ ἔργον· ἡ δεῖνα ἐξουσία, πράττω σου τὴν πρᾶξιν. Καὶ τοῦτο γνῶσις τελεία παρ᾽ αὐτοῖς ἐστι λεγόμενον. Damit scheint in Verbindung zu stehen, was THEODORET vermutet. Er meint, bei der Engeltheorie für Gen. 6 habe vielleicht die Hoffnung eine Rolle gespielt, für den eigenen Mangel an Enthaltsamkeit eine Entschuldigung zu finden, wenn man sagen könne, die gleichen Wege seien sogar die Engel gegangen (⁴). Kurz, an der Existenz einer frühchristlichen Sekte, die sich Kaianer nannten, und in deren Lehren die Engeldeutung von Gen. 6 eine Rolle spielte, scheint nicht zu zweifeln.

EPIPHANIUS kennt auch die Gegensekte der Sethianer (665-668). Er sagt, man finde sie nicht überall, wie auch die Kaianer nicht. Aber er habe sie in Ägypten getroffen, wenn er sich auch nicht mehr genau auf den Ort entsinne. Seine Kenntnisse über diese Sekten habe er aus eigener Beobachtung und schriftlichen Mitteilungen geschöpft. Von den Leh-

---

(¹) *Adversus Haereses,* 1, 3 ; *haer.* 39 u. 39 ; *GrChrSchr,* EP. 2, 62-80 ; *PG* 41, 653-677.

(²) Vgl. ORIGENES, *In Io.* 13, 59 ; *GrChrSchr,* OR. 4, 292 ; *PG* 14, 516.

(³) A. E. BROOKE, *The Fragments of Heracleon* in *Texts and Studies* I, 4 [1891] 31 f.

(⁴) *Quaest. 47 in Gen.* ; *PG* 80, 148.

ren der Sethianer erwähnt er besonders ihre häretische Überschätzung des Patriarchen Seth, den sie mehr oder weniger mit Jesus Christus selbst identifizierten.

Von den frühgnostischen Sekten der Sethianer und Kaianer weiss auch IRENAEUS zu berichten ([1]). Also war in den ersten christlichen Jahrhunderten eine Gedankenwelt lebendig, in der das Begriffspaar: Nachfolger Seths und Nachfolger Kains eine bedeutende Rolle spielte. Ja, die Lehren der Schüler Kains beschäftigten sich auch mit Märchen vom Engelfall, Nachahmung von Engelsünden u. d. m. Nun will JULIUS AFRICANUS oder vielleicht einer, dessen Exegese er wiedergibt, an der genannten Stelle noch eine andere Deutung für Gen. 6, 2 vorschlagen als die weitverbreitete Engeldeutung. Im Zusammenhang mit diesen Engeltheorien konnte ihm die Erinnerung an Kaianer kommen, eine Sekte, von deren Existenz und deren Engelfabeln er wohl sicher wusste. Hinzu kam für Gen. 6, 2 das Problem des seltsamen Gegensatzes von « Söhnen Gottes » und « Menschentöchtern ». Kaianer-Sethianer waren oft nebeneinander genannt. Da mochte der Gedanke entstehen, einmal den exegetischen Versuch zu wagen, die *Söhne Gottes als die Nachkommen Seths* im Gegensatz zu den *Töchtern Kains* aufzufassen. Diese Gedankenübertragung war nicht ganz logisch. Aber die Erinnerung an das Sektenpaar Sethianer-Kaianer würde verständlich machen, wie JULIUS AFRICANUS überhaupt auf die Idee seiner Exegese für Gen. 6 kam. Erleichtert wurde dieser Versuch dadurch, dass ja bei den Kaianern offenbare Beziehungen zu Auffassungen von Engelsünden vorlagen. So mochte der Gedanke an Kaianer, « Söhne Kains » bei einer Auseinandersetzung mit den Engeldeutungen für Gen. 6, 2 schon nahe liegen.

Dies Milieu der frühgnostischen Sektenwelt scheint also, wenn ich recht sehe, der eigentliche äussere Anlass für den Versuch gewesen zu sein, Gen. 6, 2 auf Sethiten und Kainiten zu deuten. In jeder anderen Umwelt bliebe das schwer erklärlich, wie einer ein erstes Mal auf diesen Gedanken kommen konnte, der dem natürlichen Schriftzusammenhang und dem Wortlaut der Genesis kaum sehr nahe liegt. Nachdem aber einmal diese Idee von einem geistvollen Exegeten

---

([1]) *Adv. Haer.* 1, 30-31; *PG* 7, 694 ff.

ausgesprochen war, wurde sie von vielen mit Freuden aufgegriffen. Alle die übernahmen diese Deutung gerne, die längst herausgefühlt hatten, dass das Engelmärchen den Sinn von Gen. 6 nicht treffen könne, die aber keine positive Deutung für die auffallende Ausdrucksweise von den « Söhnen Gottes » zu finden wussten. So setzt dann langsam die Entwicklung ein, die ROBERT — vielleicht ein wenig übertrieben — so charakterisiert: « Il faudra arriver jusqu'à la moitié du quatrième siècle avant d'entendre la timide énonciation de l'AFRICAIN se transformer, non sans d'éminentes réserves, en doctrine, presque en dogme » ([1]).

Das scheinen im wesentlichen die Vermutungen zu sein, die wir heute über die Entstehung der beiden typischen Haupttheorien für Gen. 6, 1-4 wagen können. Die übrigen Hypothesen, die aufgestellt wurden, sind gedanklich von geringem Interesse. Ob man statt « Söhne Seths » einsetzt « fromme Menschen », oder mit SYMMACHUS von δυναστεύοντες spricht, kommt für unsere Frage auf ziemlich dasselbe hinaus. Denn im Laufe der Untersuchung wird sich zeigen, dass nach Ablehnung der Engeltheorie die entscheidende Frage die ist, ob man die « Söhne Gottes » überhaupt auf eine *einzelne Menschengruppe* deuten kann, ganz gleich welcher Art sie ist, oder ob eine *allgemein menschliche Deutung* gegeben werden muss. Ausserdem haben die anderen « Einzelklassentheorien » nie sonderliche Bedeutung gewonnen. Keine von ihnen hat je einen ähnlichen Einfluss ausgeübt wie die « Engeltheorie » und die « Sethitendeutung », deren Entstehen in einigen Vermutungen hier kurz gekennzeichnet werden sollte.

Schon der kurze Einblick in das Werden der beiden Haupttypen der Exegese für den Prolog des Sündflutberichtes zeigt, wie sehr die Deutung dieses Textes hineingebaut ist in das ganze geistige Leben der Zeit. Und dieser Eindruck wird sich immer wieder im Verlauf der weiteren Untersuchung bestätigen. Die Geschichte der Exegese dieses Textes ist ein Stück *Geschichte des menschlichen Geistes* überhaupt.

([1]) *Rev. bibl.* 4 (1895) 352.

LITERARISCHE ZUSAMMENHÄNGE

Bevor wir an die Behandlung unserer eigentlichen Frage herantreten, lohnt es sich einen Blick auf den Zusammenhang zu werfen, in den die Genesis diese Perikope stellt. Dabei handelt es sich selbstverständlich nur um erste, wenn man will, oberflächliche Beobachtungen. Die Erschliessung des tieferen gedanklichen Zusammenhangs kann naturgemäss erst Endziel und Ergebnis der ganzen exegetischen Untersuchung sein. Aber eine erste Feststellung dessen, was sich an Zeichen einer literarischen Verbindung des Abschnittes mit nahestehenden Perikopen leicht und rasch aufweisen lässt, kann der exegetischen Betrachtung selber nur von Nutzen werden.

Der entferntere Zusammenhang

Gen. 6, 1-4 stellt sich als eine Perikope der « Urgeschichte » dar, der ersten elf Kapitel der Genesis, an die sich die Patriarchengeschichte von Abrahams Berufung bis zum Tode Josephs in Ägypten anschliesst. Die ersten elf Kapitel erzählen eine Reihe von Grundtatsachen aus der Geschichte der Menschheit. Die Erschaffung des Weltalls und des Menschen macht den Anfang. Alle Geschöpfe sind « gut », der Mensch sogar « nach Bild und Gleichnis Elohims ». Die ersten beiden Kapitel sind also wie eine herrliche, gottesfrohe Vision der ganzen Schöpfung, fast wie ein strahlender Hintergrund, vor dem sich das dunkle Bild der kommenden Menschheitsgeschichte nur noch um so deutlicher abhebt. Kap. 3 bringt die grosse Peripetie, die erste

Schuld. Von jetzt ab wird die Geschichte menschlichen Lebens eine Geschichte menschlicher Sünde sein. Zugleich erscheint zum ersten Mal ein Gedanke, der die kommende Menschheitsgeschichte wie ein Leitmotiv durchziehen wird. Bei allen Strafgerichten, die das Böse furchtbar ahnden, geht Jahweh doch immer so voran, dass die Hoffnung auf eine bessere Menschheit der Zukunft nie ganz erlischt (3, 15).

Gleich im Anschluss daran folgt die Geschichte des ersten Mordes, Fluch und Strafe des ersten Mörders, die Geschichte seiner Nachkommen, die ersten Spuren der Polygamie (4, 19), schliesslich eine masslose Wildheit des Lebens, wie sie im Rachelied Lamechs zum Ausdruck kommt, das Losbrechen des « *struggle for existence* » in seiner ganzen zügellosen Ungehemmtheit.

Die Zeugung Seths, die Geschichte seiner Nachkommen bringen daneben auch lichtere Seiten. In Kap. 5 wird die Genealogie dieser Linie durchgeführt bis auf Noe.

So weit die Vorgeschichte von Gen. 6, 1-4. Man könnte sagen, es ist die « Urgeschichte der menschlichen Sünde », aber immer so erzählt, dass die Hoffnung auf eine bessere Menschheit nicht zerstört wird. Im Gegenteil, die Genealogien Seths haben offenbar auch den Zweck, die Geschichte Noes vorzubereiten, der den Keim der Hoffnung auch durch die nächste Menschheitskatastrophe hindurchretten soll.

Die Sündfluterzählung, in der das Leitmotiv der Urgeschichte so ausserordentlich klar zum Ausdruck kommt, nimmt die auf Gen. 6, 1-4 unmittelbar folgenden Kapitel von 6, 5-9, 17 in Anspruch. Das erste, was von der neuen Menschheit berichtet wird, ist die Sünde Chams, der Fluch über seinen Sohn. Die « Völkertafel » (Kap. 10) zeigt noch einmal die Universalität aller Nationen der Menschheit, die noch alle mehr oder weniger gleichmässig der besonderen Heilsvorsehung Gottes unterstehen, bis der Übermut des Turmbaus zu Babel Gottes Zorn von neuem herausfordert. Jetzt wird zur Strafe die besondere Heilsvorsehung Gottes Privileg eines einzelnen Volkes. So endet die Urgeschichte mit der Vorbereitung der Berufung Abrahams. Wieder ist die ganze Menschheit wie verworfen; aber ein « germen salutis » lebt. Ja, dieses auserwählte Volk ist sogar gedacht als Quelle des Heils für alle Völker, so dass die Heilsgeschichte später wieder zu dem

Universalismus zurückkehren kann, mit dem sie begonnen; denn in Abram « sollen sich Segen erwerben alle Geschlechter der Erde » (12, 3) (¹).

Dem entfernteren Zusammenhang nach kann man also sagen, Gen. 6, 1-4 steht in einer längeren Reihe von Erzählungen, die berichten, wie sehr bald nach der Erschaffung des « Bildes Elohims » aus der Geschichte menschlichen Lebens die Geschichte der menschlichen Sünde wurde, aber so, dass die Hoffnung auf den besseren Menschen der Zukunft nie ganz verschwindet.

Bedeutend wichtiger als diese Frage nach der äusseren Stellung der Verse in der Urgeschichte ist natürlich die folgende: welche Zeichen einer literarischen *Einheit* mit den umliegenden Texten lassen sich in Gen. 6, 1-4 nachweisen? Weist sich diese Perikope als organisch in die Urgeschichte eingefügten Bestandteil aus?

Der nähere Zusammenhang

Hier ist zunächst die Art zu prüfen, wie Gen. 6, 1-4 sich *an das Vorhergehende* anschliesst, die Genealogien der Nachkommen Adams aus den verschiedenen Linien. Die Einleitungsformel lautet ויהי כי. Glänzende stilistische Beobachtungen über den Gebrauch dieser Formel findet man bei JACOB (169). Er stellte fest, dass diese Formel sich im Pentateuch siebenmal findet (²) und jedesmal einen Zusammenhang von ganz bestimmter Eigenart einführt. Sie « leitet nach einer gewissen gleichmässig verlaufenen Zeit eine geschichtliche Wendung ein; ... hier nach der gleichmässigen Zunahme der Bevölkerung durch « Söhne und Töchter » (5, 4 ff.) das kommende Strafgericht über die Sünde, die sich in gleicher Weise ausgebreitet hat ». So z. B. auch Gen. 43, 20 f. Zuerst wird kurz der ruhige Verlauf der Reise der Brüder Josephs berichtet. Dann leitet das « da geschah es, als » die unerwartete Wen-

---

(¹) Über die Bedeutung von Abrams Berufung vgl. die beiden herrlichen Seiten tief-theologischer Exegese bei KÖNIG, 446 f.

(²) Ausser Gen. 6, 1: Gen. 26, 8; 27, 1; 43, 21; 44, 24; Ex. 1, 21; 13, 15.

dung ein, wie sie in der Herberge ihr Geld in den Getreidesäcken wiederfinden. — Die von Jacob gemachte Beobachtung schien einer eingehenderen Prüfung wert. Dabei konnte folgendes festgestellt werden. Die Form וַיְהִי findet sich im massorethischen Text im ganzen etwa 700 mal. Nur in 16 oder 17 Fällen ([1]) davon folgt כִּי. Schon dies Zahlenverhältnis ist ein recht interessantes Ergebnis. Es zeigt ויהי כי als eine keineswegs übermässig oft vorkommende Wortverbindung, die aber doch so häufig ist, dass reichliches Material vorliegt, um ihren Sinn genau zu bestimmen. Diese Hoffnung auf eine nähere Bestimmbarkeit wird dadurch gesteigert, dass alle Stellen sich in historischen Büchern, also in einem irgendwie gleichartigen Milieu finden. Job 1, 5 macht davon nur scheinbar eine Ausnahme; denn es handelt sich hier um den Prolog des Buches, der bewusst die literarische Form einer historischen Erzählung wahrt.

Der Grund, den Inhalt dieser Texte im einzelnen näher zu prüfen, als es bei Jacob geschah, liegt in folgendem. J. begnügt sich mit der allgemeinen Feststellung: die Formel « leitet nach einer gewissen, gleichmässig verlaufenen Zeit eine geschichtliche Wendung ein ». Damit ist aber noch nicht der Punkt unmittelbar klargestellt, der in unserer Fragestellung am meisten interessiert, ob nämlich zwischen den Ereignissen der « historischen Wende » und der voraufgehenden ruhig verlaufenen Tatsachenreihe notwendig ein innerer Zusammenhang sei und welcher.

Darauf wurden diese 17 Texte unter folgenden Rücksichten eingehend durchgesehen:

1. - Bringt diese Formel *stets* eine historische Wende nach einem voraufgehenden ruhigeren Ablauf der Ereignisse?

2. - Liegt stets ein gewisser *Zusammenhang* vor zwischen der voraufgehenden Ereignisreihe und dem, was jetzt neu einsetzt?

3. - Wie steht diese Formel zur Abtrennung von Perikopen, die von der *Pentateuchkritik* verschiedenen Quellen zugewiesen werden?

([1]) Zweifelhaft bleibt Richt. 16, 25. Das קרי zeigt כְּ, nicht כִּי. Die übrigen Fälle (ausser dem Pentateuch) sind: Jos. 17, 13; Richt. 1, 28; 6, 7; 16, 16; 2 Sam. 6, 13; 7, 1; 19, 26; 4 Reg. 17, 7; Job 1, 5.

Dabei ergibt sich folgendes Bild:

1. - Das Moment der « *historischen Wende* », das Jacob so stark betont, tritt manchmal weniger hervor. Einige Male handelt es sich um einfachen Anschluss eines neuen Ereignisses mitten im engsten Zusammenhang der gleichen Erzählung, so z. B. Ex. 1, 21; 4 Reg. 17, 7; Job 1, 5.

2. - Selbst an Stellen, wo die « historische Wende » ausserordentlich klar ist, z. B. Richt. 16, 16, geht es um den Ablauf derselben Ereignisreihe, deren Einzelglieder in innigstem *Zusammenhang* stehen.

Auch in den beiden Fällen, wo der Zusammenhang am meisten gelockert erscheint, — Gen. 27, 1; 2 Sam. 7, 1; übrigens ausser Gen. 6, 1 die einzigen Fälle, wo die Formel zu Beginn eines unserer Kapitel steht, — auch hier geht es um die Weitererzählung der Lebensschicksale desselben Mannes.

3. - Im Pentateuch findet sich die Formel sonst niemals an der Bruchstelle zweier Abschnitte aus *verschiedenen* « *Quellen* » (¹).

Wollen wir also das Ergebnis dieser Beobachtungen zusammenfassen, so lässt sich sagen: der Verfasser leitet die Perikope Gen. 6, 1-4 mit der Formel ein, mit der sonst in der Schilderung ein und desselben grösseren geschichtlichen Zusammenhangs fortgefahren wird, oft um eine bedeutendere historische Wende einzuleiten.

Natürlich genügt es nicht, auf diese Weise nahegelegt zu haben, dass ein literarischer Zusammenhang mit dem vorigen besteht. Es ist genauer zu fragen, wie innig dieser Zusammenhang gemeint ist. Es ist ja ein sehr beliebtes Argument bei den Verteidigern der Theorie der « Söhne Seths »: von 4, 25 an, das ganze Kap. 5 hindurch, ist in besonderer Weise die Rede von der gottesfürchtigen Familie der frommen Sethiten, 6, 1-4 setzt denselben Zusammenhang fort. Also sind die

(¹)

ויהי כי	Dokument	Quelle
Gen. 26, 8	Gen. 24-27	J
» 27, 1	» »	»
» 43, 21	» 42, 38 — 44, 34	»
» 44, 24	» »	»
Ex. 1, 21	Ex. 1, 15-22	E
» 13, 15	» 13, 3-16	J

« Söhne Gottes » in 6, 2 die Sethiten. Sehr überzeugt wird dieses Argument bei Ceuppens dargelegt ([1]). Nachher ist diese Frage ausführlich zu behandeln. So weit es um die hier schon feststellbare literarische Verbindung geht, lässt sich folgendes sagen. Die Gedankenverbindung mit den Genealogien der Söhne Seths in Kap. 4-5 ist nicht zu leugnen. Jedoch wird mit Gen. 6, 1 dieser Zusammenhang zwar nicht abgebrochen, aber auch nicht schlechthin bloss « fortgesetzt ». Er wird « erweitert ». Die Rede scheint nicht mehr nur von der einen Menschenklasse zu sein, von der Kap. 5 sprach, sondern es geht hier um die Summe aller Menschenfamilien, « den Menschen » überhaupt. Das Wort האדם, so wie es in 6, 1-3 dreimal vorkommt, bezeichnet nicht den individuellen Menschen und doch etwas, was als ganz Bestimmtes gedacht wird. Es meint den Menschen als Kategorie, « das » Menschengeschlecht, « die » Menschheit ([2]). So deutet schon eine erste Beobachtung der literarischen Verbindung mit dem Vorhergehenden an, dass Gen. 6, 1-4 nicht einfachhin eine Fortsetzung der Familiengeschichte Seths bringen will, sondern vielmehr eine Fortführung der vorhergehenden Ereignisse, insofern auch die voraufgehende Urgeschichte Universalgeschichte der ganzen Menschheit sein wollte.

Wie steht es mit dem näheren Zusammenhang unserer Perikope *mit dem Folgenden*, d. h. mit dem Sündflutbericht, der nach allgemeiner Annahme wenigstens 6, 5 einsetzt? Auch über diesen Punkt bietet Jacob (179) sehr wertvolle Anregungen. Er achtet vor allem auf die Formel וַיַּרְא, mit der nach Beendigung von 6, 1-4 der Sündflutbericht im engeren Sinne eingeführt wird. « *Und es sah* Jahweh, dass die Bosheit des Menschen viel war auf der Erde... Und er sprach: ich will den Menschen, den ich geschaffen, vertilgen vom Antlitz der Erde » (5-7).

Entsprechende Parallelen zum Gebrauch dieses « Sehen » bietet J. vier, davon zwei aus der Genesis. Gen. 11, 5 führt es das Strafgericht beim Turmbau zu Babel ein, nachdem eben

---

[1] *Historia Primaeva*, 260 f.
[2] König (333): האדם « bezeichnet zweifellos das ganze Menschengeschlecht »; vergl. Joüon 135 c, N. 2.

vorher diese Hybris des Menschen beschrieben war. Da steigt Jahweh herab, um die Stadt und den Turm zu « sehen ». Ähnlich 18, 21: Jahweh will « zusehen », ob die Klagen über Sodoma berechtigt sind (¹). In solchen Texten werden zunächst Tatsachen beschrieben, die der objektive Grund der folgenden Ereignisse sind. Das Wort רָאָה, in unserem Falle in der Form וַיַּרְא, besagt dann, dass Jahweh nunmehr persönlich Stellung nehmen will zu diesen vorher berichteten Vorgängen. Es beschreibt, welchen Eindruck die Ereignisse auf Gott gemacht, wie er von allen Geschehnissen genau Kenntnis nimmt, um entsprechend zu handeln; kurz, es führt die persönliche Stellungnahme Gottes ein.

So liegt in diesem Hinweis « und es sah Jahweh », wenn man die entsprechenden Formen des gleichen Stammes bei zwei anderen grossen Strafgerichten der Genesis, über Babel und Sodoma, damit vergleicht, ein ganz bedeutendes Argument dafür, dass Gen. 6, 1-4 kein « erratischer Block », keine verirrte, ausser jedem Zusammenhang stehende Textpartikel ist. Im Gegenteil, die äussere literarische Verbindung mit dem folgenden legt viel eher nahe, dass in Gen. 6, 1-4 Ereignisse beschrieben werden sollen, die für das folgende Dekret der Sündflut den objektiven Grund abgeben. JUNKER betont darum in seiner neuesten Arbeit über Gen. 6, 1-4 (²): « Der Abschnitt steht in der *Einleitung zur Sintfluterzählung*, die den Hereinbruch dieses die ganze Menschheit vernichtenden Strafgerichtes begründen soll durch einen Hinweis auf die allgemeine Verderbtheit des gesamten Menschengeschlechtes ». J. gesteht, dass gerade die Beachtung des Zusammenhanges ihn von seiner früheren Ansicht (³) zurückgeführt habe, und zwar « nicht nur der Textzusammenhang des Abschnittes selbst, sondern auch der innere Zusammenhang der ganzen Urgeschichte » (⁴).

Das Ergebnis dieser ersten Würdigung der verschiedenen literarischen Zusammenhänge, in die Gen. 6, 1-4 eingebaut scheint, ist also dieses. Die Perikope ist ein Teil aus der

---

(¹) Vgl. Ex. 12, 13. 23.
(²) *Biblica* 16 (1935) 207.
(³) *Die Biblische Urgeschichte,* Bonn 1932.
(⁴) *Biblica* 16 (1935) 206.

2. — CLOSEN, *Die Sünde der « Söhne Gottes »*.

« Urgeschichte der menschlichen Sünde ». Sie soll eine Weiterführung, vielleicht gar einen Umschwung einleiten in der vorher begonnenen Universalgeschichte der Menschheit, und zwar bringt sie eine Begründung für die gleich darauf beschriebene Katastrophe der Sündflut, die alle Menschen vom Erdboden vertilgen soll. Damit ist Gen. 6, 1-4 Schlussstein einer Entwicklung, die vom grenzenlosen Optimismus des ersten Schöpfungsberichtes («Da sah Gott alles, was er geschaffen hatte, und siehe: es war sehr gut » 1, 31) hinführt zu der Feststellung: « Da sah Gott die Erde, und siehe da: sie war im Verderben; denn alles Fleisch hatte seinen Weg verderbt auf der Erde » (6, 12).

Wie weit diese ersten Eindrücke über den literarischen Stellenwert von Gen. 6, 1-4 sich bestätigen, und welche Bedeutung die einzelnen Momente in der exegetischen Argumentation gewinnen, das zu zeigen, ist Sache der folgenden Untersuchung. Aber auch schon an dieser Stelle der Arbeit scheint das Urteil JACOBS (172), wenn wir von der herben, ja scharfen Form des Ausdrucks absehen, sachlich gerechtfertigt: « Zunächst muss davon ausgegangen werden, dass das Stück dem Zusammenhang dienen soll, in dem es steht. Von einem Fremdkörper, versprengten Stück u. dgl. zu reden, ist nur das Eingeständnis, dass man den Zusammenhang noch nicht erkannt hat ».

ERSTER TEIL

ERSTE PHILOLOGISCHE ERKLÄRUNG DER EINZELNEN WORTE UND VERSE

ERSTE PHILOLOGISCHE ERKLÄRUNG

Vers 1

וַיְהִי כִּי — « Da geschah es, als »…. Über die syntaktische Eigenart der Formel wurde schon oben (S. 13-16) bei Erörterung der Zusammenhänge der Perikope gesprochen.

כִּי wird von den meisten hier als Konjunktion im zeitlichen Sinn übersetzt. König: « Und es geschah, *als* die Menschen angefangen hatten » (333). Doch wird diese zeitliche Bedeutung nicht so ausschliesslich zu nehmen sein, als wenn gar keine kausale Beziehung mit eingeschlossen sei. Tatsächlich wirkten ja die mit der Vermehrung des Menschengeschlechtes veränderten Verhältnisse auch auf die Verwilderung der Sitten ein. Die adäquate Übersetzung ist das lateinische « cum historicum » mit dem Konjunktiv. Bea: « Et factum est, *cum* coepisset homo » (168).

הֵחֵל — Die Form ist wohl sicher, wie in den beiden eben angeführten Übersetzungen geschah, mit dem Plusquamperfekt wiederzugeben. Gemeint ist ja nicht so sehr die eben einsetzende Entwicklung der Mehrung der Menschenzahl, die sich durch ein Imperfekt viel besser hätte bezeichnen lassen, als vielmehr die durch die früher begonnene Vermehrung neu geschaffene und jetzt noch vorliegende Situation.

הָאָדָם — Gewöhnlich wird auf die kollektive Bedeutung des Wortes hingewiesen. Jacob (169): « Das Menschengeschlecht ». Joüon (135 c, 2): « L'homme = les hommes ». Aber so sehr hier das Menschengeschlecht überhaupt gemeint ist, geht der Ausdruck doch ganz besonders und in erster Linie auf die Menschen, insofern sie die verantwortlichen Träger der Fortpflanzung und Mehrung der Menschheit sind, d. h. auf den männlichen Teil, die Männer. Das besagt nicht, dass keine Frauen dagewesen wären. Natürlich nicht! Ebensowenig, wie das « es wurden ihnen Töchter geboren » ausschliessen will, dass auch Knaben zur Welt kamen. Wer in הָאָדָם in besonderer Weise die Männer genannt findet, behauptet natürlich auch nicht, dass die Frauen an der Mehrung des Menschengeschlechtes unbeteiligt gewesen wären. Es handelt sich vielmehr um eine Betrachtung der Menschheit unter einer bestimmten Rücksicht, genau so wie Gen. 5, 2 אָדָם zwar als Name für Mann und Frau gegeben ist, aber in den ersten Kapiteln doch gewöhnlich direkt den Mann bezeichnet. Der Grund, auch 6, 1 eine solch besondere Rücksicht zu finden, ist dieser. Es ist hier von « dem Menschen » die Rede, der eigentlich der Träger von Fortpflanzung und Mehrung der Menschheit ist; das aber ist der Mann. Vergleiche dazu die Tatsache, dass die Genesis es in den Genealogien kaum je für nötig hält, einen Frauennamen zu nennen als Trägerin der Fortführung ihres Geschlechtes (¹). Die Beachtung dieser besonderen Rücksicht bietet literarisch den grossen Vorteil, dass so der vollkommene Parallelismus aufgedeckt wird, der Vers 1 und 2 verbindet:

בָּנוֹת　　　　　　הָאָדָם
בְּנוֹת הָאָדָם　　　בְּנֵי־הָאֱלֹהִים

Dieser Parallelismus ist so stark durchgeführt, dass ich allein aus ihm heraus auf die Gleichartigkeit der Bedeutung für die parallelen Begriffspaare schliessen kann. So zeigt sich hier schon eine erste Spur von dem, was später Ergebnis einer eingehenden Untersuchung sein wird, dass nämlich die בְּנֵי־הָאֱלֹהִים nichts anderes bezeichnen können als das Menschengeschlecht seinem männlichen Teile nach.

(¹) Vgl. Gen. 46,7: « Seine Söhne und die Söhne seiner Söhne; seine Töchter und die Töchter seiner Söhne ». Man würde erwarten « und die Töchter seiner Töchter ». Aber nein; der verantwortliche Träger der Fortpflanzung der Familie ist der Mann.

לָרֹב — Inf. cs. Qal von רבב « viel sein oder werden ». Vielfach wird es gedanklich richtig übersetzt « sich zu vermehren ». Der hebräische Ausdruck ist prägnanter. Das Menschengeschlecht hatte begonnen « viele zu sein », zahlreich zu werden. Eine gewaltige Menge von Menschen lebte schon auf dieser Erde. Das ist der historische Augenblick, wo der folgende Bericht einsetzen will.

עַל־פְּנֵי — Eigentlich « über, auf dem Angesichte ». Aber dann im Gebrauch stark abgeschliffen. Praktisch hat es den Sinn einer einfachen Präposition « auf ». Immerhin liegt noch etwas in dem Ausdruck, das die ursprüngliche Bedeutung durchschimmern lässt. Das tiefer Liegende, worauf ein Anderes sich befindet, wird irgendwie als פָּנִים, eine ausgedehnte Fläche gesehen. Darum ist die Übersetzung von JACOB (169) für diesen Fall wohl äusserst geschickt und zutreffend: « Auf der *weiten* Erde ».

Damit ist in den wenigen ersten Worten schon das Milieu des Folgenden gegeben. Die Rede ist vom Menschengeschlecht in seiner Gesamtheit, seiner gewaltigen Zahl, und von der weiten Welt, in der sie leben.

הָאֲדָמָה — KÖNIG (333): « Auf der Oberfläche der Ackererde ». Die etwas seltsame Übersetzung ist sicherlich aus dem Bemühen hervorgegangen, den Bedeutungsunterschied von אֲדָמָה und אֶרֶץ recht klar hervortreten zu lassen. Richtig ist ja, dass אֲדָמָה oft besonders « il suolo coltivabile » bezeichnet ([1]) im Gegensatz zu אֶרֶץ « terra in generale, popolazione della terra ». Doch hat CASSUTO über diesen Bedeutungsunterschied folgende sehr wichtige Feststellung gemacht, die er mit vielen Belegen beweist. In gewissen Wendungen können אדמה und ארץ völlig synonym gebraucht werden und zwar in sämtlichen « Quellen » der Genesis. Das geschieht besonders bei Ausdrücken wie « auf der Erde », « auf dem Angesicht der Erde », vor allem wenn entweder von Tieren die Rede ist, die sich auf der Erde

---

([1]) CASSUTO 98.

bewegen, oder von den Familien der Menschen, die auf der Erde ihr Leben führen. In solchen Fällen kann in allen «Quellen» אדמה die Stelle von ארץ vertreten. Demnach soll auch Gen. 6, 1 in keiner Weise hervorgehoben werden, dass die Menschen «auf kultivierbarem Ackerboden» sich vermehrten, sondern lediglich, dass all dieses «auf der weiten Erde» geschah.

וּבָנוֹת יֻלְּדוּ לָהֶם — «Und ihnen Töchter geboren waren». Über das Tempus gilt das gleiche, was oben bezüglich הֵחֵל gesagt wurde. KÖNIG übersetzt es auch hier ausdrücklich als Plusquamperfekt.

לָהֶם beweist in seiner Pluralform noch einmal eindeutig, dass vorher unter הָאָדָם sicher nicht nur ein einzelner Mensch verstanden wurde.

Man könnte fragen, warum hier nur von den weiblichen Nachkommen eigens die Rede ist. Die kuriosesten Behauptungen sind darüber aufgestellt worden. Durch sinnlose Leidenschaft sei die Zeugungskraft des Menschen so geschwächt gewesen, dass sie zu männlichen Nachkommen nicht mehr gereicht habe (¹) u. dergl. m. Tatsächlich ist der Grund rein literarischer Art, was allerdings aus Vers 1 allein noch nicht zu sehen ist. Es soll eine Einführung des Begriffes geschehen, der im folgenden Vers als «Menschentöchter» genannt wird, die bei den Ereignissen, die nun folgen, zu den Hauptbeteiligten gehören. Von Wichtigkeit ist schon hier zu beachten, dass diese בָּנוֹת des V. 1 sicher nicht die Mädchen und Frauen nur einer Familie oder Gruppe von Menschen sind, ebensowenig wie das הָאָדָם in V. 1 nur eine Einzelklasse von Menschen meint. Im ersten Vers ist sicher die Rede von den Männern und Frauen des Menschengeschlechtes ganz allgemein.

Vers 2

וַיִּרְאוּ — «Und sie sahen». Es ist die Handlung, die schon mit ויהי eingeleitet war. Hier wird sie fortgeführt und näher erklärt.

(¹) Als ernst gemeinte Vermutung und Frage ausgesprochen z. B. bei FERNANDIUS BORBENSIS, *Commentarii*, Lugduni 1618, p. 737.

Vers 2: טוֹב

Als « verbum sentiendi » hat רָאָה wie יָדַע die echt hebräische Wortstellung im Gefolge, die JOÜON (157d) als « anticipation du sujet » bezeichnet. Es ist die Sprache einer stark meditierenden Reflexion, die unbekümmert um die nächstliegende Wortfolge das ihr Wesentliche an den Anfang stellt und die notwendigen Ergänzungen später in mehr oder weniger schwerfälliger Form anreiht.

בְּנֵי־הָאֱלֹהִים אֶת־בְּנוֹת הָאָדָם - « Die Söhne Elohims die Menschentöchter ». Sprachlich liegen die Ausdrücke sehr einfach. Doch zeigt schon die Geschichte der Exegese, dass sich in der Deutung dieser Worte die meisten Probleme dieser Perikope konzentrieren. So ist ihre Exegese in einer « ersten philologischen Erklärung » nicht zu leisten und wird deshalb der Hauptgegenstand der späteren ausführlichen Untersuchung sein.

כִּי טֹבֹת הֵנָּה - Was ist der Sinn dieser « Gutheit », die die Söhne Elohims an den Frauen feststellten und die Grundlage für ihr weiteres Vorangehen war? Es « sahen die Gotteskinder, dass die Menschentöchter *schön* waren », übersetzt HENNE, ähnlich MENGE und wohl die Mehrzahl der Übersetzer überhaupt. Dagegen wendet sich mit grosser Energie JACOB (172). טוֹב allein könne nie « schön » heissen; dann müsse irgend etwas hinzugefügt sein, z. B. טוֹב מַרְאֶה « gut von Ansehen » = « schön ». Allein heisse es hier « gut bei Leibe », « von starkem Körperbau ». Nur den Sinn könne es an dieser Stelle haben, da es begründen solle, warum aus solcher Vereinigung Riesen hervorgehen konnten.

Zunächst einmal scheint es methodisch nicht richtig, den Gedanken an die Giganten hier schon als Prinzip der Erklärung heranzuziehen. Der literarische Aufbau stellt doch diese Eigenschaft des טוֹב viel mehr als Grund dafür hin, dass die Söhne Elohims sich so wahllos *viele* zu Frauen nahmen. Von einer Absicht oder Überlegung, dass dies טוֹב die Art der Nachkommenschaft beeinflussen solle, ist keine Rede. Ausserdem wird sich nachher — unabhängig von diesen Überlegungen — herausstellen, dass der Sinn der Gigantenerwähnung ein ganz anderer ist, als JACOB hier voraussetzt. Somit ist sicher kein Beweis dafür gegeben, dass טוב hier nur den starken, gewaltigen Körperbau meine.

Im übrigen wird Jacob Recht haben, wenn er mahnt, טוב allein könne nicht « schön » heissen; das wäre טוב מַרְאֶה. Die Beispiele, die für das blosse טוב im Sinne von « schön » zitiert werden — bei Gesenius Ex. 2, 2; Ri. 15, 2; 1 Sam. 9, 2 — überzeugen nicht recht. Es sind hier immer noch andere Rücksichten der Bewertung mitbeachtet ausser der Schönheit, jedenfalls wenn der letzte Begriff sich im Rahmen des eigentlich Ästhetischen hält. Im übrigen aber übertreibt Jacob, wenn er die Rücksicht der Schönheit aus dem Bedeutungsbereich dieses Wortes für Gen. 6, 2 geradezu auszuschliessen scheint. Er selbst zitiert ja nachher einen jüdischen Exegeten (178): « Sie raubten sich schöne, d. i. hochgewachsene und kräftige Frauen nach ihrem Gefallen ». Wenn diese Begriffe für hebräisches Sprachempfinden so sehr ineinander übergehen, hat es doch keinen Zweck, hier eine Deutung im exklusiven Sinne aufstellen zu wollen. Das Wort allein heisst nicht unmittelbar « schön », schliesst aber auch diese Rücksicht nicht aus.

Damit sind aber erst zwei Grenzen festgelegt: weder nur « schön », noch « kräftig, wie es sich für Gigantenmütter ziemt ». Aber was ist nun der positiv gemeinte Mittelwert der Bedeutung?

טוב kann alle die Werte meinen, die etwas erstrebenswert machen. Wenn Samuel das Volk unterweisen will in der דֶּרֶךְ הַטּוֹבָה, so ist damit ein *heiliger* Lebenswandel gemeint, dessen Gutheit hier ethisch-moralischer Art ist (1 Sam. 12, 23). Wenn es 1 Sam. 24, 20 heisst « jemanden auf gutem Wege entlassen », so ist gemeint, ihn « friedlich seines Weges ziehen lassen » (Menge). Die Gutheit des Weges besteht also hier darin, dass der Weg *von Gefahren einer Verfolgung frei, ruhig* und sicher ans Ziel führt. Im Dt. wird Palästina so oft הָאָרֶץ הַטּוֹבָה הַזֹּאת genannt (4, 22; 9, 6 usw.). Die « Gutheit » des verheissenen Landes, von der hier die Rede ist, ist die Summe all der Werte, die Palästina den Israeliten bei ihrem Auszug aus Ägypten und während ihrer Wüstenwanderung begehrenswert erscheinen liess. Die Schönheit des Landes war dabei keineswegs ausgeschlossen, aber auch

nicht im ausdrücklichen Wortsinn unmittelbar ausgesagt. —
4 Reg. 3, 25: « Auf jedes gute Stück Ackerland warfen sie
Steine, und jeden guten Baum hieben sie um ». Dies טוב spricht
von fruchtbar, ertragreich, nützlich vor allem. Die Zerstörung
geht nicht so sehr auf Vernichtung ästhetischer Werte, als
vielmehr auf die Ruinierung der Wirtschaft. — Noëmi gegenüber wird Ruth gelobt: « Sie ist gut (טובה) für dich, mehr
als sieben Söhne » (Ruth 4, 15). Gemeint ist das Zusammen
all dessen, was Noëmi an Nutzen, Ehre, Freude und Glück
durch ihre Schwiegertochter erhält. Der Zusammenhang zeigt,
dass nur von edlen und guten Dingen die Rede ist, nicht
von rein materiell gewertetem Nutzen.

Die Liste dieser Beispiele liesse sich schier endlos aus-
dehnen. Immer würde sich zeigen, dass im praktischen Sprachgebrauch der Grundsinn von טוב ein fast ganz formaler ist.
Es bezeichnet alle die Eigenschaften, kraft deren ein Objekt
für irgendwelche Strebungen begehrenswert sein kann. Um
welches Streben das geht, ob um das Verlangen nach reli-
giöser Vervollkommnung, ob um den Wunsch nach edlen
sozialen Werten, ob um rein materiellen Nutzungswillen, ist
zu entscheiden nach der Eigenart des Objektes, der betreffenden Handlung und der begleitenden Umstände. Ja die Art
und Höhe des Wertes selbst, um den es geht, ist aus der
reinen Vokabel in keiner Weise, sondern nur aus dem engeren und weiteren Zusammenhang zu erschliessen.

Diese Erkenntnis auf Gen. 6, 2 angewandt ergibt folgende
Überlegung. Von ethisch-moralischen Werten ist keine Rede;
wir stehen in der unmittelbaren Vorbereitung einer entsetzlichen Schuld- und Strafkatastrophe. Die Männer beachten
Werte der Frau, kraft deren sie dazu getrieben werden, « zu
Frauen alle die zu nehmen, die nur immer sie wollten ». Irgend eine Unordnung und Masslosigkeit ist schon rein nach
dem Wortbestand sicher darin enthalten. Der ganze Vorgang
ist etwas, was unmittelbar Jahwehs Zorn herausfordert ([1]);
also sicher nicht die reine Befolgung des Ehegesetzes von
Gen. 1, 27 f. Es ist vielmehr eine Handlung unbeherrschter
Leidenschaftlichkeit, die aus rein materiell sinnlicher Lust die

---

[1] Vgl. S. 29-30.

Männer zur Polygamie trieb, wie sich bei Besprechung des Versschlusses immer klarer herausstellen wird. Welche Werte haben also diese Männer an der Frau beachtet? Sicher die materielle Natur, insofern sie sexuellem Begehren erstrebenswert ist, auch wenn alle höheren Rücksichten einer gottgewollten Fortpflanzung des Menschengeschlechtes fehlen. Man könnte also versucht sein, das טוב hier in seinem scheinbar stark formalen, aber so bezeichnenden Sinn « begehrenswert », « brauchbar », zu übersetzen. Der Verfasser hat gar kein Interesse, ein anschauliches Bild von der masslos vertierten Leidenschaft der Menschheit zu entwerfen. In bewusst knappen, fast gewollt abstrakten Worten deutet er das Überschäumen von Sünde und Sinnlichkeit an. In diesem Zusammenhang ist die vom Verfasser getroffene Wahl der Worte ein wahres Meisterstück. Irgendwie muss und will er es aussprechen, wodurch die Männer zu der Polygamie und Leidenschaft getrieben wurden, die den Untergang der Menschheit herbeiführten. Vor gar zu ausführlichen Berichten über all den sittlichen Schmutz scheut er zurück. So kennzeichnet er mit einem einzigen Wort die ganze Situation: « Die Gottessöhne sahen, dass die Menschentöchter "gut" waren ».

וַיִּקְחוּ לָהֶם נָשִׁים — Mit Recht verweist JACOB darauf (173), dass man nicht gerade in diesem Ausdruck « sie *nahmen* sich Frauen » eine Andeutung irgend einer Gewalttätigkeit oder anderen Masslosigkeit finden kann. Tatsächlich ist ja לָקַח אִשָּׁה der gewohnte Ausdruck des A. T. « sich ein Weib nehmen » = « heiraten » (vergl. GESENIUS לָקַח Qal, Nr. 5).

מִכֹּל אֲשֶׁר — HOLZINGER (64) spricht von dem « den Begriff erschöpfenden, explizierenden מִן ». JOÜON (133e) beschreibt es als « le מִן d'explication », « consistant en », ... « totum pro toto ». Man müsste es also übersetzen « alle die ». Bei der Flut starben alle Lebewesen מִכֹּל אֲשֶׁר בֶּחָרָבָה « *alle die* auf dem trockenen Lande lebten » (Gen. 7, 22). Nach der Flut verspricht Gott einen Bund mit allen Lebewesen der Erde מִכֹּל יֹצְאֵי הַתֵּבָה « mit *all denen, die* die Arche verlassen » (Gen. 9, 10). Der Ausdruck kommt also bei Gelegenheit der Sündfluterzählung sogar mit einer gewissen Häufigkeit vor und ist in seiner Bedeutung klar bestimmt.

בָּחֲרוּ — So weit ich sehe, ist JACOB der erste, der darauf aufmerksam gemacht hat, dass der Gebrauch von בָּחַר, wo אִשָּׁה als Objekt steht, ungewöhnlich und auffallend, « sonst nicht hebräisch » ist (173). « Aber massgebend war nur das Gutdünken der grossen Herren, und die Frauen mussten sich einfach fügen. Mehr hierin als in וַיִּקְחוּ liegt die Gewalttätigkeit ». Dass J. dies « willkürliche Belieben der Frauenwahl » gerade als die « Gewalttätigkeit hoher Herren » deutet, ist von seiner Auffassung des רוּחַ-Begriffes in V. 3 und seiner Theorie über die בני־האלהים beeinflusst. Es wird sich an mehreren Stellen zeigen, dass diese Gedanken als Exegese von Gen. 6, 1-4 nicht durchzuführen sind. So können sie auch hier beiseite gelassen werden. Wertvoll bleibt an der Beobachtung, dass בָּחַר sonst nicht von der Wahl einer Frau gesagt ist, dass somit hier irgendwie die « Willkür des freien Beliebens » besonders hervorgehoben wird, mit der die Männer bei der Wahl ihrer Frauen vorangingen.

בָּחַר alleinstehend kann einen durchaus positiven und edlen Sinn haben. Der אִישׁ בָּחוּר ist « einer von der Elitemannschaft ». בָּחַר hebt seine hervorragende, « auserlesene » Tüchtigkeit und Brauchbarkeit hervor. Job 9, 14 gebraucht das Wort von der *Wahl* der Worte im Sprechen mit Gott. 2 Sam. 17, 1 spricht vom « *Auswählen* » der Mannschaften, um einen Handstreich im Kriege auszuführen. Die Wahl geschieht nach den Rücksichten der Brauchbarkeit der Leute und des Bedarfes für den zu erreichenden Zweck.

Aber durch den näheren Zusammenhang kann der Sinn des Wortes בָּחַר auch recht minderwertig werden. Is. 40, 20 spricht vom « *Auswählen* » eines Holzes, « das nicht morsch ist », um ein Götzenbild daraus zu machen. Die Brauchbarkeit des Holzes ist bestimmend für die Wahl. Gleichzeitig scheint freilich schon das Sinnlose, Willkürliche, Dumme der Handlung angedeutet. — 1 Sam. 12, 12-13 erwähnt, wie das Volk einen König « *gewählt* und verlangt, während doch der Herr, ihr Gott, ihr König war ». Hier ist im Wort בָּחַר ziemlich stark das Willkürliche, eigentlich nicht ganz Vernünftige, irgendwie Gottwidrige der Wahl und des Begehrens angedeutet.

Wenn man also den Gebrauch von בָּחַר überschaut, so besagt es gewöhnlich die Wahl eines zu bestimmten Zwecken entsprechenden Mittels. Dabei trägt das Wort in sich die Eignung, auch eine willkürliche, nicht vernünftige Wahlhandlung zu bezeichnen. Mit אִשָּׁה zusammen ist das Wort nicht nachzuweisen. Die Verbindung ist auffällig und ungewöhnlich. Hinzu kommt das מִכֹּל bezüglich der Wahl von Frauen. Es liegt also beim Überblick über diese Momente sicher in diesem Vers eine starke Andeutung dessen, dass jene « Söhne Elohims », ganz nach eigenem Belieben verfahrend, sich eine Zahl von Frauen wählten, die ganz über das Mass des Gewohnten und Schicklichen hinausging. Die Sünde unbeherrschter sexueller Leidenschaft und massloser Polygamie, deren erste Anfänge schon 4, 19 berichtet wurden ([1]), ist in diesen Worten angedeutet. So erklärt sich der sogleich einsetzende Zorn Jahwehs, das im nächsten Vers enthaltene Strafdekret und die Katastrophe der Flut.

Vers 3

וַיֹּאמֶר — Es wird in etwa unentschieden bleiben, ob dies « und er sprach » ein Sprechen zu andern ist oder nicht. Vielleicht ist schon irgendeine Promulgation an Menschen gemeint. Doch ist davon nichts gesagt. Vielleicht ist es die blosse innergöttliche Aussage, das Fassen des Beschlusses, da « dachte » Jahweh.

יְהוָה – Über den jahwistischen oder elohistischen Charakter der Perikope wird nachher im Zusammenhang eigens zu handeln sein. Bei einer ersten philologischen Erklärung ist aber schon das eine klar, dass der Wechsel zwischen Elohim und Jahweh in V. 2 und 3 stilistisch begründet ist. Wenn irgend-

---

([1]) Damals war die Rede von « zwei Frauen », jetzt von « allen, die gefielen ».

Vers 3: לֹא ... לְעֹלָם

welche Engel- oder Menschenwesen « Söhne Elohims » heissen, dann geschieht das sicher, um irgend eine nähere Beziehung zwischen diesen Söhnen und der Art und Natur Elohims hervorzuheben. Es ist also irgendwie die Rede von der Seins- und Werthöhe der « Natur ». Anders in Vers 3. Hier tritt die « Person » Gottes auf. Gott wird darum mit seinem Eigennamen genannt. Es wird berichtet, wie seine Person auf das Tun der Menschen von V. 2 reagiert. In diesem Wechsel des Gottesnamens liegt vielleicht sogar etwas wie eine Andeutung, dass Gott das Geschehen aus V. 2 als « persönliche » Beleidigung empfinden musste. Es ist zugleich die « Person » des Richters, die in « persönlicher » Entscheidung auf das für Gott beleidigende Tun antwortet. Und darum steht hier nicht Elohim, sondern Jahweh ([1]).

לֹא־יָדוֹן רוּחִי – Die *Wortstellung* ist die normale für den Verbalsatz, der mit einer Partikel eingeleitet wird, « Verbum-Subjekt ».

לֹא ---לְעֹלָם – Welches ist der Sinn der in diesem Ausdruck enthaltenen Negation? Die allermeisten Übersetzer geben « nicht für immer » (z. B. Menge). König nimmt in seinem Kommentar diese Worte überhaupt nicht zum Problem und übersetzt ohne jede Erläuterung; « Nicht soll mein Geist für immer im Menschen unterworfen sein » (336).

Gegen diesen bisher fast einhelligen Gebrauch stellt Jacob (173) nun folgende Behauptung auf. Zu unterscheiden ist der Fall, wo die Negation mit dem Substantiv לְעֹלָם verbunden ist, und ein anderer, in dem die Negation unmittelbar beim Prädikat steht. Im ersten wird der Begriff der Ewigkeit geleugnet. Die Handlung besteht, aber « nicht ewig », d. h. nur eine begrenzte Zeitdauer hindurch. Is. 57, 16: לֹא לְעוֹלָם אָרִיב וְלֹא לָנֶצַח אֶקְצוֹף « Nicht ewig will ich hadern und nicht immerdar zürnen ».

Im andern Falle gehört die Negation zum Prädikat, d. h. das Bestehen der Handlung wird geleugnet und zwar für ewige Zeit, d. h. die Handlung wird *nie* gesetzt. Der Sinn ist « auf

---

([1]) Vgl. Cassuto 34 ff.

keinen Fall », « nimmermehr! » Is. 14,20: לֹא־יִקָּרֵא לְעוֹלָם זֶרַע מְרֵעִים
« Niemals soll das Geschlecht der Übeltäter Erwähnung finden ». Der Sinn ist ganz gewiss nicht der, für eine bestimmte Zeit sollten jene Bösen nicht erwähnt werden, wohl aber später.

JACOB begründet und erläutert diesen Gegensatz an Hand von acht Texten. In Anbetracht der entscheidenden Bedeutung, die diese Beobachtung für den Sinn des Strafbeschlusses haben könnte, und mit Rücksicht auf das Neuartige einer solchen Behauptung sei der sprachstatistische Beweis auf eine etwas breitere Grundlage gestellt. Geprüft wurden 43 Texte, auch unter Heranziehung anderer Negationen, wie z. B. בַּל, und anderer Worte für Ewigkeit, wie עַד und נֶצַח. Daraufhin ergibt sich folgendes Bild:

1. Gruppe: *Negation beim Substantiv*, Bedeutung « nicht immer », 7 Texte: Is. 28, 28; 57, 16; 64, 8; Ps. 9, 19; 103, 9; Prov. 27, 24; Job 7, 16.

2. Gruppe: *Negation beim Verb*, Bedeutung « nimmermehr », 28 Texte: Is. 13, 20; 14, 20; 25, 2; 33, 20; 45, 17; 63, 19; 64, 3; Jer. 31, 39; 50, 39; Ez. 26, 21; 27, 36; 28, 19; Dan. 2, 44; Jo. 2, 2.26 (= 27); Hab. 1, 4; Ps. 10, 11; 15, 5; 30, 7; 31, 2; 49, 20; 55, 23; 71, 1; 104, 5; 112, 6; 119, 93; Prov. 10, 30; Qoh. 9, 6.

3. Gruppe: 3 der vorhergehenden Reihe *gleichwertige Texte*: Is. 55, 13; Jer. 20, 11; 50, 5.

4. Gruppe: 5 *zweifelhafte Texte*: Jer. 3, 12; Lam. 3, 31; Mich. 7, 18; Ps. 44, 24; 74, 19.

Zum Gegensatz zwischen den beiden ersten Gruppen ist der Unterschied zwischen לֹא־כָל־ und כָּל־ - - - - - לֹא recht lehrreich zu vergleichen. Wird das לֹא unmittelbar mit dem Begriff der Totalität verbunden, so wird eben diese geleugnet; der Sinn ist also « nicht alle = nur einige »; vgl. Rom. 3, 9: οὐ πάντως « nicht schlechthin ». Steht aber die Negation beim Verb, dann wird dessen Geltung bestritten bezüglich der Totalität, die in Frage kommt. Ex. 20, 17: לֹא תַחְמֹד - - כָּל אֲשֶׁר לְרֵעֶךָ: « Du sollst nicht begehren... irgend etwas »...; d. h. « gar nichts ». Durch Nichtbeachtung dieses Unterschiedes entstanden die köstlich missverständlichen Übersetzungen wie für Act. 10, 14: « Numquam manducavi omne immundum » (Vulg.). Höchstwahrscheinlich! Aber das braucht Petrus nicht eigens zu versichern, dass er noch nicht « alles Unreine » gegessen hat. So setzt er die Negation zum Verb: οὐδέποτε ἔφαγον. Die Handlung selbst wird überhaupt geleugnet. Πᾶν κοινόν, und zwar mit Rücksicht auf alle hier in Frage stehenden Objekte. « *Nie hat er irgend etwas Unreines* » genossen. « Nihil immundi unquam manducavi », müsste es lateinisch heissen. Ähnliche Bedeutung gewinnt diese Regel für Texte wie Ex. 20, 4; Mt. 24, 22; Lc. 1, 37 usw. — Einen ganz analogen Fall haben wir nun auch beim Begriff der Ewigkeit, der Totalität der Dauer. Die grosse Regelmässigkeit dieses hebräischen Sprachgebrauches beweisen die 35 Texte der beiden ersten Gruppen, von denen Is. 14, 20 und 57, 16 oben im voraus erläutert wurden.

Zu besprechen bleiben kurz die zwei letzten Gruppen. Die dritte bietet keine direkten Parallelen zu Gen. 6, 3, wohl aber Texte, die das hebräische Sprachempfinden in diesem Punkte gut erläutern.

Is. 55, 13: וְהָיָה לַיהוָה לְאוֹת לְעוֹלָם לֹא יִכָּרֵת

Jer. 20, 11: כְּלִמַּת עוֹלָם לֹא תִשָּׁכֵחַ

Jer. 50, 5: בְּרִית עוֹלָם לֹא תִשָּׁכֵחַ

Diese drei Sätze über « ein ewig unzerstörbares Denkzeichen » (MENGE), « die Schmach und den Bund, die nie vergessen werden sollen », sind völlig gleichartig gebaut. Sie enthalten jeweils ein Nomen, Ewigkeitsbegriff, Negation und Verb. Die Negation tritt zum Verb, d. h. die Handlung ist negiert für alle Ewigkeit. Und zwar ist in diesen Beispielen durch Wortstellung und Teilung des Satzes in zwei Partikeln jede andere Deutung ausgeschlossen. Sobald sich die Negation mit dem Verb verbindet und ein Ewigkeitsbegriff hinzutritt, gilt das Verb als absolut negiert, nicht etwa die Ewigkeit auf einen Zeitabschnitt beschränkt. — Ausdrücke, wie wir sie in obigen drei Beispielen finden, bieten vielleicht eine gewisse Erklärung, wie der hebräische Sprachgebrauch zustandekam, den wir in der zweiten Gruppe vorfinden.

Die vierte Gruppe « *zweifelhafter Texte* » wurde hinzugefügt, weil sie die etwas zu unbedenklich allgemein aufgestellte Behauptung JACOBS zu ergänzen geeignet ist. Es handelt sich bei den beobachteten Fällen um fünf, bei denen die Negation mit dem Verb verbunden ist. Gleichwohl scheint der naheliegende Sinn « nicht immer ». Man würde also die Negation eher beim Substantiv erwarten.

Bei der näheren Betrachtung dieser Abweichung ist zunächst auffallend, dass es sich in diesen fünf Fällen um Ausdrücke des gleichen Bedeutungskreises handelt.

Jer. 3, 12: Worte Jahwehs: לֹא אֶטּוֹר לְעוֹלָם

Lam. 3, 31: לֹא יִזְנַח לְעוֹלָם אֲדֹנָי

Mich. 7, 18: von Gott heisst es לֹא־הֶחֱזִיק לָעַד אַפּוֹ

Ps. 44, 24: Anrede an Gott אַל־תִּזְנַח לָנֶצַח

Ps. 74, 19; » » » אַל תִּשְׁכַּח לָנֶצַח

Träger der Handlung ist in allen diesen Fällen Gott. Stets handelt es sich um Verben wie « den Zorn festhalten, verstossen, vergessen » usw. Die konsequenteste Lösung wäre zweifellos die, sämtliche dieser Texte im Sinne der an reichem Material bestätigten Regel zu deuten. Dann hiesse eben Ps. 74,19 nicht: « Vergiss nicht für immer » (MENGE), sondern: « Vergiss nimmermehr ». Immerhin mag man zugeben, dass diese Auffassung in einzelnen dieser 5 Texte ein wenig gewaltsam würde. Ps. 44, 24 scheint ja gerade eine zeitweise Verwerfung angenommen zu sein: « Warum schläfst du, o Herr? Erwache! » Dann heisst es flehentlich: « Verwirf nicht für immer! » Doch ist die Deutung nicht unmöglich: « Verwerfen (d. i. *gänzlich* verstossen) darfst du mich *auf keinen Fall!* » ([1]). – Fast eindeutig scheint der Sinn von Jer. 3,12 – zumal im Lichte von 3,5 – : « Ich will nicht für immer zürnen ». Aber wozu der klare Gegensatz in der Wortverbindung, wenn man Ps. 103,9 vergleicht? : לֹא־לָנֶצַח יָרִיב וְלֹא לְעוֹלָם יִטּוֹר. Hier ist zweifellos der Sinn « nicht immer, d. h. nur eine beschränkte Zeit » und steht auch der Regel gemäss die Negation unmittelbar beim Ewigkeitsbegriff. Darum ist es wohl viel richtiger in Fällen wie Jer. 3, 12 mutig, auch gegen die bisher gebräuchlichen Übersetzungen, zu sagen: « *Nimmer* will ich an

---

([1]) Vergl. die Parallelität von Ausdrücken wie:
μὴ παραδῷς ἡμᾶς εἰς τέλος
μὴ ἀποστήσῃς τὸ ἔλεός σου ἀφ' ἡμῶν (Dan. 3, 34-35).

meinem Zorn festhalten ». Zu beachten ist ja auch, dass bei der Eigenart der hier in Frage stehenden Verben der Bedeutungsunterschied nicht mehr sehr gross ist. « Nur eine Zeit lang zürnen », und « auf keinen Fall an seinem Zorn *festhalten* » ist doch ungefähr dasselbe. Gerade diese Besonderheit solcher Verben ist wohl auch der Grund, warum bei ihnen die Regel nicht in derselben straffen Form beobachtet scheint wie sonst. Aber selbst, wenn es sich um wirkliche « Ausnahmen » handelt ([1]), so wäre doch kein vernünftiger Grund, daran zu zweifeln, dass Gen. 6,3 die Regel gewahrt ist. Der Vers gehört ja in keiner Weise zu dem Bedeutungskreis, dem obige Ausnahmen entnommen sind. Ja, es wird sich zeigen, dass sich ein durchaus passender Sinn des Strafdekretes von Gen. 6,3 ergibt, der sich glänzend in den ganzen Zusammenhang einfügt, wenn לֹא ---לְעֹלָם hier im Sinne der Regel gedeutet wird. Damit scheint die Übersetzung « nie, nimmermehr » für diesen Text genügend gesichert. Interessant ist übrigens, dass CHRYSOSTOMUS einen derartigen Sinn dieser Negation herausgespürt zu haben scheint. Er deutet den Strafbeschluss in dem Sinne: οὐκ ἐάσω αὐτοὺς λοιπὸν ζῆν ([2]).

Dass in neuerer Zeit gerade JACOB so energisch auf diese Eigentümlichkeit hebräischen Sprachgebrauches hinweisen konnte, ist leicht erklärt. Ihm ist als Israelit aus dem lebendigen Besitz des Hebräischen als einer Muttersprache heraus vieles selbstverständlich, was ein anderer sich nur mühsam ertasten kann. Selbst ein Mann von theoretisch so geschultem Sprachempfinden wie KÖNIG geht in seinem Kommentar an dieser Frage achtlos vorüber. MENGE übersetzt die meisten der oben zitierten Texte richtig; aber z. B. Ps. 55,23 sagt er: « Er wird den Gerechten *nicht ewiglich* wanken lassen ». Dabei kann das לֹא־יִתֵּן לְעוֹלָם מוֹט לַצַּדִּיק nur heissen: « Nie und nimmer wird er den Gerechten wanken lassen ». So ist auch zu erklären, wenn MENGE und viele andere in Gen. 6,3 den von JACOB festgestellten Sinn « nimmermehr » in ihren Übersetzungen nicht treffen.

([1]) Zudem bleibt gerade bei solchen Ausnahmen von der Regel die Frage, wie weit die Betonung beim Sprechen für den Sinn noch entscheidender war als die äussere Stellung der Worte.

([2]) *In Gen., Hom.* 22,4; *PG* 53,190.

יָדוֹן — Man setzt die Form vielfach in Beziehung zu einem Stamm ע״י. Joüon (¹): « Au futur on a la voyelle ō pour ū dans la forme isolée יָדוֹן ». Vergl. Jacob (173): « יָדוֹן, wenn von einem ע״י, wie יָבוֹא, יְאוֹר gebildet ». Aber eben dieses « wenn » ist bei diesem Hapaxlegomenon zunächst recht fraglich; denn die verschiedensten Deutungen und Erklärungen sind für dieses Wort gebracht worden.

Im einzelnen lassen sich vor allem fünf Gruppen verschiedener Theorien unterscheiden (²):

1. - √דין (mediae י): « *richten* ». Procksch (58) setzt den Namen des Vorstehers der Juden von Elephantine ידניה oder ידוניה zu diesem יָדוֹן in Beziehung. « Jahweh richtet » wäre ja zweifellos ein recht passender Name für einen Gemeindevorsteher. Aber eine solche Vermutung bietet hier kein Argument. Zudem bemerkt Gunkel — offenbar zutreffend —, dass eine solche Bedeutung für ידון in den Zusammenhang von Gen. 6, 1-4 unmöglich hineinpasse.

2. - « *walten* ». Gunkel (a. a. O.) schreibt diese Ansicht Budde zu. — Man mag darüber streiten, ob eine solche Bedeutung überhaupt דין zukommen kann. Wenn ja, würde diese Auffassung die Unwahrscheinlichkeit der vorigen teilen. Sollte dies « walten » aber in stark abgeschwächtem Sinne genommen werden, dass es nicht mehr hiesse als « tätig sein », « tätig bleiben, verbleiben », dann wäre die Bedeutung allerdings sehr zutreffend. Doch wird die Form dann viel leichter im Sinne der fünften Ansicht erklärt.

3. - √דין (mediae י) nach arabischem *dâna* (³), « *sich erniedrigen* ». König (336) bringt es in Verbindung mit arabischem *dúna* « unten, unter », und übersetzt: « Nicht soll mein Geist für immer im Menschen unterworfen sein ». Für diese Deutung lässt sich manches sagen; denn von einer Erniedrigung des Gottesgeistes im Menschen ist im Text wirklich die Rede. Trotzdem fügt sich auch dieser Sinn bei näherem Zusehen kaum in den tieferen Zusammenhang ein. « Nimmer soll mein Geist im Menschen erniedrigt sein, *weil* (König: "*dieweil*") auch er Fleisch ist ». Dass der Mensch Fleisch

---

(¹) *Grammaire de l'Hébreu Biblique,* Rome 1923, 80 k.
(²) Vgl. Gunkel, 57.
(³) Vgl. Gunkel, 57.

ist, mag ein Anlass dafür sein, dass Gottes Geist tatsächlich in ihm erniedrigt wird. Aber es ist doch nie und nimmer ein Grund dafür, dass der Geist nicht erniedrigt werden *soll*. Syntaktisch unvergleichlich geeigneter ist die fünfte Bedeutung (« bleiben »). יָדוֹן ist da Prädikat einer Strafsentenz. Dann schliesst sich das « er ist Fleisch » sehr gut als Urteilsbegründung an.

Gewiss könnte man einen logischen Zusammenhang folgendermassen konstruieren: « Der Geist soll nicht erniedrigt werden — dazu ist aber immer Gefahr; — denn er ist Fleisch ». Aber eben davon steht im Text kein Wort. — Eine andere Möglichkeit wäre « nicht — Ewigkeit » zu übersetzen; dann hiesse es: « Nicht in Ewigkeit...; denn er ist ja sterblich ». Aber der Sinn der Negation ist oben schon im gegenteiligen Sinne geklärt worden.

So scheint die Deutung « sich erniedrigen » an dieser Stelle des Zusammenhangs wenig wahrscheinlich.

4. – √דנן von akkad. *danânu*, « *mächtig sein* ». Die Lösung wurde vorgeschlagen von Vollers ([1]). Jacob (174) schliesst sich dieser Deutung als « der wahrscheinlichsten » an. Als Sinn ergäbe sich: « Mein Geist soll nimmermehr seine Stärke im Menschen entfalten ». Philologisch hat diese Auffassung den Vorteil, dass sie den Lautbestand der Form leicht erklärt; vom Stamme ע״ע ist יָסֹב regelmässiges Imperfekt. Aber dieser Vorschlag kann sich weder auf das Zeugnis irgendeiner alten Übersetzung berufen, noch ist sonst in der hebräischen Literatur irgendeine Spur eines solchen Verbs nachzuweisen. Inhaltlich führt diese Deutung bei Jacob zu einer unmöglichen Konstruktion für den Sinn des Strafdekretes, von der weiter unten — auf hiervon unabhängige Gründe gestützt — die Rede sein muss.

5. – « *Bleiben* ». — In neuerer Zeit wird diese Deutung vorgelegt von Socin ([2]), der sich auf das *dân*, *jidân* im ägyptischen Dialekt des Arabischen beruft ([3]). Auch Gunkel gibt (57)

---

[1] *Zur Erklärung des* יָדוֹן *Gen.* 6, 3 in *ZA* 14 (1899) 349-356.

[2] *Th. St. Kr.* 67 (1894) 211 f.

[3] Ein Übergang von akkad. *danânu*, « stark sein » zu arab. *dân*, « bleiben » (mit abgeblasster Bedeutung), wäre übrigens denkbar.

dieser Ansicht den Vorzug. Dass sich ein sehr treffender Sinn
bei dieser Übersetzung ergibt, braucht kaum eigens gesagt
zu werden: « Nicht wird mein Geist im Menschen bleiben;
denn er ist Fleisch ». So haben auch die bedeutendsten alten
Übersetzungen dieser Deutung den Vorrang zuerkannt. Vulg.
« permanebit », « was wenigstens im allgemeinen den Sinn
treffen muss » (¹); Syr. اَحْقَد ; vor allem die LXX in allen
Rezensionen: οὐ μὴ καταμείνῃ. Gerade das letzte Zeugnis ist
auch für Gunkel (57) durchschlagendes Argument. Dieser
beruft sich ausserdem auf den Namen *Jedonja*, der sich mehrfach in neu entdeckten jüdisch-aramäischen Urkunden finde;
abgekürzt יָדוֹן. Neh. 3, 7. G. deutet den Namen « Jahweh
bleibt ». Doch hat Procksch wohl Recht mit der Mahnung,
dass dieser Name « noch genauer Deutung wartet » (58).

König sucht *das Zeugnis der LXX* durch die Bemerkung
zu entwerten, « der Hellenist könne die Übersetzung auch
nur aus dem Zusammenhang entnommen haben » (336). Ja,
kann denn der Zusammenhang nicht auch ein Argument zur
Feststellung einer Wortbedeutung sein? Und ausserdem kann
wenigstens zur Frage gestellt werden, ob die LXX nicht
noch andere Quellen für die Behauptung dieses Wortsinnes
für יָדוֹן gehabt hat. Schon mehrfach (²) ist die Vermutung
ausgesprochen worden, dass die LXX Ps. 72, 17 mit διαμενεῖ
nicht das unübersetzbare Hapaxlegomenon יִנִּין sondern ein
יָדוֹן wiedergeben wollte. Die Verwechslung von נ und ד scheint
in den aramäischen Schriftformen des 4. und 5. Jahrh. v.
Ch. keineswegs ausgeschlossen (³).

Ps. 72, 17 לִפְנֵי שֶׁמֶשׁ יִנּוֹן שְׁמוֹ. Die Rede ist vom « Könige Jahwehs ». לִפְנֵי besagt offenbar — wie z. B. auch Jer.
31, 36 — die « Bemessung einer Dauer nach einer bestimmten Norm ».

Für יִנִּין (?) ist hier *die Bedeutung* « *bleiben* » oder dergl.
wegen einer doppelten Parallele sicher gefordert. Einmal
Ps. 72, 17a: יְהִי לְעוֹלָם; sodann V. 5: וְלִפְנֵי יָרֵחַ עִם־שֶׁמֶשׁ וְיַאֲרִיךְ
« Er soll dauern so lange wie die Sonne und wie der

(¹) Procksch 58.
(²) Vgl. z. B. Kittel-Buhl, *Biblia Hebraica* 11³. — Gunkel 57.
(³) Vgl. *Institut. bibl.* I⁴, Romae 1933, tab. 1, 6-7.

Vers 3: יָדוֹן

Mond... » (¹). Wenn aber der Sinn des διαμενεῖ der LXX in Ps. 72, 17 zutreffend ist, dann ist die Verbesserung des יָנִין in יָדוֹן die einzig wahrscheinliche Lösung. Wutz meint zwar für diesen Vers « l c G יִכּוֹן » (²). Aber die LXX hat sonst nie ein יִכּוֹן mit διαμένειν oder καταμένειν übersetzt. So scheint es durchaus die besser begründete Ansicht, als Vorlage für das διαμενεῖ in Ps. 72, 17 ein יָדוֹן anzuerkennen. Und damit wäre für die Richtigkeit der Übersetzung καταμείνῃ in Gen. 6, 3 eine sehr bemerkenswerte Stütze geschaffen.

Immerhin mag man zugeben, dass all diese Erwägungen keine volle Sicherheit schaffen. Auch Procksch (58) meint bezüglich der Deutung des יָדוֹן: « Da einleuchtende Konjekturen fehlen, muss ein *non liquet* bleiben ». Doch darf hier wohl ein *Argument*, das sich *aus dem unmittelbaren Zusammenhang* ergibt, nicht übersehen werden. Damit wird freilich wieder die Frage nach dem Sinn des Strafdekretes in Gen. 6, 3 stark berührt, die erst dann vollständig dargelegt werden kann, wenn der « Sinn der 120 Jahre » ausführlich besprochen wird. — « Nimmer wird mein Geist im Menschen bleiben », ist ein Todesurteil über die ganze Menschheit. Vergleiche dazu die schlagende und unmittelbare Parallele in Gen. 6, 7-8: « Die Menschen, die ich erschaffen habe, will ich von der Erde vertilgen ». Ein völlig gleichlautender Satz! Auch in V. 7-8 findet sich die gleiche Dreiteilung des Strafurteils wie in V. 3, nur in weiterer Entfaltung:

1. *Strafbeschluss:*

3. Nimmer soll mein Geist im Menschen bleiben...	7. Ich will die Menschen vertilgen...

2. *Urteilsbegründung:*

Sie sind Fleisch...	Es reut mich, dass ich sie geschaffen habe...

3. *Gnadenerlass:*

Ihre Lebenszeit sei 120 Jahre.	8. Nur Noe fand Gnade.

(¹) Darüber, wie berechtigt die Verbesserung des « man soll dich fürchten » der Massorah in וְיָאִרוּךָ (LXX συμπαραμενεῖ) ist, vgl. König, *Die Psalmen*, Gütersloh 1927, 480, N. 3. — Baethgen, *Die Psalmen*³, Göttingen 1904, 223.

(²) *Die Psalmen*, München 1925.

Der innere Aufbau beider Dekrete ist ganz der gleiche. An erster Stelle steht ein allgemeiner Strafbeschluss von Seiten Gottes. Es folgt ein Hinweis auf Dinge, die Gott zu seinem Urteil veranlassen, und schliesslich eine Ausnahmebestimmung, die die Härte des Schreckensurteils irgendwie mildert. Beide Formulierungen stehen in der Einleitung zum Sündflutbericht, beide gehen offenbar auf die gleiche Verhängung derselben Strafe. Dann ist aber auch sicher der Sinn des ersten Gliedes in beiden Dekreten der gleiche. In V. 7 handelt es sich im ersten Teil ganz gewiss um ein Todesurteil über die ganze Menschheit; also auch in 3a. Dieser Sinn von 3a wird aber nur dann klar gewahrt, wenn wir für יָדוֹן den Sinn « bleiben » voraussetzen. So ist es die Parallele zwischen Gen. 6, 3 und 6, 7-8, die uns die Gewissheit bringt, dass יָדוֹן « bleiben, verbleiben » bedeutet. Das οὐ μὴ καταμείνῃ der LXX hat den authentischen Sinn des יָדוֹן getroffen, wie er auch in Ps. 72, 17 ursprünglich beabsichtigt war.

רוּחִי — « Mein Geist » ist zu übersetzen, wobei sich das Pronomen auf Jahweh bezieht. Aber sicher geht es nicht um irgendeine immanente Grösse « in » Gott, sondern, wie das ausdrücklich hinzugefügte בָּאָדָם zweifelsfrei macht, um etwas, was « im » Menschen ist; also irgendeine רוּחַ, die zu Jahweh besondere Beziehung hat und doch im Menschen lebt und wirkt. Um welche « Geistmitteilung » Jahwehs an den Menschen handelt es sich dabei?

Wohl auf allen philosophischen und theologischen Gebieten werden die schwersten Fragen da angerührt, wo vom « Geiste » die Rede ist. Diese Schwierigkeit wird noch bedeutend gesteigert, wenn es sich um den « Geist » in der Literatur des Alten Orients handelt, dessen Denk- und Vorstellungsformen von den unseren gar so weit entfernt sind. Darum möge in dieser Untersuchung vorsichtig der Versuch gemacht werden, Schritt für Schritt sich an den Bedeutungskreis des Wortes רוּחִי in Gen. 6, 3 heranzutasten. Die einzelnen Stufen der Erklärung können vielleicht folgende sein:

1. - « Geist » ist hier nicht im Sinne einer charismatischen Gabe verstanden, sondern meint das Prinzip des na-

türlichen Lebens, dessen Fortgang den physischen Tod bedeutet.

2. – Dieser « Geist des Lebens » ist als etwas gesehen, das dem Menschen hohen Wert und Adel verleiht.

3. – Der « Lebensgeist » im Menschen ist eine auch für das ethisch-moralische Gebiet irgendwie bedeutsame Grösse; denn:

a) er steht Gen. 6, 3 im Gegensatz zu בָּשָׂר, das hier sicher auch ethische Bedeutung hat;

b) רוּחַ hat sicher an manchen anderen Stellen des A. T. ethischen Sinn;

c) auch als Prinzip des Lebens gilt die רוּחַ mehrfach zugleich als Träger und Ausgangspunkt sittlicher Handlungen;

d) der Hebräer neigt überhaupt dazu, Fragen des Lebens und des Todes als ethisch bedeutsame Grössen zu werten;

e) es ist die sinnvollste Erklärung, auch in Gen. 6, 3 « Geist » als den « heiligen Lebensgeist » zu interpretieren.

Die einzelnen Stufen dieser Analyse liessen sich etwa in folgender Weise darlegen.

1. – JACOB hat — so ziemlich gegen die allgemeine Auffassung der Exegese — den Versuch gemacht, diese רוּחַ Jahwehs aufzufassen als eine irgendwie *charismatische* Gabe, durch die « Gottes Söhne » zu Propheten, Dichtern, Kriegsmännern, Helden usw. werden (176). Diese Deutung fällt ipso facto mit einer universalen Auffassung der « Söhne Gottes », die an anderer Stelle ausführlich begründet wird. Ausserdem führt sie zu der Ungereimtheit, dass Männer dieser Geistesgabe in Zukunft nur noch exakt 120 Jahre alt werden dürfen. Positiv lässt sich gegen die charismatische Auffassung der רוּחַ sagen, dass es hier um Schicksale von Leben oder Tod geht, um allgemein menschliches Geschick. Da passt der Gedanke der charismatischen Geistesgabe nicht hinein. Der Zusammenhang der Urgeschichte führt in ganz andere Richtung. Hier war gleich bei der Erschaffung des Menschen das Wesen seines Menschentums ziemlich eingehend beschrieben. 2, 7: « Jahweh Elohim bildete den Menschen aus עָפָר, Staub, den er von der Erde nahm. Und er hauchte in sein Antlitz

die נִשְׁמַת חַיִּים, den Odem des Lebens; und so wurde der Mensch zu einer נֶפֶשׁ חַיָּה, einem lebenden Wesen ». Wenn also in der Urgeschichte von einer רוּחַ die Rede ist, die Jahweh als sich zugehörig bezeichnen kann, die aber im Menschen tätig ist, dann ist in einem Zusammenhang, wo es irgendwie um Leben und Tod geht, nichts wahrscheinlicher, als dass hier eben dieser Hauch, dieser Odem des Lebens gemeint ist, den Jahwe Elohim dem Menschen eingehaucht hat und durch den er ein lebendiges Wesen wurde. Sehr gut formuliert Procksch (57 f.) diesen Gedanken: « רוּחַ ist das Lebensprinzip, hier das im Menschen waltende, das nicht selbst sterben kann, aber dessen Entweichen Todesursache für das Geschöpf ist. Solange die רוּחַ im Menschen ist, würde er ewig leben können, daher soll רוּחַ weichen ».

König (¹) bezeichnet ebenfalls als die Hauptleistung dieses Lebensgeistes für den Menschen: « Durch seine Mitteilung an den Menschen wurde dieser zu einem lebendigen Wesen ». Es ist dies der göttliche Wesensbestandteil im Menschen zum Unterschied vom irdischen. Seine Namen wechseln: רוּחַ חַיִּים, נְשָׁמָה, נִשְׁמַת חַיִּים und sehr oft das gewöhnliche רוּחַ, wie auch in Gen. 6, 3.

Nähere Aufmerksamkeit verdient die eigenartige Doppelbeziehung dieser רוּחַ, kraft deren sie « Geist Jahwehs » und « Geist im Menschen » ist. « Geist Jahwehs » heisst sie sicher einmal wegen ihres Ausgangs von Jahweh. So wird sogar der Wind genannt, den Jahweh sendet, der die Wellen des Roten Meeres wieder zusammenschlagen lässt, « Odem Jahwehs », oder — in der Gebetsanrede an Gott — « *Dein* Odem » רוּחֲךָ (Ex. 15, 10). Noch öfter findet sich diese Wendung für « den von Jahweh dem Menschen eingehauchten Lebensgeist ». Sehr lehrreich ist in dieser Beziehung Ps. 104, 29-30:

« Ziehst du *ihren Geist* zurück, so sterben sie dahin, und zu ihrem Staube kehren sie heim.

Sendest du *deinen Geist* aus, so werden sie geschaffen, und du machst das Antlitz der Erde neu ».

(¹) *Theol. des A. T.*, 211.

רוּחָם und רוּחֲךָ, beide dasselbe Prinzip des Lebens. Wenn Gott es entzieht, so hört alles Leben auf; wenn Gott es sendet, so ist es wie eine zweite Schöpfung, eine Neuerschaffung des Lebens, die den Anblick der Erde völlig umgestaltet und erneuert. Trotzdem es ein und dasselbe Prinzip ist, wird es aber in ganz gegenteilige Beziehungen gesetzt. « Ihr Geist » ist es, der Geist des ganzen, bunten, vielgestaltigen Heeres von Lebewesen auf dieser Welt; « ihr » Geist, der ihnen geschenkt wurde, der in ihnen wirkt und gegenwärtig ist. Zugleich ist es « Gottes Geist », den Gott aussendet, dass er das Angesicht der Welt erneuere, aus einer abgestorbenen eine lebenserfüllte Welt gestalte.

Eben diese Doppelbeziehung des menschlichen Lebensgeistes, zu einem göttlichen Ursprung und einem irdischen Träger, kehrt im A. T. in den verschiedensten Wendungen immer wieder. Ps. 146, 4 heisst es vom בֶּן־אָדָם: « Geht sein Geist fort, so kehrt er zum Staube zurück » תֵּצֵא רוּחוֹ יָשֻׁב לְאַדְמָתוֹ, wobei das « sein » Geist auf den Menschen bezogen ist. Job 34, 14-15 wird von Gott gesagt: « Wenn er nur an sich selbst dächte, seinen Geist und seinen Odem in sich zurückzöge, so müsste alles Fleisch insgesamt verscheiden und der Mensch wieder zu Staub werden ». נִשְׁמָתוֹ und רוּחוֹ sind hier ganz parallel gebraucht; in jedem Fall der von Gott gegebene Lebensgeist. Wenn Gott ihn sendet, bedeutet es Beginn neuen Lebens, sobald Gott ihn entzieht, ist es der sofortige Tod.

Die Doppelbeziehung des Lebensgeistes ist in Gen. 6, 3 nur in einem Fall durch das Pronomen wiedergegeben. Jahweh sagt « mein » Geist. Aber auch der irdische Träger dieses göttlichen Lebensgeistes ist ganz ausdrücklich genannt: בָּאָדָם « im » Menschen. Gerade hierdurch wird die Parallele von Gen. 6, 3 zu den obigen Texten eine vollkommene, und es kann gar kein Zweifel bleiben, dass רוּחִי, wie schon der allgemeine Zusammenhang nahelegte, hier tatsächlich das Prinzip des Lebens im Menschen bedeutet, dessen Entziehung für den Menschen mit formellem Todesurteil identisch ist.

2. – Doch bleibt die Frage, ob sich in diesem rein physisch gesehenen Prinzip des sensitiven Lebens die Bedeutung des Wortes für den Text Gen. 6, 1-4 erschöpft. Einen ersten Zweifel in dieser Richtung könnte das Suffix nahelegen. Mag

das auch durchaus zutreffen, dass durch das Suffix die Beziehung des Ursprungs gemeint ist, ist aber nicht eben dieser ausdrückliche Hinweis auf so hohen, ja göttlichen Ursprung dieses Lebensprinzips zugleich eine Andeutung seines Adels? In Ps. 104 wird der Geist bald Geist Gottes, bald Geist der Geschöpfe genannt; vom Staube, zu dem die Lebewesen zurückkehren, heisst es nur, es sei « *ihr* » Staub gewesen, so wie auch der Mensch (Ps. 146, 4) zu « *seiner* » Erde zurückkehrt. Von diesem Staub heisst es nie « Staub Jahwehs », Gott sagt nie: « Kehre heim zu *meinem* Staub ». Im ganzen A. T. könnte das nie gesagt werden, auch wenn Staub, Fleisch und Erde aus einer Schöpfungstat Jahwehs hervorgegangen sind. Sie gelten eben als gottferne Prinzipien, die רוּחַ aber als ein gottnahes und gottverwandtes. Darum kann sie « Geist Jahwehs » heissen, auch da, wo sie « im Menschen » ist. So ist auch Gen. 6, 3 sicher nicht nur irgendwie vom Prinzip vegetativen Lebens im Menschen die Rede, sondern von diesem Lebensgeist, insofern er von Jahweh ausgegangen, insofern der Mensch durch diesen Lebensgeist wahrhaft geadelt und erhoben wurde.

3. - *a*) Geht aber diese höhere Bedeutung des Lebensgeistes Jahwehs im Menschen auch in das Gebiet des *Ethisch-moralischen* hinein? Aus dem Begriff der רוּחַ allein heraus wird sich das vielleicht schwerer zeigen lassen. Aber « Geist » steht hier sicher im Gegensatz zu « Fleisch ». Und bei der Bedeutungsanalyse des letzteren ist es im Zusammenhang von Gen. 6, 1-4 verhältnismässig leicht, einen ethisch-moralischen Sinn mit Sicherheit nachzuweisen. Dabei kann und wird vermieden werden, in jener Besprechung des Wortes בָּשָׂר irgend etwas vom moralischen Sinn des Wortes רוּחַ vorauszusetzen. ([1]) So können wir ohne jeden Zirkelschluss die Folgerung ziehen, dass diese רוּחַ eben durch ihre bewusste Gegenüberstellung zu einem Begriff des בָּשָׂר, der sicher auch ethischen Sinn hat, an der moralischen Bedeutungsqualität des letzteren teilnimmt. Dann aber schliesst das Wort vom « Lebensgeist Jahwehs » im Menschen auch ein, dass diese

---

([1]) Vgl. S. 52-62.

רוּחַ das mit dem sündigen בָּשָׂר nicht mehr recht vereinbare Prinzip ist. In Gen. 6, 3 läge demnach eine erste Andeutung des paulinischen: ἡ γὰρ σὰρξ ἐπιθυμεῖ κατὰ τοῦ πνεύματος, τὸ δὲ πνεῦμα κατὰ τῆς σαρκός· ταῦτα γὰρ ἀλλήλοις ἀντίκειται (Gal. 5, 17). Die רוּחַ ist hier das Prinzip, das zu den Ereignissen von Gen. 6, 2 in Gegensatz steht, das auch deshalb den Menschen verlassen muss, sobald jene Tatsachen vorliegen. Wenn der Sohn Elohims nichts mehr ist als Fleisch, dann hat die רוּחַ Jahwehs in ihm ihren besten Sinn verloren.

b) Lässt sich aber diese auch ethisch-moralische Bedeutung des Wortes nicht nur aus dem Gegensatz zu בָּשָׂר nachweisen, sondern finden sich etwa sonst noch Spuren eines ethischen Sinnes von רוּחַ im A. T.? Hier sind natürlich zwei Fragen zu scheiden, ob das Wort רוּחַ überhaupt irgendeine ethische Bedeutung haben kann, und zweitens, ob eben dieselbe רוּחַ, die als Prinzip des Lebens gilt, zugleich auch als Träger sittlicher Handlungen angesprochen wird.

Die erste Frage ist leicht bejaht. « Auch in der Alttestamentlichen Theokratie waltete der heilige Geist Jehovas (Is. 63, 11), aber als Prärogative der Organe der Theokratie, besonders der Propheten, dann allerdings der Frommen überhaupt, aber so, dass es nur zu einer Einwirkung, nicht zu einer Einwohnung des heiligen Geistes kommt » ([1]). « Wo es sich um die höchsten geistigen Funktionen handelt, wie Bewusstsein, Denken und das ganze Gebiet der Sittlichkeit..., ist רוּחַ Subjekt » ([2]). Die Belege für diesen Gebrauch des Wortes sind ungewöhnlich reich. Gott ist es, der seinen heiligen Geist in das Herz des Moses gelegt (Is. 63, 11); er bemüht sich immer wieder, « einen neuen Geist » (Ez. 11, 19; 36, 26) den Menschen zu verleihen, wobei diese רוּחַ חֲדָשָׁה evident als Prinzip sittlicher Handlungen gesehen ist; Ps. 51, 12-14 bringt dreimal רוּחַ in ethischer Bedeutung. Die grossen Beter des A. T. sprechen mehr als einmal zu Gott von « seinem guten Geist », der die Menschen zum rechten Lebenswege führt und leitet (Ps. 143, 10; Neh. 9, 20 usw.).

---

[1] OEHLER, *Theologie des A. T.*³, Stuttgart 1891, 811.
[2] DILLMANN, *Handbuch der Alttest. Theol.*, Leipzig 1895, 358.

c) Also dass רוּחַ überhaupt ethischen Sinn haben kann, ist evident; aber das ist noch nicht exakt unsere Fragestellung. Es könnte ja eben sein, dass רוּחַ sonst auch moralische Bedeutung hat, dass es aber Gen. 6, 3 ausschliesslich das Prinzip des Lebens meint, dass es überhaupt im A. T. niemals beide Sinne miteinander verbindet. Das letzte war aber gerade der Sinn des Gegensatzes zu בָּשָׂר: der Lebensgeist im Menschen als Feind alles sittlich Gemeinen. Ist diese ethische Lebensbedeutung des Wortes רוּחַ sonstwie im A. T. zu belegen?

Job 27, 3-4: « Solange noch mein Lebensodem in mir ist und Gottes Hauch in meiner Nase:

nicht sollen meine Lippen eine Unwahrheit reden
und meine Zunge eine Lüge aussprechen ».

Gewiss, in diesem Text geht es zunächst um eine Zeitangabe. Der Sinn ist ja, der Sprecher will « Zeit seines Lebens », « bis zum Tode » nicht sündigen. Ist aber diese נִשְׁמָתִי und diese רוּחַ אֱלוֹהַּ in diesem Vers nicht auch irgendwie die Kraft, die vor Lüge und Unwahrheit bewahren soll? Aus diesem Text ist das nicht mit Sicherheit auszumachen. Aber wegen der Parallele mit den folgenden Texten durfte er nicht ganz übergangen werden.

Job 32, 8: Elihu berichtet hier, warum er vorher nicht gesprochen. Er hatte eben gedacht, das Alter werde weise sein und werde das Rechte reden. Jetzt aber kommt ihm die Erkenntnis: « Der Geist Gottes gibt die Einsicht und der Odem des Allmächtigen ». Also offenbar etwas, das auch dem jungen Elihu schon zur Verfügung steht. So findet denn auch er den Mut, « sein Wissen kundzutun ». KÖNIG ([1]) übersetzt V. 8: « Jedoch Geist ist im Menschen, und zwar der Odem des Allmächtigen gibt ihnen Unterscheidungsgabe ». Dazu bemerkt K.: « Geist muss hier nur die gottgegebene Vernunftanlage des Menschen bezeichnen, da er allen Menschen zugesprochen wird... Der Odem des Allmächtigen ist nach Gen. 2, 7 wieder die im Menschen begründete Geisteskraft ». — Damit ist רוּחַ בֶּאֱנוֹשׁ und נִשְׁמַת שַׁדַּי, das in der Erschaffung des Menschen

---

([1]) *Das Buch Hiob*, Gütersloh 1929, 328.

diesem verliehene Prinzip des Lebens, zugleich das Prinzip hoher Intelligenz, das die schwierigsten Fragen von Leben, Leid und Sünde zu beurteilen berufen ist. Damit stehen wir aber im Sinne des A. T. schon im Bereich einer sittlichen Kraft und eines ethisch bedeutsamen Tuns. Noch klarer wird gerade das letzte aus dem folgenden Text:

Job 33, 4: Elihu will begründen, dass seine Worte aufrichtig sind wie sein Herz, und seine Lippen unverfälscht aussprechen, was er weiss. Und eben an dieser Stelle bringt er als Titel seiner Berufung und Begründung: « Der Geist Gottes, der mich geschaffen hat, und der Hauch des Allmächtigen belebt mich! ». Dann schliesst V. 5 an: « Wenn du es vermagst, so widerlege mich! »

Der רוּחַ אֵל wird also zugeschrieben: « sie hat mich gemacht », und der נִשְׁמַת שַׁדַּי die « Belebung »: תְּחַיֵּנִי. König ([1]) bemerkt hierzu: « Der gedankliche Zusammenhang zwischen V. 3 und 4 ist dieser. Während in V. 3 die ernste Innerlichkeit der von ihm beabsichtigten Darlegung betont wird, weist Elihu in V. 4 auf die Kraftquelle hin, die nach seinem Bewusstsein besonders lebendig in ihm sprudelt. Also davon, dass V. 4 « in unserm Zusammenhang nicht passend sei » ([2])..., kann nicht die Rede sein ». « Schon der Ausdruck " hat mich gemacht " weist darauf hin, dass Elihu von seiner Begabung reden wollte, die mit seiner Entstehung, also mit dem allgemeinen Zusammenhang zwischen dem Menschengeschlecht und Gottes Schöpfertätigkeit (Gen. 2, 7) gegeben wurde ». Zu 4b meint K.: « Vgl. hierzu " Eine Leuchte von Jahwe her ist der Odem des Menschen " (Prov. 20, 27). Gemeint ist, dass die in Adam (Gen. 2, 7) von Gott entzündete Leuchte der Vernunft bei den Nachkommen Adams... zum Strahlen gebracht wird ».

So ist Job 33, 4 eine ausgezeichnete Parallele, die zeigt, dass der in der Schöpfung dem Menschen gegebene Lebensgeist im A. T. durchaus aufgefasst sein kann als ethisch bedeutsames Prinzip sittlicher Handlungen. Das findet gute Bestätigung in dem auch von K. oben verwandten Text Prov.

([1]) Ebd. 335.

([2]) Hinweis auf die Ansicht einiger, die V. 4 als unechten Repetitionstext streichen wollen, vgl. den Apparat bei Kittel[2]. Dagegen z. B. auch die Übersetzung von Vaccari, *I libri poetici*, Roma 1925.

20, 27: נֵר יְהוָה נִשְׁמַת אָדָם חֹפֵשׂ כָּל־חַדְרֵי־בָטֶן ‹ Eine von Jahweh verliehene Leuchte ist der Odem des Menschen; er durchforscht alle Kammern des Innern ». — Diese ‹ Kammern des Innern » schliessen in Prov. gewiss den sittlichen Bereich inneren Erkennens und Wollens ein. Vgl. 18, 8 = 26, 22, besonders aber 20, 30, wo gerade die ‹ Kammern des Innern durch schmerzliche Leiden und Prüfungen gereinigt › werden. Also diesem von Jahweh bei der Erschaffung gegebenen ‹ Lebensodem › wird 20, 27 die Fähigkeit zugeschrieben, auch die geheimsten Kammern sittlich-moralischen Denkens und Wünschens zu durchmustern und zu durchforschen. Deswegen heisst dies ‹ Gewissen › an dieser Stelle sogar ‹ Leuchte Jahwehs ». ‹ Die Fähigkeit des Beurteilens, das den Hauptteil des Erforschens ausmacht, ist Prov. 20, 27 mit dem den Menschen nach Gen. 2, 7 eingehauchten Gottesodem in Verbindung gebracht und daher eine vom Ewigen in dem Menschen entzündete Leuchte genannt › ([1]). Diese Wertung des Textes ist freilich einseitig. Die ethische Bedeutung dieses Gottesodems, die gerade aus einer näheren Würdigung der חַדְרֵי־בָטֶן sich ergibt, ist nicht klar genug herausgestellt.

Von den gleichen Gedankenkreisen spricht auch Sir. 17, 5, wo von der geistigen, intellektuellen und ethischen Ausstattung des Menschen bei der Schöpfung die Rede ist.

d) Wenn aber mehrfach in der heiligen Schrift der Gen. 2, 7 verliehene ‹ Lebenshauch › als Prinzip sittlicher Urteilskraft und moralischen Tuns aufgefasst ist, braucht es nicht wunderzunehmen, dass diese רוּחַ Gen. 6, 3 nicht nur als rein physische Lebenskraft gesehen ist, sondern als Kraft zum ‹ Leben des Bildes Gottes ». Es ist ja überhaupt eine absolut nicht alttestamentliche Vorstellung, Dinge wie Leben und Lebensgeist als rein physische Grössen auffassen zu wollen. Vergleiche hierzu, was OEHLER zu Gen. 6, 3 bemerkt ([2]): « Dass dieser Geist Gottes (die mächtige Gotteskraft aller Dinge, das Prinzip des menschlichen Seelenlebens usw.) auch eine ethische Beziehung hat, liegt in Gen. 6, 3, sofern nach dieser Stelle durch die Verirrung der Menschen das Walten des Gottesgeistes gehemmt wird ». Das Tiefste und Beste

---

[1] KÖNIG, *Theol. des A. T.*[3], Stuttgart 1923, 219 f.
[2] *Theologie des A. T.*[3], Stuttgart 1891, 221.

aber, was über diese allgemeinen Zusammenhänge geschrieben wurde, sind immer noch die Ausführungen BÄHRS aus seiner *Symbolik des Mosaischen Cultus* (¹). Genau so wie Weisheit und Erkenntnis ethisch gefasst werden, so dass « die Furcht des Herrn der Weisheit Anfang », das Sittengesetz selbst das « Licht » des Menschen ist, gerade so ist das Leben « heilig ». Alles Tote, oder auch nur auf dem Wege zum Sterben befindliche, d. h. was in Fäulnis übergeht, ist dem Hebräer « unrein », Prinzip der « Verunreinigung », die durch eigene Heiligungs- und Reinigungsriten beseitigt werden musste. Das Leben hingegen ist « rein », ist « heilig ». Wo also die Heiligkeit selber ist, findet sich auch notwendig die höchste Stufe des Lebens. Darum heisst Jahweh so gerne ein « lebendiger » Gott. « Macht und Heiligkeit Gottes treten zugleich damit in Verbindung, dass Jehova der Lebendige, d. i. der Lebengebende ist. Vermöge seiner Allmacht hat er die ganze Welt geschaffen, d. i. Leben mitgeteilt....; vermöge seiner Heiligkeit aber tilgt er die Sünde, die den Tod gebiert, ...erlöst aus dem Verderben und teilt das Leben mit, das Leben, welches in Heiligkeit und Gerechtigkeit besteht » (²).

e) Im A. T. gehen die Begriffe des physischen und moralischen Lebens ständig ineinander über, sind auf das innigste miteinander verwandt. In dieser Atmosphäre, wo jedes Leben irgendwie heilig, jeder Tod und jede Fäulnis unrein, unheilig ist, in diesem geistigen Milieu ist es eigentlich selbstverständlich, dass die Quelle des Lebens im Menschen, sein göttlicher Lebensodem etwas « Heiliges » ist, etwas, was in Gegensatz zu allem sittlich Unreinen steht. Wir kommen hier an Gedankengänge, durch die man für den Begriff des Lebensgeistes in Gen. 6,3 eine ethische Bedeutung gewinnen könnte, auch ohne die Gegenüberstellung zu einem ethischen Begriff des בָּשָׂר vorauszusetzen. *Jeder Lebensgeist ist heilig*, besonders wenn er noch ausdrücklich « Geist Jahwehs » heisst. Schon damit steht dieser Lebensgeist in Widerspruch zu den Ereignissen von Gen. 6, 2; ein Widerspruch, der dadurch seine volle Erklärung erhalten wird, dass nachher in V. 3 das Ergebnis der

---

(¹) I Heidelberg 1837, II ebd. 1839.
(²) BÄHR I, 391; Vgl. ausserdem I, 90 f., 299, 363; II, 21, 432 f., 630 f.

4. — CLOSEN, *Die Sünde der « Söhne Gottes »*.

masslosen Sinnlichkeit im Menschen in dem einen Wort zusammengefasst wird: « Er ist Fleisch ». Wir stehen damit interessanterweise in einem uralten « jahwistischen » Text — vor einem Höhepunkt alttestamentlicher Explikation der Gedanken von רוּחַ und בָּשָׂר. Mag auch in der Gegenüberstellung von Fleisch und Geist in Is. 31, 3 das ethische Moment durchaus vertreten sein, so bleibt wohl doch kein Zweifel, dass die diesbezüglichen Spuren und Andeutungen in Gen. 6, 3 ungleich stärker hervortreten. Es wird also der Deutung dieses Dokumentes keine Auffassung gerecht werden können, die einen Begriff der Religions- und Offenbarungsentwicklung vertritt, wodurch theologische Höhepunkte in Anfangsstadien ausgeschlossen würden.

Die obige Darlegung hat sich absichtlich bemüht, die Erklärung des רוּחִי von Gen. 6, 3 ganz in den Denk- und Vorstellungsformen des A. T. zu halten. Damit war notwendig gegeben, dass sie im Sinne scholastischer Terminologie nicht « klar » sein konnte. Wollen wir zum Schluss versuchen, das Ergebnis der kleinen Untersuchung in modernere Ausdrucksweisen zu übertragen, so liesse sich vielleicht folgendes sagen. Der « Geist » des Menschen in Gen. 6, 3 ist das Prinzip des sensitiven Lebens. Aber dieser Lebensgeist ist gesehen als die Hauptquelle des Adels und der Vornehmheit, die dem Menschen eignet, ja als Prinzip seines sittlichen Lebens. Damit steht dieser « Geist » im Gegensatz zur niederen, sinnlichen und sündhaften Natur des Menschen. Der Gegensatz ist so stark, dass die sinnlose Hinkehr zur Materie den Menschen unwürdig macht, weiter als Träger des « Geistes » auf dieser Erde zu leben. Die Entwürdigung des « heiligen Lebensgeistes » macht den Menschen des physischen Todes wert. — Exaktere und tiefere Erklärungen dieser Gedanken dürften dem Texte der Genesis fremd sein.

בָּאָדָם — « In dem Menschen ». Das Wort ist in diesem Zusammenhang sicher kollektiv-universal zu nehmen ähnlich wie in V. 1, nur mit dem Unterschied, dass hier kein Grund vorliegt, in dem Ausdruck eine besondere Hervorhebung der Männer zu sehen. Gemeint sind « die Menschen » überhaupt.

Vers 3: בְּשַׁגַּם

בְּשַׁגַּם — Zwei Deutungen kommen in Frage:

1. - בְּשַׁגָּם mit leichter *Änderung der Vokalisation*. שַׁגֹ als Infinitiv wäre gebildet wie גַּל (¹). Für בְּשַׁגָּם ergäbe sich als Übersetzung « in *ihrer* Verirrung (ist *er* Fleisch) ». Mit Recht spricht JACOB von einer « unerträglichen Vertauschung von Einzahl und Mehrzahl » (174). In V. 1 haben wir ein sicheres Beispiel, dass auf ein kollektives « der Mensch » ein Pronomen im Plural bezogen wird (לָהֶם). Wenn hier in V. 3 schon an der Verbalform das Suffix im Plural stände, wäre überhaupt kein Grund mehr anzugeben, warum das Subjektspronomen (jetzt הוּא) nicht auch im Plural stehen sollte. Darum muss dieser Deutungsversuch wohl allein aus stilistischen Gründen als unmöglich abgelehnt werden. Auch rein nach Zahl und Bedeutung der Textzeugen verdient בְּשַׁגַּם den Vorzug (²).

2. - בְּשַׁגַּם = גַּם + שַׁ + בְּ « *deswegen — weil — auch (sogar)* ». « Weil sogar er Fleisch ist ». Es ist die Auffassung, die sich schon in der LXX findet: διὰ τὸ εἶναι αὐτοὺς σάρκας. Diese Übersetzung hat den Nachteil, dass die Verbindung der drei hebräischen Partikeln höchst auffallend ist. Aber die einzelnen Momente (z. B. שַׁ = שֶׁ = אֲשֶׁר) sind auch sonst nachzuweisen. Einmalig ist nur ihre Verbindung in dieser einen Form. Da aber die Übersetzung bei voller Wahrung der Bedeutung der einzelnen Bestandteile hier einen normalen und passenden Sinn ergibt, scheint die Deutung gleichwohl annehmbar (³). Nur müsste man einen verständlichen Grund dafür angeben, warum hier gesagt wird, « auch » er, « sogar » er. Es wird also vorausgesetzt, dass gerade das bei Jahweh Befremden und Erregung hervorruft, das « selbst » der Mensch Fleisch ist. Tatsächlich ist es so. Der volle Grund dafür ist freilich erst dann zu sehen, wenn gezeigt ist, wer diese « Söhne Elohims » sind, und dass בָּשָׂר an dieser Stelle auch eine ethische Bedeutung hat. Dann wird sich der Sinn dieses גַּם in seinem vollen Lichte zeigen. Denn das ist allerdings Grund

---

(¹) Vgl. BAUER-LEANDER 90+.

(²) Vgl. KITTEL³, JACOB 175; letzterer betont vor allem den textkritischen Wert der alten Übersetzungen in dieser Frage.

(³) KÖNIG, *Lehrgebäude* III, Leipzig 1897, § 389 f.: בש Gen. 6, 3 = בַּאֲשֶׁר; ONQELOS aram. בְּדִיל דְּ

genug zu erstaunen und sich zu wundern, dass diese «Söhne Elohims», diese Menschen im ganzen Adel ihrer Gottesnähe, dass «selbst» sie «Fleisch» sind, sündige und ganz niederen Leidenschaften ergebene Wesen.

הוּא — «Er», d. h. «der Mensch». Das Pronomen nimmt hier, wo es ganz eindeutig auf בָּאָדָם bezogen ist, an der kollektiven und universalen Bedeutung dieses Nomens teil.

בָּשָׂר — Sicher bezeichnet das Wort an dieser Stelle nicht nur das «Fleisch» als anatomischen Bestandteil des menschlichen Körpers. Nein, es ist gewiss das Menschenwesen, insofern es irgendwie minderwertig ist. Sonst hätte der Ausdruck hier keinen Sinn. Mag das בְּשַׁגָּם so umstritten sein, wie es will, wir stehen doch wohl in einem Teil des Satzgefüges, der Begründung eines Strafurteils sein will; also ist von rein anatomischem Sinne des Wortes בָּשָׂר hier gewiss keine Rede.

Ungleich schwerer ist die folgende Frage, ob בָּשָׂר hier lediglich die «ohnmächtige, sterbliche Natur... im Gegensatz zu dem machtvollen, ewigen Geiste Gottes» (GUNKEL, 57) bezeichnet, oder ob seine Bedeutung hier in das ethische Gebiet hineinragt. Die Frage ist natürlich nicht die, ob sich hier die ganze Fülle des paulinischen ἡ γὰρ σὰρξ ἐπιθυμεῖ κατὰ τοῦ πνεύματος (Gal. 5, 17) findet oder nicht. Denn dass das nicht der Fall ist, ist bei der tatsächlichen Entwicklung alttestamentlicher Offenbarung von vornherein höchst wahrscheinlich. Gleichwohl wird sich zeigen, dass die Frage einen Sinn behält, ob nicht vielleicht die Bedeutung des בָּשָׂר in Gen. 6, 3 über die biologische Zerfallsmöglichkeit der Menschennatur hinausgeht und irgendwie auch eine ethische Minderwertigkeit einschliesst.

Viele lehnen einen solchen ethischen Sinn für Gen. 6, 3 ab.
OEHLER meint: «Dass בָּשָׂר hier in dem ethischen Sinne der neutestamentlichen σάρξ stehe, hat man nicht nötig anzunehmen» (¹). Den Sinn der σάρξ des N. T. hier finden wollen, ist natürlich zu viel verlangt. Zudem fasst O. das Strafdekret als blosse «Verkürzung der Lebensfrist wegen der Sünde» auf und nicht als «Todesurteil über die ganze Menschheit».

(¹) *Theol. des A. T.*³, Stuttgart 1891, 262.

Schon dadurch ist ihm eine ethische Wertung des בָּשָׂר an dieser Stelle erschwert.

Der gleiche innige Zusammenhang zwischen der Bedeutung des Wortes בָּשָׂר und dem Sinn des Strafdekretes von Gen. 6, 3 a ([1]) kommt in der Auffassung von GUNKEL zum Ausdruck (a. a. O.): « 'Er ist Fleisch' kann im Zusammenhang von V. 3 nichts anderes bedeuten als dies: weil der Mensch nur Fleisch d. h. ein geringes, ohnmächtiges, irdisches Wesen ist, verdient er auch gar nicht, ewig zu leben ». Will das Dekret die Lebensfrist der einzelnen verkürzen, kann der von GUNKEL gegebene Sinn genügen. Spricht das Dekret ein Todesurteil über die ganze Menschheit aus, und wird dann in seiner Begründung בָּשָׂר genannt, ist der ethische Sinn des letzteren unvermeidlich ([2]).

GESENIUS-BUHL scheint in seinem Wörterbuch gar keinen ethischen Sinn von בָּשָׂר anzuerkennen. Auch DAVIDSON ([3]) will nicht zugeben, dass im A. T. das Fleisch in sich als sündhaft oder gar als Sitz der Sünde gilt. Aber er muss anerkennen, dass in vielen Texten physische Schwäche und moralische Fehlbarkeit des Menschen so eng miteinander verbunden erscheinen, dass schwer zwischen beiden zu trennen ist. Ja, er spricht von der allgemeinen Tendenz der Hebräer, dem Physischen eine moralische Bedeutung zu geben.

Was ist nun zu diesen Bestrebungen zu sagen, die einen ethischen Sinn des בָּשָׂר in Gen. 6, 3 ausschliessen wollen? Zunächst darf wohl darauf hingewiesen werden, dass es bis auf den heutigen Tag nicht an Auslegern gefehlt hat, die eine ethische Bedeutung des Wortes wissenschaftlich vertreten zu müssen glaubten. So gibt KÖNIG in seinem *Wörterbuch* ([4]) als Bedeutung « *d)* Die lebendigen freien Wesen als von Selbstsucht, Sinnlichkeit und Schlaffheit beherrscht ». Dies Zeugnis ist insofern besonders zu beachten, als gerade K.

([1]) Vgl. S. 39 f.

([2]) Ausführlicher hierüber weiter unten (S. 58 ff.), wo der ethische Sinn des בָּשָׂר in Gen. 6, 3 positiv begründet wird.

([3]) *The Theology of the Old Testament,* Edinburgh 1904, 188-192, bes. 191 f.

([4]) 2-3, Leipzig 1922.

sonst nicht genug vorgehen kann gegen « *die unbiblische Zusammenschau des A. T. und des N. T.* » und « *diese ungeschichtliche Gleichmachung der Genesis mit dem N. T.* » (¹).

Ähnlich deutet Keil (²) das בָּשָׂר in Gen. 6, 3: « Dem Fleische anheimgefallen, unfähig sich vom Geiste Gottes regieren und zu ihrem göttlichen Lebensziele zurückführen zu lassen ». Die tiefste und weitestgehende Auffassung, die im letzten Jahrhundert über diese Frage geäussert wurde, ist wohl noch immer die von Bähr: « Mit dem Ausdruck בָּשָׂר bezeichnet der biblische Sprachgebrauch im allgemeinen die menschliche Natur gegenüber und im Gegensatz zur göttlichen, welche Geist ist, also insofern sie als vergänglich, schwach, hinfällig, sterblich erscheint. Diesen Gegensatz fasst aber der Mosaïsmus, weil ihm die göttliche Natur im Verhältnis zur menschlichen wesentlich in der Heiligkeit besteht, zugleich ethisch auf, daher an den Begriff « Fleisch » sich notwendig der der Sündlichkeit knüpft, so dass also « Fleisch » die menschliche Natur in ihrer Sterblichkeit wie in ihrer Sündlichkeit bezeichnet » (³). Über den metaphysischen Grund, warum auch schon im A. T. der Begriff des « Fleisches » in die religiös-ethische Sphäre übergreift, heisst es beim gleichen Verfasser: « Da nun der Mosaïsmus das unendliche Sein... ethisch auffasst, indem ihm Jehova als der absolut Seiende ipso facto der absolut Heilige ist, namentlich im Verhältnis zu Israel, so betrachtet er auch das endliche Sein vom ethischen Standpunkte aus, und dasselbe ist ihm dann nicht sowohl Negation des unendlichen Seins, als vielmehr Negation und Gegensatz des absolut Heiligen... Sehr deutlich spiegelt sich diese ganze Vorstellungsweise in dem biblischen Gebrauch des Wortes " Fleisch " ab » (⁴).

So aufschlussreich nun auch die Gegenüberstellung der verschiedenen Ansichten sein mag, so anregend und geistvoll auch das Urteil aus Bährs *Symbolik* ist, entscheidend

---

(¹) *Die Genesis* ²⁻³, Gütersloh 1925, 129 f. Ausführlich spricht König in seiner *Hermeneutik* (161 ff.) über die « *Christianisierung des Alten Testaments* ». Sie ist ihm eine der « *Hauptrichtungen inhaltlich falscher Auslegung des A. T.* » (ebd. VIII).

(²) S. 107.

(³) Bähr, *Symbolik des Mosaischen Cultus* II, Heidelberg 1839, 81.

(⁴) Ebd. 462.

bleibt die sachliche Prüfung der *exegetischen Argumente*, die *einen ethischen Sinn für* בָּשָׂר in Gen. 6, 3 erweisen.

Zunächst die Vorfrage, ob überhaupt irgendwelche Spuren eines ethischen Sinnes für בָּשָׂר im Alten Testament nachzuweisen sind. Da muss es von vornherein als unwahrscheinlich erscheinen, dass gar keine Andeutung dieser Art zu finden sei. Wenn bei Paulus, der in seiner Theologie so sehr Israelit der orthodoxen Schule war, sich plötzlich die ganze Fülle des Gegensatzes « Fleisch und Geist » findet, sollte das im A. T. in keiner Weise vorbereitet sein? Zudem behält die Beobachtung DAVIDSONS sicher ihre Gültigkeit, dass das A. T. eine Tendenz hat, im Physischen moralisch Bedeutsames zu sehen. Man denke nur an zahlreiche Bestimmungen levitischer Reinheit und Unreinheit.

Ein erster Beweis dafür, dass בָּשָׂר auf keinen Fall ganz in der Sphäre des ethisch nicht belangreichen Physischen bleibt, liegt darin, dass בָּשָׂר an manchen Stellen die menschlichen Schamteile — bei Mann oder Frau — bezeichnet. Nicht als wenn im A. T. irgend ein Geschöpf als « in sich schlecht » angesehen würde. Aber seit Gen. 3 ist in der religiösen Literatur Israels die Auffassung unverkennbar, dass die Genitalien des Menschen Anlass und Gegenstand des Schamempfindens sind, eben weil sie nicht nur an die gottgewollte Zeugungskraft des Menschen erinnern, sondern im gefallenen Zustand auch zu viel ungeordneter Begierlichkeit und Leidenschaft in Beziehung stehen. — Bekannt ist die Bedeutung בָּשָׂר = Genitalien des Menschen vor allem aus Lev. 15, 2. 3. 7. 19.

Wie sehr dieser Sinn des Wortes בָּשָׂר als ethisch belangreich gilt, ist ganz unverkennbar z. B. in Ez. 23, 20. Hier wird das Wort in innigste Beziehung gesetzt zur tierischen Sinnlichkeit heidnischer Wollüstlinge, die unter sexueller Rücksicht mit den Hengsten verglichen werden, den Tieren, die israelitischem Empfinden stets als brutal sinnlich und sexuell galten ([1]). Also davon, dass בָּשָׂר im Alten Testament sich ganz in der Sphäre des rein Physischen halte, ist keine Rede. Im übrigen mag man bei einzelnen Stellen, die für

---

([1]) Vgl. Jer. 5, 7-8; Tob. 6, 16-17 (Vulg.).

einen ethischen Sinn angegeben werden, zweifeln, so z. B.
bezüglich Qoh. 5, 5 (לַחֲטִיא אֶת־בְּשָׂרֶךָ), das BÄHR zitiert ([1]). ALLGEIER übersetzt einfach: « Lass deinen Mund nicht Ursache werden, dass *du selbst* in Sünde fällst » ([2]).

KÖNIG nennt im ethischen Sinn Gen. 6, 12 b und 13 ([3]).
« Alles Fleisch hatte seinen Lebenswandel verderbt » (12 b). Gewiss könnte man hier fragen, ob nicht in solchen Fällen der moralische Sinn rein aus dem Prädikat in das Subjekt hineingetragen werde. Aber sprachphilosophisch ist es zweifellos richtiger, im Subjekt schon die Eignung anzuerkennen, ein derartiges Prädikat zu empfangen. Schon dadurch würde die Bedeutung von בָּשָׂר auf das ethische Gebiet übergreifen. In seinem Kommentar (348) spricht KÖNIG zu Gen. 6, 12 b ausdrücklich vom « religiös-moralischen Begriff » Fleisch. Es « wurde im Sprachgebrauch ein Ausdruck nicht bloss für Vergänglichkeit, sondern auch für die schlimme Dreiheit. Selbstsucht, Sinnlichkeit und Schlaffheit ».

Spuren einer ethischen Bedeutung von בָּשָׂר finden sich seltsamer Weise auch gerade an Stellen, wo es parallel mit אָדָם steht und auch dieser « Mensch » als gottfernes und gottfeindliches Wesen zu gelten scheint. Vielleicht schon Jer. 17, 5, klarer Ps. 56, 5 kommt diese Bedeutung von אָדָם - בָּשָׂר zum Ausdruck. Jer. 17, 5: « Verflucht ist der Mann, der sich auf *Menschen* verlässt und *Fleisch* zu seinem Arme macht, und dessen Herz sich vom Herrn abkehrt ». בָּשָׂר steht hier im unmittelbaren Parallelismus zu אָדָם. Aber beides scheint aufgefasst zu sein als etwas, mit dem zu nahe Verbindung eine Gefahr für das Herz bringt, sich von Jahweh abzuwenden.

Ps. 56, 5: « Auf Gott vertrauend fürchte ich nicht, was Fleisch mir anhaben könnte ». Der Vers ist durchaus parallel zu 56, 12, nur mit dem Unterschied, dass in 12 אָדָם an Stelle des בָּשָׂר steht. Nach ZENNER ([4]) schildert der Psalmist hier « das feindselige Treiben seiner böswilligen Widersacher »; « er spricht die feste Erwartung aus, dass Jahve eingreifen

---

[1] *Symbolik* II, 462 f.
[2] *Das B. des Predigers* (Bonner Bibel, A. T. VI 2) 1925, 35.
[3] *Theol. des A. T.*, Stuttgart 1923 ³⁻⁴, 237.
[4] *Die Psalmen*, Münster 1906, 354.

und die **verderblichen** Absichten seiner Feinde vereiteln werde ». — Damit ist der Sinn dieses בָּשָׂר = אָדָם im Psalm ziemlich klar. Es ist zunächst der hinfällige Mensch, den man nicht allzusehr zu fürchten braucht, der sich aber auch *in seiner Bosheit gegen den wahren Diener Gottes* stellt und somit *Gottes Feind* ist.

Einen sehr wirksamen Beweis für ethischen Sinn des בָּשָׂר auch in der Literatur des A. T. bietet Job 10, 4: הַעֵינֵי בָשָׂר לָךְ « Hast du etwa die Augen des Fleisches? » In V. 3 klagt der leidende Dulder: « Ist es wohlgetan von dir, dass du gewaltsam verfährst, dass du das Gebilde deiner eigenen Hände verwirfst, während du zu den Anschlägen der Frevler dein Licht leuchten lässt? » Das gilt dem Klagenden offenbar als verkehrtes Handeln, als menschlich und « *allzu menschlich* ». Dann fährt er in dem Sinne weiter: « Ja, wenn Gott die Augen des בָּשָׂר hätte, dann wäre ein solch verkehrtes Handeln erklärt! » — Damit scheint בָּשָׂר eindeutig aufgefasst als Prinzip sündhaften, verkehrten Handelns (¹).

Ein seltsamer Mangel an Folgerichtigkeit liegt in der Auffassung von KÖNIG. In seinem Kommentar (²) zu Job (10, 4) scheint er die Bedeutung des עֵינֵי בָשָׂר gleichsam auf das Physische zu beschränken. « Augen von Wesen, die dir (dem Geist: Is. 31, 3) als Fleisch (Gen. 6, 3) gegenüberstehen und daher im Unterschied von dir (1 Sam. 16, 7) mit ihren Sinnen auf die Aussenwelt eingeschränkt sind ». Doch sind damit die oben gegebenen Gründe für den ethischen Sinn in Job 10, 4 nicht genügend beachtet, ebensowenig die Tatsache, dass z. B. Is. 31, 3 im lebendigen Zusammenhang des Textes kaum

---

(¹) Gute Bestätigungen dafür, dass es gewaltsam wäre, aus diesem Text den ethischen Sinn auszuschliessen, bringen verschiedene Kommentare :

KNABENBAUER (Parisiis 1886, 146) bei der Erklärung der « oculi carnei » : « homo... specie decipitur, *animæ cupiditatibus* mentis acies obnubilatur ». DUHM (KHK, Freiburg 1897, 57) ; « Vers 4 fragt : bist du kurzsichtig wie ein Mensch, dass du Fehler siehst, wo keine sind, oder *kleine Fehler für so gross ansiehst*, dass du darum den Menschen vernichten zu müssen glaubst? ». BUDDE (HK, Göttingen 1913, 48): « Macht Kurzsichtigkeit und Kurzlebigkeit dich unsicher und *ungeduldig?* ». Gerade das letzte kann wohl als adäquate Beschreibung des Begriffes בָּשָׂר in Job 10, 4 gelten.

(²) *Das Buch Hiob*, Gütersloh 1929, 124.

eine völlige Abstraktion von allen ethischen Momenten besagt. So ist es König selbst, der in seinem Wörterbuch nach der so prägnanten Beschreibung des ethischen Sinnes von בָּשָׂר gerade « Hi. 10, 4 » zitiert.

Eine Schwierigkeit gegen den ethischen Sinn von בָּשָׂר in Job 10, 4 lässt sich auch nicht daraus machen, dass es hier parallel mit אֱנוֹשׁ steht; denn eben dieses ist schon durch den Zusammenhang des Textes bestimmt als « sündhafter, gottfeindlicher Mensch ». Vgl. den Gebrauch des אֱנוֹשׁ in Ps. 10, 18 im Zusammenhang mit den vorausgehenden Versen, und vor allem 2 Chron. 14, 10, wo אֱנוֹשׁ sicher den « gottfeindlichen Menschen » bezeichnet.

Wenn aber in Job 10, 4 « die Augen des Fleisches » religiös-moralischen Sinn einschliessen, dann ist die Parallele zu Jo. 8, 15 unvermeidlich: ὑμεῖς κατὰ τὴν σάρκα κρίνετε. So erstaunlich das scheinen mag, auf so verschiedenen Stufen der Offenbarungsentwicklung identischen Auffassungen zu begegnen, die Quellen selber weisen durch ihr eigenes Zeugnis darauf hin.

Ergebnis der letzten Beobachtungen dürfte sein: auch der Literatur des A. T. ist der religiös-moralische Sinn des Wortes בָּשָׂר keineswegs völlig fremd. Wenn also exegetische Gründe zu der Annahme einer solchen Bedeutung in Gen. 6, 3 drängen, besagt das kein Auffinden eines isolierten Fremdkörpers, zumal die Spuren der ethischen Bedeutung bis in den unmittelbaren Zusammenhang unserer Perikope eindringen (vgl. Gen. 6, 12-13).

Liegen nun tatsächlich solche *Gründe für ethischen Sinn in Gen. 6, 3* vor? — Im folgenden wird das Ergebnis der oben gegeben Darlegungen über לֹא - - -, לְעוֹלָם, רוּחִי, יָדוֹן vorausgesetzt, dass nämlich das in Gen. 6, 3 enthaltene Dekret die Bedeutung eines Todesurteils über die ganze Menschheit hat ([1]). Dann ergibt sich die Bedeutung des Wortes בָּשָׂר wie folgt.

In Gen. 6, 1-2 werden Ereignisse beschrieben, die für Gott der Grund sind, das folgende Todesurteil über die Menschheit

---

([1]) Vgl. z. B. S. 39 f.

auszusprechen. Das Todesurteil ist also Strafe für eine Schuld, die in den ersten beiden Versen fast mehr angedeutet als geschildert wird. Daraufhin enthält der dritte Vers dreierlei:

1. - Das Aussprechen eines Todesurteils über das Menschengeschlecht.
2. - Die Hinzufügung einer Urteilsbegründung.
3. - Die Verleihung einer Gnadenfrist.

Im Lichte dieser Textanalyse ist also das «deswegen weil sogar er Fleisch ist» eine Art Begründung des Urteils. Dies Urteil wurde aber gegeben wegen der in den beiden ersten Versen angedeuteten Ereignisse und schuldbaren Handlungen. Also besagt das «der Mensch ist בָּשָׂר» eine terminologisch knappe Zusammenfassung dessen, was in Gen. 6,1-2 erwähnt ist. Dann sind wir aber bei einem Begriffe des בָּשָׂר, der den Menschen nicht nur als den vergänglich Ohnmächtigen hinstellt, sondern auch als das sündige, masslos triebhafte und durch seine niederen Leidenschaften verächtliche Wesen. Damit wäre auf der Suche nach einer Spur ethischen Sinnes für בָּשָׂר in Gen. 6.3 eine Bedeutung festgestellt, die vom paulinischen Begriff σάρξ nicht mehr sehr weit entfernt ist ([1]). — Auf eine kurze Formel gebracht, mag der obige Gedankengang lauten: Warum reicht die Bedeutung des בָּשָׂר in Gen. 6,3 notwendig in den Bereich der ethischen Werte und Unwerte hinein? — Weil es in der Begründung eines Todesurteils über die ganze Menschheit gebraucht wird!

בָּשָׂר muss hier etwas anderes meinen als die blosse sterbliche, physisch armselige Natur des Menschen. Solange «Fleisch» nur diese objektive Hinfälligkeit des vergänglichen Wesens meint, ist es ja doch die von Gott geschaffene Natur des Menschen. Darin kann also wohl nicht der Grund liegen, warum die Menschheit der völligen Vernichtung preisgegeben werden muss. Soll בָּשָׂר ein solches Urteil begründen, muss seine Bedeutung sicher über den Bereich dessen hinausgehen, was dem Menschen natürlich ist. Es muss etwas miteinschliessen, was die Sphäre der sittlichen Verantwortlichkeit berührt. So wird in einer Begründung für ein Todesurteil über die

---

([1]) Vgl. ZORELL, *Lex. Graec. N.T*², Parisiis 1931, 1192: «natura hominis imbecillis, corrupta et ad malum inclinata, vetus homo».

ganze Menschheit die ethische Bedeutung des Wortes בָּשָׂר notwendig.

Man könnte versucht sein, sich hier auf die Parallele mit Gen. 3, 19c zu berufen. Hier steht עָפָר in der Begründung eines Todesurteils über die Menschen und bedeutet doch nur die physisch hinfällige, sterbliche Natur ohne ethische Rücksichten. Aber der wesentliche Unterschied zwischen den beiden Todesurteilen in 3, 19 und 6, 3 darf nicht übersehen werden. 3, 19 spricht nicht von einer Vernichtung der ganzen Menschheit, sondern davon, dass das Leben des einzelnen notwendig mit dem Tode enden soll. Das lässt sich begründen daraus, dass der Mensch ja schon von Natur aus ein zeitlich begrenztes, hinfälliges Wesen ist. Diese Armseligkeit wird voll zur Auswirkung kommen, sobald diesem Menschen sein Gnadenprivileg der Unsterblichkeit zur Strafe entzogen wird, er also seiner armseligen Natürlichkeit überlassen bleibt. Aber daraus folgt doch in keiner Weise, dass ich in dieser natürlichen Armseligkeit des sterblichen Menschen einen Grund dafür sehen könnte, dass das ganze Menschengeschlecht als solches der völligen Vernichtung preisgegeben werden soll. Darum geht es aber in 6, 3. Hier liegt der wesentliche Unterschied zwischen den beiden Todesurteilen von 6, 3 und 3, 19. Deshalb muss der Sinn des בָּשָׂר in Gen. 6, 3 wesentlich über den des עָפָר in 3, 19 hinausgehen. בָּשָׂר sagt etwas, was die ganze Menschheit der Vernichtung wert macht, etwas ethisch Bedeutsames; עָפָר weist auf die natürlicherweise sterbliche Natur des einzelnen hin, die zur vollen Auswirkung kommen wird, sobald das Gnadenprivileg der Unsterblichkeit dem Menschen entzogen wird.

Ausserdem bleibt der Doppelsinn des Wortes « Urteilsbegründung » zu beachten. Die « Angabe des Grundes » für das Todesurteil von 3, 19b liegt in 3, 17 : « Weil du auf die Stimme des Weibes gehört ». Der Ungehorsam Adams ist der « Grund » für seine Verurteilung zum Tode. Dem entspricht als « Urteilsbegründung » in Gen. 6, 3 die Angabe « er ist ja Fleisch ». Was in 3, 19c gesagt wird (« denn Staub bist du » usw.) ist vielmehr eine emphatische Erläuterung dessen, was das Todesurteil für Adam bedeutet, welchen Sinn und welche Folgen es hat. Aber es ist nicht Angabe der Schuld, um derentwillen eine Strafe verhängt wird. Das gerade ist בָּשָׂר in 6,3, und eben darum muss es ethische Bedeutung haben.

Eine weitere Überlegung möge die vorhergehenden Gedanken erläutern und stützen. בָּשָׂר steht in Gen. 6,3 irgendwie als Grund, warum ein längeres Verweilen der רוּחַ im Menschen unmöglich ist. Hätte das לֹא - - - לְעוֹלָם den Sinn « nicht ewig — nur beschränkte Zeit », dann könnte בָּשָׂר als das « vergängliche » Prinzip den Grund einer solchen Lebensverkürzung angeben. Aber der Lebensgeist soll « nimmermehr » im Menschen bleiben! Dafür kann בָּשָׂר nur dann einen vernünftigen Grund angeben, wenn es ethische Bedeutung hat. Betrachtet man בָּשָׂר im physischen Sinn, dann ist es ja beim Menschen gerade sein Wesen und seine Eigenart, ein von רוּחַ belebter Stoff zu sein. Wie soll darin der Grund liegen, dass von nun an beide nie mehr vereint sein sollen? בָּשָׂר muss hier ethischen Sinn haben, um einen Grund angeben zu können, warum die רוּחַ Jahwehs dem Menschengeschlecht völlig entzogen werden soll. Übrigens ist nicht zu übersehen, dass durch die scharfe Gegenüberstellung auch das Wort רוּחַ an der ethischen Qualität des בָּשָׂר teilnehmen muss ([1]). רוּחַ ist hier der von Jahweh gegebene Lebensgeist, dessen Adel und Wert unversöhnlich und unvereinbar all dem gegenübersteht, was hier בָּשָׂר heisst. So haben wir hier tatsächlich eine erste Spur des paulinischen Gegensatzes σάρξ und πνεῦμα.

Man könnte gegen die moralisch-religiöse Bedeutung des בָּשָׂר in Gen. 6,3 einwenden, das sei eine gewaltsame Umdeutung eines Wortes, das in der Urgeschichte sonst einen rein physischen, aber durchaus edlen Sinn hat, vgl. 2, 21. 23. 24. Selbst an der letzten Stelle, wo von der geschlechtlichen Einigung der Menschen die Rede ist, ist keine Spur einer negativ ethischen Wertung eingeschlossen. Nach Gottes heilig-

---

([1]) Es ist bedeutend leichter, die ethische Bedeutung von בָּשָׂר zu zeigen als die von רוּחַ. Darum ist es methodisch wohl noch aussichtsreicher, hier aus dem ethischen Sinne von בָּשָׂר auf eine gleiche ethische Qualität des Begriffes רוּחַ zu schliessen und nicht umgekehrt. Der scharfe Gegensatz בָּשָׂר-רוּחַ ist in jedem Falle ein starkes Beweismoment.

stem Schöpferwillen sollen Mann und Frau « ein Fleisch » werden.

Die Deutung dieser Texte ist durchaus zuzugeben. Wenn בָּשָׂר in Gen. 2 nur positiven, in Gen. 6, 3 ethisch-negativen Sinn hat, so ist das ein **Bedeutungswandel**, der im Dokument selbst begründet und der Erzählungsweise gerade der Urgeschichte keineswegs fremd ist, vgl. dazu den wechselnden Inhalt des טוֹב וָרָע in Gen. 3 (¹) oder den Bedeutungswandel des Wortes «nackt» in 2, 25 und 3, 7. 10f. — 2, 25 : « Sie waren nackt und schämten sich nicht ». Die blosse Tatsache des Unbekleidetseins wird hervorgehoben. 3, 7 : « Sie sahen, dass sie nackt waren ; *deshalb* banden sie sich Feigenblätter zusammen ». Hier ist die Nacktheit nicht mehr die reine Tatsache des Unbekleidetseins, sondern die Nacktheit, insofern der Mensch sie angstvoll verbirgt. 3, 10 : « Ich *fürchtete mich, weil ich* nackt bin ». — 3, 11 : « Wer hat dir kundgetan, dass du nackt bist? » Die blosse Tatsächlichkeit, d. h. der Sinn des Wortes aus 2, 25, brauchte Adam nicht eigens mitgeteilt zu werden ; denn blind war er vor seinem Ungehorsam nicht. Hier ist etwas anderes gemeint: die Nacktheit, insofern sie Anlass und Grund des Aufbegehrens einer ungeordneten Sinnlichkeit ist und damit zugleich Gegenstand des Schamgefühls.

Genau so mit dem Worte בָּשָׂר: vorher das einfach Materielle, jetzt das Materielle im Menschen, insofern es in besonderer Weise Träger ungeordneter Begier ist, « Fleisch » im verächtlichen Sinne. Diese Bedeutungsentwicklung scheint ganz im Sinne des Schriftstellers zu liegen. Ihm ist eben der Mensch vor und nach seiner Sünde nicht mehr derselbe.

Exegesegeschichtlich hat die Feststellung des ethischen Sinnes für בָּשָׂר in Gen. 6, 3 einige Bedeutung. Die Exegeten der ersten christlichen Jahrhunderte haben diesen sehr stark herausgearbeitet. Man mag zugeben, dass der moralisch-religiöse Sinn in der Fülle, wie diese ihn hier finden wollten, im Text der Schrift nicht ausdrücklich ausgesprochen ist. Aber wenn schon einmal בָּשָׂר in den ethischen Bereich hineinragt, dann bleibt es wahr, dass jene Schriftdeuter tatsächlich den

---

(¹) J. Fischer, טוֹב וָרָע *in der Erzählung von Paradies und Sündenfall: Bibl. Zeitschr.* 22 (1934) 323-331.

Sinn getroffen haben, der dem Kern der Sache nach auch in Gen. 6, 3 gemeint ist.

CYRILLUS AL.: διὰ τὸ εἶναι αὐτοὺς σάρκας, τουτέστι, μόνα φρονεῖν τὰ σαρκός (¹).

CHRYSOSTOMUS: (²) διὰ τὸ εἶναι αὐτοὺς σάρκας· τουτέστι, διὰ τὸ σαρκικαῖς πράξεσιν αὐτοὺς καταδεδαπανῆσθαι, καὶ μὴ εἰς δέον κεχρῆσθαι τῇ τῆς ψυχῆς οὐσίᾳ ἀλλ᾽ ὡς σάρκα μόνον περικειμένους καὶ ψυχῆς ἐρήμους ὄντας (³) οὕτω τὸν ἑαυτῶν βίον καταναλίσκειν.

AMBROSIUS (⁴): « Qui corporea feminarum capiuntur libidine, caro sunt ». — Dieses Zeugnis stammt übrigens aus einer Darlegung von Gen. 6, 1 ff., in der AMBROSIUS klar unter « Engel Gottes »: « vitae probitate angelorum imitantes gratiam », d. h. fromme, religiöse Menschen versteht.

AUGUSTINUS (⁵): « Dicuntur et caro, desertores spiritus et deserendo deserti ». Es ist dies wohl die tiefste metaphysische Durchdringung des in Gen. 6, 3 keimhaft enthaltenen Gedankens: Fleisch steht im Gegensatz zu Geist, es ist ein Prinzip « ohne Geist », dem Geist feindlich und eben deswegen würdig, vom Geist verlassen zu werden, auch insofern er Prinzip des Lebens ist. Dies Fleisch ist durch seine Geistesfeindschaft des Todes würdig.

EPHREM (⁶): ܘܡܬܚܫܒ ܚܫܐ ܡܢܗܘܢ ܬܩܢܐ « Und in den Werken des Fleisches zubringend seine Tage ».

Ist der religiös-moralische Sinn des בָּשָׂר in Gen. 6, 3 gesichert, so liesse sich fragen, ob sich *in Gen. 3*, das so mannigfache Beziehungen zu Gen. 6, 1-4 aufweist, *eine Parallele* zu dieser Bemerkung zeigen lässt. Bei der vielfachen Übereinstimmung von בָּשָׂר und עָפָר bietet sich als erzählungstechnische Parallele vielleicht zunächst das עָפָר אַתָּה in Gen. 3, 19. Aber hier herrscht zweifellos der physische Sinn

---

(¹) Aus *Adversus Anthropomorphitas*, Kap. 17, *PG* 76, 1105-1108; vgl. PUSEY, Oxonii 1872, *In Io. et fragmenta*, III, 554.
(²) *In Gen.*, Hom. 22, 3; *PG* 53, 190
(³) Vgl. *De civ. Dei*, 15, 23, 3; *CSEL* 40 b, 112.
(⁴) *In Ps. 118, sermo* 4, 8; *PL* 15, 1309.
(⁵) *De civ. Dei*, 15, 23, 3; *CSEL* 40 b, 112; *PL* 41, 470.
(⁶) *Opera omnia*, Romae 1737; *Explanatio in Genesim*, 49.

stark vor, wie oben ausführlich begründet wurde (¹). Kein Gnadenprivileg soll es fürder hindern, dass der Mensch zu dem Staub der Erde zurückkehrt, aus dem er genommen ist Das בָּשָׂר in Gen. 6, 3 hat eine ganz andere Funktion. Es zeigt auf die sittliche Erniedrigung des Menschen, der vorher so hoch gestanden, der sogar — wie sich später herausstellen wird — hier « Sohn Elohims » genannt wird, so wie der Adel seiner Natur vorher schon mehrfach als « Bild und Ähnlichkeit Elohims » bezeichnet wurde. Dass er בָּשָׂר war, ist eigentlich nichts Neues; es ist seine Natur; aber jetzt wird das Wort mit neuem Inhalt ausgesprochen, der zugleich das ganze Verächtliche der durch masslose Triebhaftigkeit erniedrigten Art des « Sohnes Elohims » meint. Gerade dieser Bedeutungswandel des Wortes führt erneut zur Parallele mit dem Text aus Gen. 3: « Er fürchtete sich, weil er nackt war ». Auch diese « Nacktheit » des Menschen war vorher in anderem Sinn erwähnt. Da war es seine Natur, rein und untadelig; « er schämte sich nicht ». Nach dem Ungehorsam wird das Wort wieder ausgesprochen, aber mit neuem Inhalt erfüllt. Diese Nacktheit ist jetzt sittlich erniedrigend, « beschämend » für den Menschen; die angstvolle Flucht vor ihr ist Zeichen seiner ethischen Entwertung. « Er sah, dass er nackt war », « er sogar ist Fleisch »: beide Worte scheinen erzählungstechnisch in Gen. 3 und 6, 1-4 eine ganz parallele Rolle zu spielen. (²) Jedesmal sind sie der abschliessende Hinweis auf die Tiefe der Erniedrigung, die für den Menschen Frucht und Wirkung seiner Sünde ist.

וְהָיוּ — Das Verbum bringt die Fortsetzung des mit יָדוֹן begonnenen Strafdekretes. « Und es werden (sollen) sein ». Sehr wichtig für den Sinn der folgenden Klausel ist, dass dieses וְ nicht notwendig nur die einfache Nebenordnung besagt. Es kann auch hier seinen adversativen Sinn beibehalten: « doch, aber ». So ist aus diesem וְ heraus nicht zu sehen, ob der Schluss von V. 3 eine weitere Ausführungsbestimmung des begonnenen Urteils bringt oder eine Ausnahme oder einen Gnadenerlass oder dergleichen, was zur Allgemeinheit der

(¹) S. 60 f.
(²) S. 62 f.

vorher ausgesprochenen Strafe vielleicht in einem gewissen Gegensatz steht.

יָמָיו — « Seine Tage ». Sicher nicht nur wenige Einzeltage. Denn von den « Tagen », die hier gemeint sind, heisst es, sie sollten *120 Jahre* betragen. Es geht also offenbar um grössere Zeiträume. « Die Tage des Menschen » sind seine Lebenszeit, der Zeitabschnitt, den sein Leben ausfüllen wird. Aber worauf bezieht sich das Pronomen? Von wessen Lebenszeit ist die Rede? Etwa der des einzelnen Menschen? Dann würde hier für jeden einzelnen Menschen ein bestimmtes Mass an Lebenstagen festgesetzt, das er erreichen oder vielleicht auch nicht überschreiten soll. — Aber das Pronomen bezieht sich zunächst auf הוּא, das unmittelbar vorausgeht. Dessen Sinn war universal. Es meinte das ganze Menschengeschlecht. Also scheint die Schlussklausel von V. 3 etwas aussagen zu wollen über die Lebenszeit des ganzen Menschengeschlechtes, wie lange dieses noch existieren soll oder darf. Dann ginge der Sinn des Folgenden in ganz wesentlich andere Dimensionen hinein. Kurz, die Deutung dieses kleinen יְ führt zu Problemen, die in einer ersten philologischen Erklärung nicht genügend gelöst werden können und deshalb der nachfolgenden Gesamtdarstellung vorbehalten bleiben.

מֵאָה וְעֶשְׂרִים שָׁנָה — « 120 Jahre ». - Zwei stilistische Einzelheiten lassen sich hier beachten, die weniger der einfachen Übersetzung dienen als der späteren Frage, ob sich hier Merkmale für eine bestimmte « Quelle » des Pentateuch finden, nämlich die absteigende Ordnung der Zahlen, die grössere vor der kleineren, sodann der Umstand, dass der gezählte Gegenstand nur einmal genannt ist. Beides sollen untrügliche Zeichen dafür sein, dass diese Perikope sicher nicht der « Priesterschrift » entstammt. Ohne jede Absicht, das letztere hier verteidigen zu wollen, lässt sich aus literarisch-stilistischen Gründen doch zunächst folgendes sagen. Die Zahl 120 gehört zum Sexagesimalsystem und bildet darum eine starke begriffliche Einheit. So wird auch in P das Alter des Moses mit « 120 Jahren » angegeben, ohne den gezählten Gegenstand zu wiederholen (Dt. 34, 7). Anders liegt die Sache Gen. 23, 1 (P).

5. — CLOSEN, *Die Sünde der « Söhne Gottes »*.

Da wird als Alter Saras angegeben: « 100 Jahre und 20 Jahre und 7 Jahre ». Der Grund ist eben, dass 127 für den Hebräer eine ganz wesentlich mehr « zusammengesetzte » Zahl war als 120, die für ihn wenigstens dieselbe « Einheit » bildete wie für uns. Auch wir sehen in 120 nicht so sehr eine « zusammengesetzte » Zahl wie in 127. Bei « einer » Zahl wird der gezählte Gegenstand vom Hebräer einmal genannt, bei einem Zahlenkonglomerat so oft, als Bestandteile da sind, aus denen sich jene Summierung ergibt. — So scheint dieser Umstand, dass שָׁנָה hier nur einmal genannt ist, doch eher aus psychologischen Gründen erklärt, als dass man um seinetwillen eine bestimmte « Pentateuch-Quelle » annehmen oder ausschliessen müsste ([1]).

Das Beispiel Gen. 23,1 liefert auch für die zweite Frage der ansteigenden oder absteigenden Zahlenordnung einen lehrreichen Beitrag. Die absteigende Reihe soll P fremd sein, und doch findet sie sich in Gen. 23,1, einem Text, der gerade P entstammen soll. Wo ist der Grund einer so seltsamen Ausnahme? Cassuto ([2]) weist auch hier auf stilistische Eigenarten und Absichten hin. Er zeigt, wie die — auch uns so geläufige — absteigende Ordnung in allen Quellen ohne Unterschied die gebräuchliche ist, sobald es sich um gelegentliche, einfache Zahlenangaben in schlichten Erzählungen handelt. Die umgekehrte Folge wird vorgezogen, wenn aus irgendwelchen psychologischen oder literarischen Gründen ein reflexes Interesse an der Zahl als solcher erwacht, so bei statistischen Bemerkungen oder überhaupt bei Zahlenangaben komplizierterer Art. Cassuto spricht hier von « dati tecnici » ([3]) und äussert die Vermutung: « Il motivo psicologico può essere il desiderio della precisione, che induce a determinare prima le qualità minori ». — Was aus solchen Beobachtungen bezüglich der « Quellenfrage » unserer Perikope folgt, möge weiter unten zusammenfassend besprochen werden ([4]).

([1]) Cassuto 163 ff.
([2]) 166 ff.
([3]) 168.
([4]) Vgl. unten III. Teil.

Vers 4

הַנְּפִלִים — Das Wort ist *nicht mit* וְ an das Vorige angeschlossen. Vielleicht liegt darin eine Andeutung, dass hier beim Schreiben dieser Verse eine neue Reflexion einsetzt, die nicht schlechthin Fortsetzung der schon begonnenen Erzählung ist.

Bezüglich der *Bedeutung des Wortes* herrscht volle Übereinstimmung, dass das γίγαντες der LXX, « Riesen, Giganten » den Sinn korrekt wiedergibt. Bezüglich der Etymologie des Wortes scheint bisher nichts restlos Befriedigendes gefunden zu sein.

Über den *Artikel* bemerkt KÖNIG (340): « Der Artikel weist auf die Kategorie ebenso hin, wie in " wo *das* Gold ist " (2, 11 b); denn in jenen vorflutlichen Tagen existierten nicht alle Nephilim ». Es wird also erzählt, dass damals das Geschlecht der Riesen auf Erden vertreten war, ohne dass der Sinn unter solchen Umständen eine ausschliessliche Gesamtheit aller Riesen meint. Solche gab es auch nachher noch (vgl. z. B. Num. 13, 33).

Welche Vorstellungen im einzelnen mit diesen Riesen hier verbunden werden, in welcher Beziehung sie zu den Ehen der « Söhne Elohims » stehen, warum sie hier erwähnt werden, das alles sind Fragen, die die innersten Zusammenhänge der Perikope viel zu stark berühren, als dass sie bei einer ersten philologischen Erklärung eingehend dargestellt werden könnten.

הָיוּ — Es ist äusserst interessant und nützlich, die Parallele zu ziehen zwischen diesem הָיוּ und dem אִישׁ הָיָה aus Job 1, 1. An letzterer Stelle sind sich die Kommentatoren einig ([1]), dass es einen besonderen Sinn hat, wenn statt ויהי: היה gesagt wird. Das erste hätte das Dasein des Job aufgefasst als etwas, was im geschichtlichen Zusammenhang gesehen ist. היה interessiert sich einfach für die Person des Mannes, ohne ihn als einen zu betrachten, der mit anderen Ereignissen der israelitischen Geschichte in Verbindung steht. Anders z. B. — um aus vielen derartigen Stellen nur eine zu nennen — bei der Person des Elkana; hier beginnt 1 Sam. 1, 1 mit ויהי.

([1]) Vgl. FRANZ DELITZSCH, DUHM, KÖNIG.

Auf unsern Fall angewandt würde das sagen, dass diese Riesen sicher nicht in engsten historischen Zusammenhang mit den Ereignissen der vorhergehenden Verse gebracht werden sollen. Würden sie als Nachkommen jener Ehen der Gottessöhne angesehen, wäre viel eher ein וַיְהִי an dieser Stelle zu erwarten. So aber ist durchaus der Eindruck erweckt, als wenn der Verfasser eine zu enge Verbindung mit dem Vorhergehenden bewusst hätte ablehnen wollen. — Doch über diese Frage ausführlicher später.

בָּאָרֶץ — « Auf der Erde ». – Dass in solchen Wendungen in allen « Quellen » kein sachlicher Unterschied zwischen אֶרֶץ und אֲדָמָה beabsichtigt ist, wurde schon oben erwähnt ([1]).

בַּיָּמִים הָהֵם — « In *jenen* Tagen ». – Welche Tage sind gemeint? Etwa die « Lebenstage des Menschen », von denen V. 3 handelt? — Der in V. 4 folgende Satz mit אֲשֶׁר setzt diese « Tage » eindeutig in Beziehung zu den Ereignissen aus V. 2. Darum ist dies « *jene* » wohl exakt im Gegensatz zu « *diese* » zu nehmen, d. h. es ist kein direkter Hinweis auf die « Tage », die *unmittelbar vorher* in 3 genannt sind, sondern mehr ein allgemeiner auf die Zeiten, von denen an *entfernterer* Stelle, d. h. Gen. 6, 1-2, die Rede war. Damit ist die 120-Jahrperiode von V. 3 aus diesem Begriff nicht ausgeschlossen, aber auch nicht direkt als solche bezeichnet.

וְגַם אַחֲרֵי־כֵן — « Und auch nachher (noch) ». – Die Vulgata zieht diese drei Partikeln mit dem folgenden אֲשֶׁר zusammen zu einer einzigen Konjunktion « postquam » ([2]). Das geht aber nach allem, was wir von hebräischer Grammatik und Stilistik heute wissen, sicher nicht. Diese Worte « können nicht mit dem darauffolgenden אֲשֶׁר zu einer einheitlichen Konjunktion " nachdem " verbunden werden » ([3]). Das ist heute das einhellige Urteil aller Grammatiker.

Sind aber diese Worte nicht Bestandteile einer zusam-

---

[1] S. 23 f.
[2] «... in diebus illis. Postquam enim ingressi sunt ... illaeque genuerunt, isti sunt potentes ... ».
[3] KÖNIG 341.

Vers 4: וְגַם אַחֲרֵי־כֵן — אֲשֶׁר

mengesetzten Konjunktion, so sind sie in jedem Fall eine
« Zwischenbemerkung ». Diese hat offenbar den Zweck, das
Missverständnis auszuschliessen, als wenn der Artikel der Kategorie in הַנְּפִלִים absolut universal gemeint gewesen wäre.
Das sollte nicht gesagt sein. Es haben ja nicht alle Giganten
gerade damals gelebt; es gab solche « auch später noch ». —
Ob diese Einschaltung vom Verfasser selbst ist oder von einem
Glossator, ist an dieser Stelle schwer zu entscheiden. Heinisch
nimmt eine Glosse an (162), und er fügt eine ausgezeichnete
Bemerkung hinzu: « Dieser Zusatz lehrt uns auch, dass der
Glossator nicht geglaubt hat, nur höhere Wesen könnten Riesen hervorbringen ». Diese Bemerkung lässt sich auch machen, wenn diese Worte vom ersten Verfasser des Textes
Gen. 6, 1-4 stammen. Hat er selbst geschrieben « und auch
später noch », dann hat auch er nicht geglaubt, « nur höhere
Wesen könnten Riesen hervorbringen ». Ja, es lässt sich wohl
mehr sagen. Auch wenn die Worte von einem späteren Glossator sind, so sprechen sie doch eine Überzeugung aus, die
der des ursprünglichen Verfassers entsprach. Denn auch dieser
wusste offenbar von dem, was über Nephilim der späteren
Zeit im Volke erzählt wurde. Und auch dieser erste Verfasser
hat gewiss nicht behaupten wollen, dass alle Nephilim der
jüngeren wie der älteren Zeit nur aus Ehen höherer Wesen
mit Menschen entstammen konnten.

Dass die Worte trotz des ersten Anscheins, der vielleicht
entstehen könnte, tatsächlich keine Glosse sind, wird sich endgültig erst zeigen, wenn über die literarische Form der Perikope im Zusammenhang gesprochen wird (¹).

אֲשֶׁר — Die kleine « nota relativa » steht hier im Mittelpunkt grosser Kontroversen. An ihrer Bedeutung entscheidet
sich die Frage, in welchem Verhältnis die Giganten zu den
Ehen der Gottessöhne stehen. Übersetzt man « weil » (vgl.
Jer. 20, 17) oder gar « sooft als, jedesmal wenn », so ist der
Sinn: Giganten waren auf der Erde, weil und sooft als Gottessöhne mit Menschentöchtern verkehrten. Dann sind höchstwahrscheinlich die Söhne Elohims als überirdische Wesen
gedacht, weil ja in ihrer übermenschlichen Zeugungskraft

(¹) Vgl. unten III. Teil, 1. Kap.

der Grund gesucht zu werden scheint, warum nicht gewöhnliche Menschen, sondern Giganten diesen Ehen entstammten. Ist das אֲשֶׁר rein « relativ », bezogen auf « in jenen Tagen », so ergibt sich als Sinn fast etwas wie eine Zeitangabe « in jenen Tagen, in denen = als ».

All diese Bedeutungen sind bei אֲשֶׁר möglich. Freilich bemerkt Jacob mit Recht, dass für ein « jedesmal wenn » eher כַּאֲשֶׁר zu erwarten wäre (178). Sicher steht diese Frage nach dem Sinn des אֲשֶׁר im Mittelpunkt der ganzen Streitfragen über die Giganten im Prolog zum Sündflutbericht und kann darum auch erst bei der ausführlichen Behandlung dieses Problems beantwortet werden. ([1])

יָבֹאוּ בְנֵי הָאֱלֹהִים אֶל־בְּנוֹת הָאָדָם — « Die Gottessöhne gingen zu den Menschentöchtern ». — Es handelt sich offenbar um den bekannten hebräischen Euphemismus für geschlechtlichen Verkehr ([2]). Der Form nach ist dieses יָבֹאוּ in jedem Fall « frequentatives Imperfekt » (König 342), auch wenn אֲשֶׁר nicht mit « jedesmal wenn » zu übersetzen ist. Es handelt sich eben um Dinge, die sich oft wiederholen und doch vom Verfasser als eine Ereignisreihe angesehen werden.

וְיָלְדוּ לָהֶם — « Perfectum consecutivum zur Fortsetzung des iterativen Imperfekts » (König 342). Der Sinn ist also: « und sie ihnen gebaren ».

הֵמָּה — Es steht nicht das Demonstrativpronomen. Dieses würde auf die unmittelbar vorher (wenigstens einschlussweise) genannten Sprösslinge der Ehen zwischen Gottessöhnen und Menschentöchtern hinweisen. — Hier ist das einfache Personalpronomen gebraucht, das das vorher schon genannte Subjekt des Hauptsatzes wieder aufgreift, die Nephilim. Durch den langen Zwischensatz waren sie fast aus dem Bereich der Aufmerksamkeit entschwunden. Jetzt werden sie wieder genannt « sie » (waren usw.).

הַגִּבֹּרִים — « Die Starken, die Heroen ». — Es wird auf sie hingewiesen wie auf eine ganz bekannte Klasse von Men-

---

[1] Vgl. unten II. Teil, 5. Kap.
[2] Vgl. König, *Stilistik,* Leipzig 1900, 38.

schen, von denen in alten Berichten und Volkstraditionen oft die Rede war. Sie werden mit den Riesen identifiziert: « *Das sind die starken Recken* ».

אֲשֶׁר מֵעוֹלָם — Wollte man wortwörtlich übersetzen, müsste man sagen « von der Urzeit her ». Aber der Sinn dieses מִן־ ist in solchen Verbindungen zur blossen Präposition der Zeitangabe geworden. Gemeint ist einfach « in » der Urzeit, « in » altersgrauen Tagen. Die Bedeutung der « Richtung, von wo » hat sich dabei so gut wie ganz verloren, vgl. z. B. מִימֵי קֶדֶם « in den Tagen der Vorzeit » (Is. 37, 26).

אַנְשֵׁי הַשֵּׁם — « Die Männer des Namens », d. h. die Männer, die « berühmt » waren. Ihr Name wurde weit und breit genannt und gefeiert, « les hommes fameux » ([1]). Man könnte sinngemäss übersetzen: die w e i t berühmten Helden.

Ergebnis

Das Ergebnis der ersten philologischen Erklärung, soweit sie bis hierher durchgeführt wurde, lässt sich kurz so darstellen:

V. 1: « Und es geschah, als das Menschengeschlecht begonnen hatte zahlreich zu sein auf der weiten Erde und ihnen Töchter geboren waren ».

Also dieser erste Vers fasst einen Zeitpunkt ins Auge, wo schon eine grosse Menge Menschen auf der Welt lebte, und erwähnt besonders die Frauen, offenbar als Einleitung zu dem Geschehen, von dem der nächste Vers spricht.

V. 2: « Da sahen die " Söhne Elohims " die " Menschentöchter ", dass sie gut (brauchbar) waren; und sie nahmen sich alle die zu Frauen, an denen sie Gefallen fanden ».

In mehr andeutenden als aussprechenden Worten wird berichtet, dass « Gottessöhne » (?) die Menschentöchter betrachteten, sie « zweckentsprechend » fanden und sich Frauen auswählten. Die Worte, mit denen das letzte erzählt wird, lassen deutlich das Ungezügelte und Masslose durchblicken, das in der Handlungsweise dieser Elohimssöhne lag. Die erste Wurzel dieses Vorangehens scheint darin gelegen zu haben, wie diese « Söhne Gottes » die Frauen ansahen und betrachteten.

([1]) JOÜON, 129 j.

V. 3: « Und es sprach Jahweh: nimmermehr soll mein Lebensgeist im Menschen verbleiben, deswegen weil sogar er Fleisch ist. Und (doch?) es sollen seine Lebenstage 120 Jahre betragen ».

Jahweh spricht als Strafe ein Todesurteil über die ganze Menschheit aus. Der heilige, von Jahweh geschenkte Geist, der dem Menschen das physische Leben gibt und Prinzip sittlich guter Handlungen in ihm sein sollte, wird ihm genommen. Als Begründung wird gesagt: er ist Fleisch, ein armseliges, vergängliches, unheiliges, unwürdiges Wesen. Das letzte soll offenbar eine Zusammenfassung bieten für die Vergehen der Menschheit, von denen in V. 2 die Rede war. Anschliessend wird eine Klausel hinzugefügt, die « die Lebenstage des Menschen » (?) auf 120 Jahre festsetzt.

V. 4: « Die Riesen lebten auf der Erde in jenen Tagen — und auch später (noch) — als (weil?) die Söhne Elohims zu den Menschentöchtern gingen und diese ihnen gebaren. Dies sind die starken Recken, die in der Vorzeit lebten, die weitberühmten Helden ».

Scheinbar unverbunden mit dem Vorhergehenden werden hier Giganten erwähnt, die als berühmte Helden gefeiert werden. Ihre Existenz wird irgendwie in Beziehung gesetzt zu den in V. 2 geschilderten Vorgängen.

Wenn man dies Ergebnis überschaut, dann sind **drei Gedankengänge** in dieser ersten philologischen Textbetrachtung **nicht geklärt** worden:

1) Wer sind die « *Söhne Elohims* », und in welchem Sinne sind ihnen « *Menschentöchter* » gegenübergestellt?

2) Was ist der Sinn der Festsetzung der « Lebenszeit des Menschen » auf *120 Jahre?*.

3) Welche Vorstellungen verbindet die Perikope mit den *Giganten?*

In welcher Beziehung stehen diese zu den Ehen der « Gottessöhne »?

Warum werden die Riesen hier überhaupt erwähnt?

Diese Fragen sind ebenso viele Aufgaben der weiteren Untersuchung.

ZWEITER TEIL

TIEFER FÜHRENDE EXEGETISCHE PROBLEME

1. Kapitel

DIE ENGELTHEORIE

I. - *Kritik der Beweise für die Engeltheorie*

A. **Die sprachlichen Gründe**

Das sprachliche Argument für die Engeltheorie hat im Laufe der Geschichte der Exegese die allerverschiedenste Beurteilung gefunden. Sicher vollkommen unterschätzt wurde dieser Beweis von CHRYSOSTOMUS. Nur mit Erstaunen liest man heute: Πρῶτον μὲν δειξάτωσαν ποῦ ἄγγελοι υἱοὶ Θεοῦ προσηγορεύθησαν· ἀλλ' οὐκ ἂν ἔχοιεν οὐδαμαῦ δεῖξαι. Ἄνθρωποι μὲν γὰρ ἐκλήθησαν υἱοὶ Θεοῦ, ἄγγελοι δὲ οὐδαμῶς (¹). So liegen die Dinge nun sicher nicht. Das Bemühen, in der hl. Schrift des A. T. Stellen nachzuweisen, wo die Engel « Gottessöhne » heissen, ist fraglos von Erfolg gekrönt. Ganz der gleiche Ausdruck wie Gen. 6, 2 בְּנֵי הָאֱלֹהִים steht zweimal in den ersten Kapiteln bei Job, wo er sicher die Engel bezeichnet (1, 6; 2, 1). Ausserdem wird genannt Job 38, 7 בְּנֵי אֱלֹהִים. Sehr richtig macht zu dieser Stelle KÖNIG (²) darauf aufmerksam, dass das Fehlen des Artikels keine ernste Variante ausmacht. In der Poesie stehe der Artikel seltener, ausserdem könne אֱלֹהִים auch ohne den Artikel den wahren Gott bezeichnen. Aber immerhin darf wohl bemerkt werden, dass, wenn man hier eine vernünftige Weitherzigkeit in der Einschätzung der Parallelität eines Textes walten lässt, diese ebensogut am Platze ist, wenn es sich nachher darum handelt, die Texte zu werten, die schon im A. T. über die Gottessohnschaft von Menschen sprechen. Ausserdem ist bei Job 38, 7 zu beachten, dass die Sicherheit, hier seien Engel mit « Gottessöhnen » gemeint, doch keine allseitige ist. Diese בְּנֵי אֱלֹהִים stehen in so engem

---

(¹) *In Gen., Hom.* 22, 2 ; *PG* 53, 187.
(²) *Die Genesis*, 334.

und unmittelbarem Parallelismus mit den « Morgensternen », dass der Zweifel kommen könnte, ob nicht diese « Gotteskinder », zumal nicht ganz die gleiche Form steht wie in den ersten Kapiteln des Buches, ebenfalls Sterne oder Sonnen bezeichnen.

An zwei Psalmstellen scheint בְּנֵי אֵלִים die Engel zu meinen (29, 1; 89, 7). Auch ZORELL deutet hier « filii Dei = angeli » ([1]). אֵלִים als plural zu אֵל ist wohl in einem ähnlichen Sinn gebraucht wie אֱלֹהִים bezüglich אֱלֹהַ. Ob hier « Kinder des einen Schöpfergottes Elohim » gemeint sind, oder « Zugehörige zu der Klasse der Elohim = der Geister », ist eine Frage der näheren Erklärung, die wir hier bezüglich der Stellen aus Job und den Psalmen übergehen können. Bezüglich Gen. 6, 1-4 ist die Lage, wie sich herausstellen wird, eine besondere, und dort ist diese Aufgabe der Erklärung eigens zu leisten. HOBERG ([2]) möchte für Ps. 29, 1 die « Gottessöhne » auf « fromme, gottergebene Menschen » deuten, ein Versuch, der nicht ohne weiteres abzuweisen ist.

Sicher kann man nicht mehr als Parallele für « Söhne Gottes = Engel » zitieren Dan. 3, 25. Noch KEIL meinte (100), dass בַּר־אֱלָהִין hier « ohne Widerrede Engel » bedeute. Das ist nun gewiss nicht der Fall. Es handelt sich an dieser Stelle um Worte Nabuchodonosors, der am Rand des Feuerofens einen vierten, dort nicht vermuteten Jüngling gewahrt und nun in seinem Erstaunen äussert, das Aussehen des Vierten gleiche לְבַר־אֱלָהִין. « Der Vierte sieht wie ein göttliches Wesen aus » (Menge). Für den babylonischen König war dieser Ausdruck Wiedergabe eines *mâr ilê* oder *mâr ilâni*, « Sohn der Götter ». An *mâr ili* « Sohn Gottes » hat er gewiss nicht gedacht. Das wäre eine babylonischem Empfinden reichlich fremde Vorstellung. Eine eigentliche « Engellehre » kannten die Babylonier auch nicht; sie sprachen wohl von guten oder bösen Dämonen. Einen guten Dämon würden sie aber wohl kaum je « Gotteskind » nennen. « Söhne der Götter » kannten sie freilich. Aber eben diese waren auch selber wieder Götter. Und an einen solchen

---

[1] *Psalterium,* Romae 1928.
[2] *Die Genesis*[2], Freiburg 1908, 75.

« Sohn der Götter » hat Nabuchodonosor wohl sicher gedacht, als er die vierte geheimnisvolle Gestalt neben den drei ihm bekannten Jünglingen sah ([1]). Also mit « Engel » im Sinn des A. T. lässt sich das Wort in Dan. 3, 25 nicht wiedergeben. Tatsächlich wird auch von den neueren Verteidigern der Engeltheorie dieser Text unter den Parallelen zu Gen. 6, 2 gewöhnlich ausgelassen.

Das Ergebnis dieses sprachlichen Argumentes ist also folgendes:

Job 1, 6; 2, 1: בְּנֵי הָאֱלֹהִים
»   38, 7: בְּנֵי אֱלֹהִים
Ps. 29, 1; 89, 7: בְּנֵי אֵלִים

Dabei sei von den etwaigen Zweifelsmöglichkeiten für zwei dieser fünf Stellen (Job 38, 7; Ps. 29, 1) abgesehen. Was lässt sich nun aus diesen Stellen für die Bedeutung des בְּנֵי הָאֱלֹהִים in Gen. 6, 1-4 schliessen?

Um die Folgerung zu erlauben, dass auch Gen. 6, 1-4 mit den « Söhnen Gottes » notwendig Engel gemeint seien, müsste entweder gezeigt werden, der Ausdruck könne aus seiner inneren Eigenart heraus keine Menschen bezeichnen oder wenigstens, solche Ausdrücke würden im A. T. von Menschen überhaupt nicht gebraucht.

Das erste ist nun sicher einfach nicht zu erweisen. בְּנֵי הָאֱלֹהִים ist kein unmittelbar eindeutiger Ding- oder Personenname, so wie " Brot " Brot oder "Israeliten" Israeliten bezeichnet. Der unmittelbar gemeinte Wortsinn dieser ב' ה' ist in keinem Fall « Engel », sondern zunächst « Söhne Gottes » oder, in die Sprache unseres begrifflichen Denkens übertragen, « gottnahe Wesen » oder dergl. ([2]), d. h. der Ausdruck gibt eine allgemeine Wertung von Personen nach einer ihrer hervorragendsten Eigenschaften, ihrer Verbundenheit mit Gott. Davon, worauf dieser Ausdruck anzuwenden ist, ob auf Engel, Priester, Menschen, Könige oder Propheten, sagt die

---

([1]) Diese Formulierung der Grundgedanken babylonischer Auffassung in diesen Dingen verdanke ich der freundlichen Mitteilung von P. A. Pohl S. J.

([2]) Die nähere Begründung, warum Elohim in Gen. 6, 1-4 sicher einen Singular meint, wird unten II. Teil, 3. Kap., gegeben.

innere Eigenart der Wortverbindung gar nichts. Das lässt sich nur aus dem Sprachgebrauch und dem Zusammenhang entscheiden.

Was nun den Sprachgebrauch des A. T. angeht, so genügt nicht eine beliebige, knapp gehaltene Statistik, ob und wie oft Menschen im A. T. zu Gott in das Verhältnis der Kindschaft gestellt werden. Es scheint vielmehr eine ganz kurze Besprechung der Texte erforderlich, um das absolut Unmögliche, um nicht zu sagen Willkürliche des so oft gebrachten Gedankens zu zeigen: בני האלהים heisst immer Engel, also auch Gen. 6, 1-4.

In folgenden Texten werden auch *im A. T. Menschen* in irgend einer Form *als « Gottes Söhne »* bezeichnet:

Ex. 4, 22-23: es handelt sich um Worte Jahwehs (!) an den Pharao: « Israel ist mein erstgeborener Sohn (בְּנִי בְכֹרִי). Ich befehle dir: lass meinen Sohn ziehen, damit er mir dient! Weigerst du dich aber, ihn ziehen zu lassen, so werde ich deinen erstgeborenen Sohn '(אֶת־בִּנְךָ בְּכֹרֶךָ:) sterben lassen ». Es erfordert den konkreten Blick auf den Gesamttext, den Umstand, dass Jahweh (!) spricht, die geradezu ergreifende Gegenüberstellung « mein — dein Erstgeborener », um zu werten, in welch einem geistigen Milieu bezüglich der Idee der Gotteskindschaft wir schon im Pentateuch stehen. Dieser Ausdruck in Ex. 4 ist zweifellos unvergleichlich kühner, als ein schlichtes « Söhne Elohims » für Menschen in Gen. 6 sein würde, selbst wo das Wort Ex. 4 unmittelbar vom Volke und nicht vom einzelnen Menschen spricht.

Dt. 14, 1: בָּנִים אַתֶּם לַיהוָה אֱלֹהֵיכֶם: zu Mitgliedern des Volkes Israel heisst es: « Kinder seid ihr für Jahweh, euren Gott ». Im Lichte dieses Textes lohnt es sich, die Aufstellung Königs zu betrachten (334). Nach Aufzählung vieler ähnlicher Texte, auch des Dt. 14, 1, sagt er: « Aber die Israeliten heissen niemals " die Söhne Göttes ", benê (ha-)elohîm. Folglich muss dieser Ausdruck in Gen. 6, 2. 4 den Sinn haben, den er sonst überall im A. T. besitzt, und Engel meinen ». — Das scheint fast ein rabbinistisches Sich-an-Äusserlichkeiten-Festklammern oder eine Art Materialismus in der Semasiologie.

Is. 1, 2: « Söhne habe ich grossgezogen ». Es handelt sich zunächst um das Volk Israel (vgl. V. 3); aber schon in V. 4, wo der Ausdruck בָּנִים wieder aufgenommen wird, ist sehr stark an die einzelnen Glieder des Volkes gedacht; diese sind Subjekt mehrerer Handlungen in der 3. Pl.

Is. 30, 1: Jahweh nennt die Israeliten « widerspenstige Kinder », *V. 9:* « lügenhafte Kinder; Kinder, die Jahwehs Gesetz nicht hören wollten ».

Is. 43, 6-7: « Ich will zum Süden sagen: Bring meine Söhne aus der Ferne herbei und meine Töchter vom Ende der Erde, alle, die nach meinem Namen genannt sind und die ich zu meiner Ehre geschaffen, alle, die ich gebildet und hervorgebracht habe ». — In doppelter Beziehung ist dieser Text hochbedeutsam. Einmal ist « Gotteskindschaft » hier etwas, was von Männern und Frauen ausgesagt wird. Also auch der Ausdruck « Gottestöchter » würde dem A. T. nicht unmöglich sein; eine Feststellung, die für die Frage nach dem Sinn der Gegenüberstellung von « Söhnen Gottes » und « Menschentöchtern » in Gen. 6 nicht unwichtig ist. — Sodann scheint die Sohnschaft Gottes nicht nur als etwas gesehen zu sein, was erst mit der Berufung des auserwählten Volkes gegeben ist, sondern als etwas, das schon in der Tatsache der Schöpfung seine Begründung hat. Denn in der näheren Beschreibung derer, die Söhne und Töchter Gottes sind, wird mit grosser Emphase das dreifache Prädikat gesetzt, das in den ersten Kapiteln der Gen. die Tatsache der Erschaffung meint, עָשָׂה, יָצַר, בָּרָא. Hier liegt doch wohl ein Hinweis darauf, dass nach alttestamentlicher Vorstellung das Privileg der « Gotteskindschaft » nicht ausschliesslich erst mit Israels Berufung gegeben zu sein braucht (¹).

Jer. 3, 14: Worte Jahwehs an die Israeliten: « Kehrt um, ihr abtrünnigen Kinder! ».

Jer. 3, 19: Jahweh spricht zu Israel: » Ich will dich unter die Söhne zählen; " mein Vater " sollst du zu mir sagen » (oder: sollt ihr?).

Jer. 31, 9: Jahweh spricht: « Ich werde Israel ein Vater sein, und Ephraïm wird mein Erstgeborener werden ».

Os. 2, 1: die Israeliten werden heissen: בְּנֵי אֵל־חָי « Söhne des lebendigen Gottes ». Ein fast noch stärkerer Ausdruck

---

(¹) Auch in V. 1 schliessen die Verben בָּרָא und יָצַר die Tatsache der Schöpfung mit ein.

als der in Gen. 6, 2; dabei ist er wirklich in der sprachlichen Bildung nicht mehr sehr entfernt von den בְּנֵי אֵלִים der beiden Psalmstellen. Gleichwohl wendet dieser Text ihn sicher auf Menschen an.

Os. 11, 1: vom Volke Israel wird gesagt: « Aus Ägypten habe ich meinen Sohn gerufen ».

Ps. 73, 15: דּוֹר בָּנֶיךָ Vulg.: « Ecce, nationem filiorum tuorum reprobavi ». Darüber, dass damit Menschen gemeint sind, besteht gar kein Zweifel. Duhm (¹): « Ein eigentümlicher (!) Ausdruck ist " das Geschlecht deiner Söhne ". Man sieht nicht recht, ob damit die gesamte Judenschaft bezeichnet werden soll oder aber eine besondere Genossenschaft, die sich den Ehrentitel Gottessöhne zugelegt hatte ». Aber auch Duhm zweifelt in keiner Weise daran, dass diese Söhne Gottes Menschen sind und zwar hier Menschen von der Art, dass sie den « ausgesprochen gottlosen Weltmenschen » gegenüberstehen. So bezieht sich auch Hoberg in seiner Deutung der Gottessöhne von Gen. 6 auf « fromme Menschen » besonders auf Ps. 73, 15 (²).

Sicher bezieht der Verfasser das Pronomen « deine » (Söhne) auf Elohim (vgl. V. 1. 26. 28) oder auf אֵל (V. 11. 17). Ob ich nun aber sage « deine Söhne », oder ob ich sage « Söhne Elohims », das ist, wenn ich bei « deine » an Elohim denke, ganz dasselbe. Ich kann nicht mehr sagen, dass der, der zu Elohim « deine Söhne » sagt und dabei an Menschen denkt, den Ausdruck « Söhne Elohims » für Menschen nicht kenne. Damit ist aber die Behauptung hinfällig, « Söhne Elohims » bezeichne im A. T. « sonst überall » *nur* die Engel.

Ps. 82, 6f.: « Ich habe gesagt: ihr seid Elohim und ihr alle seid Söhne des Allerhöchsten (בְּנֵי עֶלְיוֹן); fürwahr, wie (gewöhnliche) Menschen werdet ihr sterben » (כְּאָדָם תְּמוּתוּן). Sicher sind Menschen in diesem Liede angeredet (³). Es ist das « Göttliche » der Richtergewalt, das diesen Menschen den Titel « Elohim » und « Söhne des Allerhöchsten » ein-

---

(¹) *Die Psalmen*², KHK, Tübingen 1922, 281.
(²) *Die Genesis*², Freiburg 1908, 75.
(³) König, *Die Psalmen*, Gütersloh 1927, 407-409.

trägt. Dabei ist es für den Vergleich mit Gen. 6, 1-4 sehr wertvoll und interessant zu beobachten, dass Menschen, im Psalm sogar die gleichen Individuen, einmal ‹ Götter › und dann ‹ Menschen › heissen. Es handelt sich offenbar um zwei Betrachtungsweisen derselben Personen: das eine Mal um ihre Wertung, insofern etwas von Gottes Richtergewalt in ihnen lebt; das andere Mal um die sterbliche Natur des armseligen Menschenwesens, die ihnen mit allen andern Menschen gemeinsam ist.

Sap. 2, 13. 16. 18: Diese Texte sind nicht hebräisch, mögen vielleicht auch in der Form ihrer Gedanken an die Gottessohnschaft des Gerechten von hellenistischem Denken beeinflusst sein. Aber dass sie im wesentlichen Grundgehalt ganz aus echt israelitischem Denken hervorwachsen, beweist eben die lange Reihe der obigen Texte, die zeigen, welche Rolle die Idee des ‹ Gottessöhne-Seins › in allen Jahrhunderten in israelitischer Religiosität gespielt hat. Und zur Ergänzung und Vervollständigung dieses Gedankens lassen sich auch solche Texte herbeiziehen, die zugleich in die religiöse Vorstellungswelt des Neuen Bundes überleiten.

V. 13: παῖδα κυρίου ἑαυτὸν ὀνομάζει. Ist παῖς hier Sohn oder Knecht? Das folgende klärt den Sinn, dass auch hier gemeint ist: ‹ Der Gerechte nennt sich *Sohn* Gottes ›. Denn *V. 16* sagt: ἀλαζονεύεται πατέρα θεόν. ‹ Er rühmt Gott als Vater ›. Noch klarer redet *V. 18:* εἰ γάρ ἐστιν ὁ δίκαιος υἱὸς θεοῦ, ‹ denn wenn der Gerechte Sohn Gottes ist, wird er ihm zu Hilfe kommen ›.

Aus diesen drei Texten in ihrem Zusammenhang ist klar, dass hier der fromme, gerechte Mensch wegen seiner Verbundenheit mit Gott ‹ Gottessohn › genannt wird. — Fast noch aufschlussreicher ist das Folgende:

Sap. 5. 5: πῶς κατελογίσθη ἐν υἱοῖς θεοῦ,
καὶ ἐν ἁγίοις ὁ κλῆρος αὐτοῦ ἐστιν;

GUTBERLET ([1]) macht mit Recht darauf aufmerksam, dass ἐν ἁγίοις durch den Parallelismus mit « υἱοὶ » zu persönlicher Bedeutung bestimmt sei. Es kann also hier nicht ‹ im Heiligtume › meinen. Das ‹ wie ist er unter die Kinder Gottes

---

([1]) *Das Buch der Weisheit*, Münster 1874, 128 f.

gezählt », bezieht G. « auf die Engel oder die Gerechten oder vielleicht sowohl die Engel als die Heiligen im Himmel ». Im Zusammenhang mit den Texten des zweiten Kapitels, wo die « Kinder Gottes » sicher gerechte Menschen sind, und beim Parallelismus mit ἁγίοις ist die richtigere Deutung aber wohl die, auch Sap. 5, 5 bei υἱοὶ θεοῦ einfach an « gerechte Menschen in ihrer Vollendung » zu denken.

Vom geistigen Milieu dieser Texte aus ist es wahrlich kein weiter Schritt mehr bis Mt. 5, 9: « Selig sind die Friedensstifter; denn sie werden Gottes Kinder heissen ». Damit sind wir mitten in der geistigen Welt des Neuen Bundes, haben aber die feste Brücke gefunden, die die alttestamentliche Idee der Kindschaft Gottes mit der des N. T. verbindet. Mag die letzte unsagbar viel reicher und tiefer sein, sie ist eine Entfaltung, aber keine absolute Neusetzung. Es ist eine klare Entwicklungslinie nachzuweisen von Mt. über das Buch der Weisheit zurück bis in die Psalmen, Propheten und die Bücher des Pentateuch.

Eine letzte Bestätigung, wie sehr die Idee einer Kindschaft Gottes für alttestamentliches Denken eine Realität war, mag in folgendem liegen. Wo Paulus Rom. 9, 4 beginnt, die Privilegien des Gottesvolkes im A. T. aufzuzählen, da nennt er an allererster Stelle die υἱοθεσία, die Tatsache, dass Gott die Israeliten zu « Kindern » angenommen. Für einen Kenner des A. T. wie Paulus war es gewiss nichts, was in den Büchern des A. T. hätte wundernehmen müssen, wenn da einmal Menschen « Söhne Gottes » hiessen. Ja, schon wegen eines Textes des Römerbriefes scheint es so gut wie sicher, dass Paulus die « Gottessöhne » aus Gen. 6, 1-4 auf Menschen gedeutet hat. Man vergleiche nur einmal *Rom. 8, 13-14 mit dem LXX-Text von Gen. 6, 2-3:*

Gen. 6, 2-3:	*Rom. 8, 13-14:*
ἰδόντες δὲ υἱοὶ τοῦ θεοῦ.	εἰ γὰρ κατὰ σάρκα ζῆτε, μέλλετε ἀποθνήσκειν.
εἶπε κύριος ὁ θεός· Οὐ μὴ καταμείνῃ τὸ πνεῦμά μου.	ὅσοι γὰρ πνεύματι Θεοῦ ἄγονται,
διὰ τὸ εἶναι αὐτοὺς σάρκας.	οὗτοι υἱοί εἰσιν Θεοῦ.

Wer wollte jede Beziehung dieser Texte leugnen? Die LXX war Paulus sicher bekannt; er hat mehr als einmal nach ihr zitiert. Hat er aber in Rom. 8 auf Gen. 6 angespielt, dann war für ihn selbstverständlich, dass auch Gen. 6 die « Söhne Gottes » *Menschen* waren, Wesen, die entweder vom πνεῦμα sich leiten lassen oder « *Fleisch* » sind. Dass aber υἱοὶ θεοῦ Menschen sein *können,* ist eine Auffassung, die mit der Idee der Gottessohnschaft im A. T. in vollem Einklang steht.

Wenn wir nun das E r g e b n i s des obigen Sprachbeweises zusammenfassen, so lässt sich kurz folgendes sagen: Zweimal bedeutet בְּנֵי הָאֱלֹהִים in A. T. « Engel » (Job 1, 6; 2, 1). Vielleicht an drei Stellen (Job 38, 7; Ps. 29, 1; 89, 7) haben ähnliche Ausdrücke die gleiche Bedeutung. In 16 Texten werden Menschen in ihrem Verhältnis zu Gott « Söhne » genannt, keinmal in buchstäblich der gleichen Wortform wie Gen. 6, 1-4; aber doch mehrfach in absolut gleichwertigen Ausdrücken, z. B. Dt. 14, 1; Os. 2, 1; Ps. 73, 15 usw. Damit ist einem Argument, בְּנֵי הָאֱלֹהִים *könne nicht* Menschen meinen, jeder Boden entzogen. Wir haben so viele durchaus entsprechende Aussagen, dass die *Möglichkeit,* dass « Söhne Gottes » Menschen sind, gewiss nicht geleugnet werden kann, wenn man den Sinn dieser Frage sich vorlegt im Lichte des ganzen sprachlichen Milieus des A. T., wo es um die Gottessohnschaft von Menschen geht. Nur so weit ist an dieser Stelle der Gedanke durchzuführen, da hier zunächst eine Kritik des « sprachlichen Argumentes *für* die Engeltheorie » beabsichtigt war. Die weiteren Fragen, ob « Söhne Gottes » in Gen. 6, 1-4 *tatsächlich* Menschen meinen, wie das Vorkommen des Ausdrucks an dieser Stelle zu erklären ist, in welchem Sinne er hier auf die Menschen angewandt wird, das alles sind Aufgaben, die im weiteren Verlauf dieser Studie eigens zu stellen und zu lösen sein werden.

Bevor wir uns aber der weiteren Verfolgung unseres Gedankenganges zuwenden, lohnt es sich, auch um des Folgenden willen, in einem kurzen Überblick die Rücksichten zu sammeln, um derentwillen in obigen Texten Menschen zu Jahweh oder Elohim in das Verhältnis der בָּנִים oder בָּנוֹת gestellt werden. Immer ist es irgendeine Rücksicht der Gottesnähe oder Gottverbundenheit, die für den Ausdruck bestimmend ist. In den meisten Fällen ist es das Bundesverhältnis des Gottesvolkes Israel zu Jahweh, das den Angehörigen dieser Nation den Titel « Kinder ihres Gottes » verdient. Is. 43, 6-7 scheint die Tatsache, dass einer von Gott erschaffen wurde, als Grund anerkannt zu sein, warum er Gottes Kind ist. Sap. 2 ist es die persönliche Heiligkeit und Gerechtigkeit, die den Namen υἱοὶ θεοῦ begründet. Sap. 5, 5 ist der « Sohn Gottes » der Gerechte in seiner eschatologischen Vollendung. Kurz, eine ganze Stufenreihe verschiedenster Werte der Gottbezogenheit, der Gottesnähe können im A. T. den Sinn der Bezeichnung « Sohn Gottes » ausmachen. Die Frage nach Eigenart und Höhe der Gottverbundenheit in Gen. 6, 1-4 wird eigens zu prüfen sein, sobald sich herausstellt, dass hier tatsächlich Menschen unter den « Söhnen Elohims » zu verstehen sind.

B. Die exegetischen Gründe für die « Engeltheorie »

Im Laufe der Geschichte der Exegese von Gen. 6, 1-4 ist diese Perikope nicht selten zu anderen Texten der Schrift in Beziehung gesetzt worden, um in ihnen eine Bestätigung und Ergänzung der mythologischen Deutung zu finden. Der Vollständigkeit halber sei hier eine kurze Besprechung all dieser Stellen geboten, auch wenn einzelne von ihnen nur eine rein äussere Beziehung zu Gen. 6, 1-4 haben sollten.

Is. 24, 21: In der « *Isaias-Apokalypse* » und ihrer Schilderung eines Strafgerichtes über die ganze gottfeindliche Welt heisst es: « An jenem Tage aber wird es geschehen: da wird der Herr zur Rechenschaft ziehen das Heer der Höhe in der Höhe und die Könige der Erde auf der Erde ». Diesen Text bringt König in seiner *Theologie des A. T.* ([1]) in Verbindung mit der sexuell gedachten Sünde der Engel von Gen. 6, 1-4. Dass in dem Is.-Text von einer sittlichen Verantwortung des « Himmelsheeres », von wenigstens einigen sündigen Engeln die Rede ist, daran ist wohl kein Zweifel ([2]). Und damit ist

---

[1] ³Stuttgart 1923, 229.
[2] Vgl. Knabenbauer-Zorell ², Parisiis 1922, 508 f.

die übertriebene Vorstellung Jacobs von der absoluten Sündenlosigkeit der Engel widerlegt. Er meint ja: « Es ist nach israelitischer hierin völlig einheitlicher Auffassung nicht vorstellbar, dass Engel sich gegen Gott empören » (171). Also « vorstellbar » ist das nach israelitischer Auffassung schon. Wie hätte Isaias sonst obige Worte schreiben können? Daran, dass hier eine Sünde von Engeln, irgend eine Empörung von reinen Geistern gegen Gott gelehrt ist, wird nicht vorbeizukommen sein. Aber damit ist auch der Ertrag des Textes in dieser Beziehung erschöpft. Bezüglich der Eigenart der Engelsünde, die hier vorausgesetzt wird, fehlt jede Andeutung. Nur wenn man die mythologische Deutung für Gen. 6, 1-4 als anderweitig schon bewiesen voraussetzt, kann man auf den Gedanken kommen, Is. 24, 21 zu Gen. 6, 1-4 in Beziehung zu setzen.

Ps. 133, 3: « Wie der Tau vom Hermon, der herniedersteigt auf die Bergkuppen Sions ». — Die Verbindung des Textes mit Gen. 6 ist eine rein äussere, durch historische Zufälligkeiten gegebene. Nach dem Henochbuch (6, 6) ([1]) stiegen die Engel, die die « Menschentöchter » freien wollten, auf den Hermon herab. « Es waren in allem zweihundert, die in Jareds Tagen zum Gipfel des Hermonsberges herabstiegen. Sie nannten ihn Hermon, weil sie darauf geschworen und sich durch gegenseitige Verwünschungen gebunden hatten ». Ob חֶרְמוֹן mit חרם « dem Banne weihen » usw. zusammenhängt, mag dahingestellt bleiben, mag auch zugegeben werden — warum sollte ein Berg wegen eines Heiligtums oder dergl. nicht einen solchen Namen bekommen? —; sicher aber ist die Henocherzählung von der Ratsversammlung der wollüstigen Engel auf dem Hermon reine Phantasie. Die exegesegeschichtliche Folge war nur die, dass Hilarius von Poitiers ([2]) und der Verfasser des früher Hieronymus zugeschriebenen *Breviarium in Psalmos* ([3]) in ihren Kommentaren bei Ps. 132, 3 auf die mythologische Deutung von Gen. 6, 1-4 zu sprechen kommen. Für die sachliche Deutung von Gen. 6 ist hier natürlich nicht das mindeste zu holen. Darum schliesst auch Hilarius seine

---

([1]) Vgl. z. B. in Riessler, *Altjüd. Schrifttum,* Augsburg 1928, 358.
([2]) *Tractatus in Ps. 132, 3; CSEL* 22, 689; *PL* 9, 748 C f.
([3]) *Breviarium in Psalmos,* Ps. 132; *PL* 26, 1293 C.

diesbezüglichen Bemerkungen sehr bald ab: « Sed haec praetermittamus. Quae enim libro legis non continentur, ea nec nosse debemus ».

Mt. 6, 10: « Dein Wille geschehe wie im Himmel also auch auf Erden ». In diesen Worten Christi sieht Ambrosius eine Beziehung zu Gen. 6, 1-4. Nachdem er « *in Ps. 118* » ausführlich die Geschichte von der sündhaften Liebe der Engel zu den Menschentöchtern erwähnt, fährt er weiter: « *Ideoque Dominus in Evangelio suo ait: Fiat voluntas tua sicut in coelo et in terra* » (Mt. 6, 10) ([1]). Zu beachten ist zunächst einmal die wesentlich verschiedene Atmosphäre von Gedankenfolgen und Einstellung, wenn man solche Äusserungen von Ambrosius mit manchen modernen Darstellungen der Engelmythologie von Gen. 6 vergleicht. Aber die Tatsache bleibt auch hier, die sexuelle Sünde der Engel ist nach Ambrosius der Grund, warum Christus im « Vater unser » die Menschen beten heisst: « Dein Wille geschehe im Himmel ».

Darauf scheint folgendes zu sagen: Gesetzt den Fall, es läge in Mt. 6, 10 eine Anspielung auf Engelsünden vor, so hätten wir das gleiche wie Is. 24, 21. Der Text spräche von einer Empörung reiner Geister gegen Gott, aber ohne die geringste Anspielung auf die nähere Eigenart der betreffenden Sünde. Damit gälte hier das gleiche wie bei Is. 24, 21; auf den Gedanken einer Beziehung zu Gen. 6 kommt nur der, der die Sexualmythologie für den Prolog des Sündflutberichtes schon als bewiesen voraussetzt. Exegetisch würde aus Mt. 6, 10 nicht mehr folgen als die Tatsache irgendeiner Engelsünde, von der ja die übrige Offenbarung des N. T. auch wirklich zu berichten weiss.

Aber ausserdem ist der Sinn des Wortes Mt. 6, 10 sicher ein ganz anderer. Ὡς ἐν οὐρανῷ καὶ ἐπὶ γῆς. Wenn man den Sprachgebrauch dieses ὡς-καὶ im N. T. verfolgt, z. B. Act. 7, 51; 2 Cor. 13, 2; Phil. 1, 20, so ist es stets eine einfache Vergleichspartikel. Der Sinn ist ein blosser Vergleich zwischen zwei Gliedern. Das καὶ ist pleonastisch gesetzt und könnte mit dem gleichen Rechte fehlen. Der Sinn der Bitte ist also der, Gottes heiliger Wille möge auf Erden so vollkommen realisiert werden, wie es von den Engeln und Heiligen des Himmels ge-

---

([1]) *In Psalmum 118, sermo* 8, n. 58; *PL* 15, 1388.

schieht. « Exemplum angelorum qui ad nutum Dei maximo gaudio obediunt nobis proponitur » (¹). Anders läge die Sache vielleicht, wenn ὡς, das in einigen Textzeugen fehlt, tatsächlich nicht ursprünglich wäre. Aber an seiner Echtheit ist nicht zu zweifeln. So ist die Stelle von DAUSCH sehr treffend kommentiert, wenn er sagt: « Die dritte Bitte enthüllt uns, wie sich das Reich vollkommen verwirklicht: Es wird geschehen, wenn auf Erden der Wille Gottes so herrschend geworden ist wie im Himmel bei den Engeln und Heiligen » (²). — Damit fällt aber überhaupt jede Beziehungsmöglichkeit von Mt. 6, 10 auf Gen. 6, 1-4.

1 Cor. 11, 10: Es handelt sich um die vielbesprochene Bemerkung des hl. Paulus, die Frauen sollten bei den gottesdienstlichen Versammlungen ihr Haupt verschleiern « wegen der Engel ». Wohl die gröbste Art, wie man dieses Wort mit Gen. 6, 1-4 verbinden kann, findet sich bei BOUSSET (³), seltsamerweise untermischt und durchsetzt mit einer Reihe von Überlegungen, die seine eigene Exegese wieder umstossen. So beginnt er mit einer recht passenden Deutung dieses « der Engel wegen ». Anlass, sich hier auf die Engel zu berufen, sei die Gegenwart der Engel beim Gebet der Menschen. Es sind die Engel, die die Gebete der Menschen vor Gottes Thron tragen. BOUSSET selbst verweist hier auf Tob. 12, 12 f. So wird ja wohl tatsächlich das Wort bei Paulus am richtigsten erklärt. Die Erinnerung an die Gegenwart heiliger Engel — ein in jedem Sittenunterricht psychologisch äusserst wirksames Motiv — soll die Frauen mahnen, beim Gottesdienst die Regeln der Schicklichkeit zu beachten.

Aber nach dieser guten und zutreffenden Andeutung einer exegetischen Lösung fährt B. fort: « Dann aber denkt Paulus weiter an die merkwürdige Sage (Gen. 6, 2 ff.), dass einst die Engel (Gottes Söhne) durch die Schönheit der Menschentöchter zu Fall kamen und zum geschlechtlichen Verkehr mit ihnen verführt wurden, und meint nun offenbar (!), dass dieses Vorkommnis sich wiederholen und die beim Gebet der Gemeinde anwesenden Engel zu den christlichen Frauen in

---

(¹) KNABENBAUER-MERK, *Comm. in Mt³.*, Parisiis 1922, 314.
(²) *Die drei älteren Evangelien⁴*, Bonn 1932, 125.
(³) *Die Schriften des N. T.³*, Göttingen 1917, II, 129.

Liebe entbrennen könnten, wenn diese ihr Haupt nicht verhüllten » (¹).

Wie verbreitet heute obige Auffassung vom Sinn des « wegen der Engel » ist, lässt sich wohl aus keinem anderen Umstand besser sehen als aus der Selbstverständlichkeit, mit der in der Textausgabe von Nestle Gen. 6, 2 als « Parallele » zu 1 Cor. 11, 10 zitiert wird. Anzuerkennen bleibt freilich, dass in der 10. Ausgabe (1930) bei dieser Parallele am Rande des griechischen Textes wenigstens ein Fragezeichen hinzugefügt ist. Viel besser ist zweifellos die andere Parallele « Ps. 137, 1 (LXX) »: ἐναντίον ἀγγέλων ψαλῶ σοι. Die trifft wenigstens den wahren Sinn des Pauluswortes.

Im übrigen ist die bei Bousset gebotene Exegese von 1 Cor. 11, 10 nicht neu. 1700 Jahre früher hat Tertullian in seiner Schrift *De virginibus velandis* (²) schon eine sehr ähnliche Meinung vertreten. Er erklärt den Paulustext: « Propter angelos, sc. quos legimus a Deo et coelo excidisse ob concupiscentiam feminarum ». Darauf folgt ein ausführliches Zitat aus Gen. 6, 1-4. Doch weiss Tertullian diese Idee pädagogisch zu verwerten. « De virginibus velandis » will er ja schreiben. So beweist er zunächst, dass die « filiae hominum » aus Gen. 6 Jungfrauen waren. Man könne sich ja nicht von den Engeln vorstellen, dass sie « maculata iam corpora et humanae libidinis reliquias desiderasse ». Daraus will dann Tertullian ableiten, dass sein Thema und die Mahnung des hl. Paulus für Jungfrauen von ganz besonders praktischer Bedeutung seien.

Die Exegese, die wohl am meisten Aussicht hat, den Sinn der in jedem Fall etwas dunklen Andeutung bei Paulus zu treffen, wurde schon oben erwähnt. Sicher gehört auch 1 Cor. 11, 10 zu den Texten, die nur dann mit Gen. 6 in Verbindung gebracht werden können, wenn schon die betreffende Mythologie als bewiesen vorausgesetzt wird. Wenn man schon einmal bei Paulus eine bewusste Anspielung auf Gen. 6, 1-4 finden will, würde man sie viel richtiger in Rom. 8, 12 ff. vermuten, wenn man die LXX von Gen. 6 damit vergleicht, wie im vorigen Abschnitt näher begründet wurde (³). Damit ist aber

---

(¹) Vgl. Strack-Billerbeck, *Kommentar zum N. T.*, III, 437 ff.
(²) Cap. 7, *PL* 2, 947 A-B.
(³) Vgl. S. 82 f.

auch ein neuer positiver Grund gewonnen für die Überzeugung, dass Paulus in Gen. 6, 1-4 etwas ganz anderes sah als eine Sexualmythologie, zugleich auch dafür, dass Paulus in 1 Cor. 11, 10 sicher nicht auf Gen. 6 anspielen wollte.

Eph. 6, 12: τὰ πνευματικὰ τῆς πονηρίας ἐν τοῖς ἐπουρανίοις, Vulg. « spiritualia nequitiae in caelestibus », « die Geister der Bosheit in der Himmelswelt ». Wie schon öfter bei diesen Texten, so ist auch dieses Pauluswort ein neues Beispiel dafür, dass die Ideenwelt der hl. Schrift auch im Reiche der Geister und Engel von Sünde und Bosheit weiss. Eine Gedankenverbindung mit Gen. 6 kann auch hier nur dann gesehen werden, wenn die mythologische Exegese für den Gen.-Text schon als bewiesen vorausgesetzt wird. Darum ist nicht zu verwundern, wenn Tertullian, der die « Engeltheorie » für Gen. 6 hielt, in Eph. 6, 12 eine Beziehung darauf zu sehen glaubte. In seinem Werk *Adversus Marcionem* ([1]) setzt er länger die theologisch klaren Begriffe des guten und bösen Prinzips, Schöpfergott und Teufel, auseinander. Bei dieser Gelegenheit kommt er auf Eph. 6, 12: zu sprechen: « Nec spiritualia autem nequitiae ideo Creatorem significabant, quia adjecit: in caelis. Sciebat enim et Apostolus in caelis operata esse spiritualia nequitiae angelorum scandalizatorum in filias hominum ».

2 Petr. 2, 4: Dieser Text ist in Verbindung mit Judas 6 zweifellos der, der in diesem Zusammenhang die ernsteste exegetische Frage stellt. — Um von verschiedenen Sünden (9 f.) abzuschrecken, erzählt der Apostel V. 4-6 von drei grossen Strafgerichten. Seine Absicht ist klar, wie aus der Bemerkung erhellt, mit der er die Erwähnung des dritten abschliesst (V. 6): ὑπόδειγμα μελλόντων ἀσεβεῖν τεθεικώς. Als erstes Beispiel dient hier eine Sünde von Engeln und ihre Strafe, als zweites die Sündflut, als drittes die Vernichtung von Sodoma und Gomorrha.

Wer sagt, Petrus spräche hier von der Sexualmythologie aus Gen. 6, könnte an zwei Punkte anknüpfen. Erstens folgt hier im Petrusbrief gleich auf die Engelsünde die Sündflut, so wie auf Gen. 6, 1-4 der Sündflutbericht. Sodann scheint das Strafgericht über die Engel ganz so beschrieben zu sein, wie

---

[1] Lib. 5, cap. 18; *CSEL* 47, 642; *PL* 2, 551 B-C.

das Buch Henoch die Bestrafung der « Gottessöhne » schildert, die sich mit den « Menschentöchtern » vergingen.

Bezüglich des ersten Punktes ist zu bemerken, dass der Petrusbrief zwischen Engelsünde und Sündflut keinen Zusammenhang andeutet, wie das eine mythologische Deutung von Gen. 6, 1-4 eigentlich verlangte. 2 Petr. 2, 4-5 wird die Sündflut einfach mit καί zu der vorhergehenden Engelsünde koordiniert, ganz genau so, wie 5-6 die Zerstörung Sodomas durch ein blosses καί sich an das Strafgericht der Sündflut anschliesst. Ja, es lässt sich wohl mehr sagen. Hätte Petrus die Engelsünde als etwas angesehen, was im Sinne von Gen. 6 innigste Verbindung mit der Sündflut hatte, was also in dieser Welt geschehen wäre, wie der Verkehr von Gottessöhnen und Menschentöchtern, dann hätte er nie die Erwähnung der Sündflut als etwas völlig Neues angeschlossen: καὶ ἀρχαίου κόσμου οὐκ ἐφείσατο. Hätte der Verfasser dieses Textes bei der Engelsünde an eine Mythologie *auf Erden* gedacht, wäre also das gemeinte Geschehen ἐν τῷ ἀρχαίῳ κόσμῳ gewesen, wie könnte er dann das folgende Strafgericht als etwas Neues anschliessen « *für die alte Welt* », während schon die Engelsünde mitten im Getriebe dieser alten Welt stand? Gewiss sind hier begriffliche Unterschiede in jedem Falle noch möglich. Auch wenn die Engel auf Erden sündigen, kann ich erst von der Sünde und Strafe der Engel und dann von der Sünde und Strafe der Erde reden. Aber der Verfasser erregt doch durch seine ganze Sprechweise viel mehr den Eindruck, als wenn für ihn die Sünde der Engel ein von den Sünden und Strafen « der alten Welt » ganz getrenntes Geschehen wäre, genau so wie die Sünde Sodomas für ihn ein von der Sündflut völlig zu trennendes Ereignis ist. Wenn dem aber so ist, hat er nicht von einer Engelsünde im Sinne der mythologischen Deutung von Gen. 6, 1-4 sprechen wollen.

Darum kann man ROBERT nur Recht geben, wenn er in seiner Arbeit *Les fils de Dieu et les filles de l'homme* stark hervorhebt, dass Petrus zwischen den drei Strafgerichten der frühesten Zeit keine andere Ordnung hat behaupten wollen als die rein chronologische. « Il est au contraire remarquable que le cas des Anges soit absolument mis en dehors de la catastrophe diluvienne. De la manière que sont presentés ces trois faits, on ne peut voir entre eux la moindre dépendance.

Le cas des Anges est aussi indépendant du cas du déluge, que le cas de Sodome et de Gomorrhe est indépendant des deux autres » (¹).

Dieses Fehlen der inneren Verbindung zwischen Engelsünde und Flut, ja die Einführung des zweiten Strafgerichtes als einer neuen Sache ist umso höher zu bewerten, als gerade die Hauptquelle der Engeltheorie, das Henochbuch, die Flut ganz ausdrücklich mit den Folgen der Engelehen in Verbindung bringt (10, 2). Wer also redet wie 2 Petr. 2, 4, der weiss entweder nichts von der Darstellung bei Henoch, oder er distanziert sich bewusst von ihr, nicht was die Tatsache einer Sünde der Engel angeht, wohl aber bezüglich all dessen, was sie zu der über die Menschen verhängten Sündflut in Beziehung setzen könnte.

Wie steht es nun mit der zweiten Frage? Beschreibt nicht 2 Petr. 2, 4 die Strafe der Engel so, dass er durch die Identität des Strafgerichtes seine Überzeugung verrät, dass es sich um die gleiche Sünde handelt?

2 Petr. 2, 4 beschreibt die Strafverhängung von seiten Gottes mit folgenden Worten: σιροῖς ζόφου ταρταρώσας παρέδωκεν εἰς κρίσιν τηρουμένους. — Ταρταρώσας: « er hat sie in die Unterwelt hinabgestossen ». Σιροῖς ζόφου — παρέδωκεν: « er hat sie Kerkern der Finsternis übergeben ». Schliesslich: « wo sie für das Gericht bewahrt werden ». Einige lesen statt σιροῖς « Höhlen, Kerker »: σειραῖς « Ketten ». Für die Ähnlichkeit mit dem Henochbuche wäre das nicht ohne Bedeutung, da dort die « Fesselung » der Engel mehrfach erwähnt wird. TISCHENDORF, NESTLE, VOGELS, MERK nehmen σιροῖς als die bessere Lesart in ihren Text auf; VON SODEN bevorzugt σειραῖς.

Sicher enthält diese Strafschilderung drei Momente:
1) ein Herabstossen in die Unterwelt;
2) ein Gefangensein in Kerkern (oder Fesseln?) der Finsternis;
3) ein Aufbewahrtwerden bis zum Gericht.

Wie steht dazu die Schilderung des Henochbuches? 9, 6-8 ist von zwei Engelführern die Rede, von denen einer Ἀζαὴλ heisst. Von diesen wird berichtet (8): Καὶ ἐπορεύθησαν πρὸς τὰς θυγατέρας τῶν ἀνθρώπων τῆς γῆς καὶ συνεκοιμήθησαν αὐταῖς

(¹) *Revue Bibl.* 4 (1895) 550.

καὶ ἐμιάνθησαν καὶ ἐδήλωσαν αὐταῖς πάσας τὰς ἁμαρτίας. 10, 4-6 verhängt Gott selbst die Strafe: καὶ τῷ Ῥαφαὴλ εἶπεν· δῆσον τὸν Ἀζαὴλ ποσὶν καὶ χερσὶν καὶ βάλε αὐτὸν εἰς τὸ σκότος... καὶ ἐν τῇ ἡμέρᾳ τῆς μεγάλης τῆς κρίσεως ἀπαχθήσεται εἰς τὸν ἐμπυρισμόν (¹). Bezüglich eines andern Engelführers und der übrigen Engel, die mit den Menschentöchtern gesündigt haben, wird gesagt (10, 12): δῆσον αὐτοὺς ἑβδομήκοντα γενεὰς εἰς τὰς νάπας τῆς γῆς μέχρι ἡμέρας κρίσεως αὐτῶν (²).

In beiden Fällen findet sich eine ähnliche Gruppe von je drei Momenten der Strafe.

10, 4-6: 1) Fesselung; gebraucht ist das Wort δέω;
2) Hinabwerfen in die Finsternis;
3) letzte Strafvollstreckung am Tage des grossen Gerichtes. Von dem τηρεῖσθαι des Petrusbriefes ist nicht eigens die Rede.

10, 11-12: 1) Fesselung (δέω);
2) Gefangenschaft in « den Schluchten der Erde »;
3) bis zum Tage des Gerichtes.

Wenn man diese Bilder der Strafe mit der Vorstellung vom Gericht in 2 Petr. 2, 4 vergleicht, so lässt sich eine Ähnlichkeit der allgemeinen Auffassung nicht leugnen. Doch ist auffallend, wie die Einzeldarstellung nicht wenig verschieden ist. Keiner der bei Henoch so typischen Ausdrücke wie δέω und σκότος findet sich bei Petrus. Aber ζόφος und τηρεῖν sind Petrus und Judas gemeinsam, finden sich dagegen nicht in diesen Texten bei Henoch. Kurz, davon dass Petrus schlechthin seine Darstellung aus Henoch abgeschrieben hätte, ist wohl keine Rede. Das gilt, wie es scheint, selbst unter der Voraussetzung, dass damals ein semitischer Text des Henoch bekannter war als ein griechischer.

Im übrigen bleibt selbstverständlich die Tatsache, dass der Ideenkreis als solcher in beiden Fassungen starke Ähnlichkeiten aufweist. Doch ist zu beachten, dass diese Ideen, jedenfalls bei Petrus, kaum über die allgemeinsten Denk- und Vorstellungsformen hinausgehen, auf die jeder Mensch in seiner Beschreibung kommen wird, wenn er ein Strafge-

---

(¹) FLEMMING-RADERMACHER (Leipzig 1901) 28.
(²) Ebd. 32.

richt über Engel darstellen will. Der einzige gemeinsame Punkt, wo ein stark individueller Gedanke zum Ausdruck kommt, ist das Abwarten des Gerichtes zur letzten Strafvollstreckung. Aber dieser Gedanke steht schon in Is. 24, 21, dass ein derartiges Gericht für Engel und Menschen bevorsteht. Kurz, was in der Schilderung der Strafe bei Petrus gesagt wird, mag einige seiner Farben aus Henoch entlehnt haben; aber es geht zu wenig auf die individuelle Eigenart der Henochdarstellung ein, als dass der Schluss berechtigt wäre, der Verfasser von 2 Petr. habe seine Auffassung der Engelsünde mit der des Henoch identifizieren wollen.

Den Argumenten, die diese Folgerung so rasch ziehen, liegt eben immer als Voraussetzung zu Grunde: es gibt nur eine einzige Vorstellung der Engelsünde in der jüdisch-christlichen Literatur, nämlich die sexuelle. Diese Voraussetzung ist aber nicht richtig. Wo Christus von den ἐπιθυμίαι τοῦ διαβόλου redet, da charakterisiert er ihn in seinem Verhältnis zu den Menschen lediglich als den «Menschenmörder von Anbeginn» und den «Vater der Lüge» (Jo. 8, 44). Jüdischem Denken war die Idee vertraut, wie «durch den Neid des Teufels der Tod in die Welt kam» (Sap. 2, 24). Paulus spricht einmal von der Gefahr, dass ein Neophyt als Bischof stolz werden und so dem κρίμα τοῦ διαβόλου anheimfallen könnte (1 Tim. 3, 6). Die Deutung dieser Stelle ist nicht sicher. Es könnte von dem Strafgericht die Rede sein, das der Teufel als Werkzeug Gottes vollzieht. Der Parallelismus mit der «Schlinge des Teufels» im folgenden Vers scheint die letztere Deutung manchen nahezulegen (¹). Ob aber dieser Parallelismus notwendig so streng synonym zu nehmen ist, bleibt die Frage. Ja V. 6 ist viel besser erklärt, wenn es um das Gericht geht, das seiner Zeit am Teufel selbst vollstreckt wurde. «Damit er nicht stolz werde und so dem Strafgericht des Teufels verfalle» (²). Dann wäre

---

(¹) Vgl. Meinertz, *Pastoralbriefe*⁴, Bonn 1931, 45: «Wenn im folgenden Verse nicht der parallele Ausdruck von der 'Schlinge des Teufels' gebraucht wäre, könnte man beim 'Gericht des Teufels' an das Gericht denken, in das der Teufel einstmals wegen seines Hochmutes gefallen ist, das nun in gleicher Weise an dem hochmütigen Bischof vollzogen würde».

(²) Knabenbauer (Parisiis 1913, 235) scheint die Erklärung durch den Genitivus objectivus zu bevorzugen: «in iudicium diaboli» = «in eandem cum

hier nahegelegt, dass die Sünde des Teufels eine Sünde des Stolzes war.

Wenn nun aber mehrere Darstellungen der Engelsünde in der hl. Schrift vorliegen, von denen keine etwas von sexuellem Tun andeutet, welch unbegründeter Apriorismus ist es dann, bei 2 Petr. 2, 4 sogleich auf die sexuelle Engelsünde zu schliessen, wo sicher ist, dass dieser Verfasser sich keinesfalls mit den Auffassungen des Henochbuches einfach identifizieren wollte!

Die alten Schriftsteller wissen alle, selbst in kurzen, knappen Worten, so eindeutig und klar über die Engelehen zu reden, dass gar kein Zweifel bleibt, was sie meinen. Ἄγγελοι ... γυναικῶν μίξεσιν ἡττήθησαν (¹). — Εἰς ἐπιθυμίαν πεσόντες παρθένων (²). — Κατολισθήσαντες εἰς ἡδονάς (³). — Σαρκῶν ἐρασθέντες καὶ ταῖς τῶν ἀνθρώπων ... ἐνομιλήσαντες θυγατράσιν (⁴). — « Repudium caeli et matrimonium carnis » (⁵). — « Novimus et angelos cum feminis cecidisse » (⁶). — « Matrimoniis se mortalibus miscuerunt » (⁷). — Warum von alledem bei Petrus und erst recht bei Judas, der doch die Sünde eingehender schildert, keine Spur? Die einzig wirklich ausreichende Erklärung scheint die: weil Petrus und Judas nicht von einer sexuellen Sünde der Engel sprechen wollten. Ihre Mitteilungsabsicht blieb bewusst bei der Tatsache einer Sünde der Engel im allgemeinen stehen. Petrus charakterisiert die Natur dieser

---

diabolo poenam, condemnationem propter superbiam ». Aber auch er macht auf die Möglichkeit des subjektiven Genitivs für « τοῦ διαβόλου » aufmerksam: « Das Gericht, das der Satan vollzieht ». Der Satan müsse dazu dienen, zeitliche Strafen an den Menschen zu vollstrecken. Zu weit geht wohl ROBERT (*Rev. Bibl.* [1895] 549): « De peur que il ne tombe dans le *péché* du démon ». Die Bedeutung « Sünde » ist doch für κρίμα kaum nachzuweisen. Vgl. allerdings THEODOTION zu Dan. 9, 26. Vielleicht steht hier κρίμα für אוֶן.

(¹) JUSTINUS, *Apologia*, II, 5 ; *PG* 6, 452.
(²) ATHENAGORAS, *Legatio pro Christianis*, 24 ; *PG* 6, 948.
(³) CLEMENS AL., *Strom.*, 5, 1 ; *GrChrSchr*, CLEM. AL. 2, 332 ; *PG* 9, 24.
(⁴) EPIPHANIUS, *Adv. Haereses*, II, 1 ; haer. 64, 29 ; *GrChrSchr*, EP. 2, 447 ; *PG* 41, 1104.
(⁵) TERTULLIAN, *De cultu feminarum*, 1, 4 ; *PL* 1, 1422.
(⁶) Ps. CYPRIAN, *De singularitate clericorum*; *PL* 4, 857.
(⁷) SULPICIUS SEVERUS, *Historia sacra*, 1, 2 ; *CSEL* 1, 5 ; *PL* 20, 96-97.

Engelsünde nicht näher; er stellt sie nur als ein von der Sündflut zu trennendes Ereignis hin. Damit redet er aber schon von einer anderen Sünde als den Ehen der Engel mit den « Menschentöchtern ». In diesem Sinne entscheidet schon Augustinus die Frage nach dem Sinn dieses Petrustextes: « Dei tamen angelos sanctos nullo modo illo tempore sic labi potuisse crediderim: nec de his dixisse apostolum Petrum: Si enim Deus angelis peccantibus non pepercit... (2 Petr. 2, 4); sed potius de illis, qui primum apostatantes a Deo cum diabolo principe suo ceciderunt, qui primum hominem per invidiam serpentina fraude deiecit » ([1]).

Judas 6. Viele der für 2 Petr. 2, 4 angeführten Rücksichten gelten auch hier, besonders bezüglich der Beschreibung der Strafe für die Engel. Neu ist hier der Ausdruck, Gott habe diese Engel « für das Gericht des **grossen Tages** mit ewigen Fesseln in der Finsternis bewahrt ». Damit ist eine Ähnlichkeit mit Henoch gegeben, die bei 2 Petr. nicht zu beachten war. Nach Hen. 10, 6 wird die Strafe vollstreckt ἐν τῇ ἡμέρᾳ τῇ μεγάλῃ τῆς κρίσεως. Damit findet die schon oben (S. 93) ausgesprochene Vermutung, dass in der Schilderung der Strafe bei den Aposteln Anspielungen auf die Erzählungsformen der Henochsagen vorliegen mögen, eine neue Bestätigung. Die Entscheidung aber, in welchem Masse zwischen Judas und Henoch an dieser Stelle eine Beziehung besteht, hat vor allem noch auf zwei weitere Momente des Judastextes zu achten: zunächst die eingehendere Darstellung der Sünde selbst, sodann die etwas mehrdeutige Bemerkung des folgenden Verses τὸν ὅμοιον τρόπον τούτοις ἐκπορνεύσασαι.

Die Beschreibung der Sünde selbst wird in zwei Bildern geboten: μὴ τηρήσαντες τὴν ἑαυτῶν ἀρχήν: « diese Engel haben ihre Herrschaft, ihre Würde, nicht bewahrt ». Ἀλλὰ ἀπολιπόντες τὸ ἴδιον οἰκητήριον: « sie haben die ihnen eigene Wohnung, ihr Heim, verlassen ». Allgemeinere Ausdrücke kann man nicht gut für eine Engelsünde wählen. Sobald Engel von Gott abgefallen und zur Strafe aus himmlischen Paradiesen verstossen sind, muss man notwendig sagen, dass sie « ihre Würde nicht

---

[1] *De civ. Dei,* 15, 23; *CSEL* 40 b, 110; *PL* 41, 468.

bewahrt », « ihre himmlische Heimat verlassen haben », ganz gleich, um welche Sünde es sich im einzelnen handelt. So lässt sich auch aus diesen Worten nicht mehr schliessen, als dass Judas seine Überzeugung von der Tatsache irgendeiner Engelsünde aussprach. Bezüglich seiner Meinung über die Art dieser Sünde lässt sich aus den Worten positiv nichts ausmachen. Indirekt liegt aber folgende Überlegung nahe. Judas verwendet eine ganze Reihe von Worten auf die Beschreibung der Engelsünde. Keine Andeutung davon, dass es hier um sexuelles Tun ging, trotzdem ein solcher Hinweis im Sinne der « Engeltheorie » in so wenigen Worten möglich gewesen wäre, wie die früheren Beispiele aus Schriften der ersten Jahrhunderte beweisen. Wenn sich also etwas aus den Worten in Judas 6 schliessen lässt, ist es höchstens dies, dass er nicht an die mythologische Darstellung des Henochbuches dachte. Das gilt umsomehr, als im Henochbuch bei der Engelssünde zwar ein « Herabstieg auf den Hermon » (6, 6) eine Rolle spielt, aber « vom Verlassen des οἰκητήριον », einem « nicht Bewahren einer ἀρχή » keine Rede ist. Sollte bei Judas 6 eine Anspielung auf die κατοίκησις der himmlischen und der erdgeborenen Geister (Hen. 15, 7 f.) oder auf das « Verlassen des hohen Himmels » (12, 4) vorliegen, so ist diese so entfernt und allgemein, dass die Wahl des Ausdrucks ebensogut aus jedem beliebigen anderen Anlass erklärt werden kann.

Also der Text von Judas 6, insofern er *die Sünde beschreibt*, gibt keinen genügenden Grund, hier ein solches Zitat der Engelsünde des Henoch zu finden, durch das sich der Verfasser die Auffassung Henochs bezüglich der Art dieser Sünde zu eigen machte. Freilich ist eine solche Beziehung im Laufe der Geschichte der Exegese mehrfach vermutet worden. Zweifelhaft wird bleiben, ob CLEMENS VON ALEXANDRIEN auf Jud. 6 anspielen wollte, als er bei Beschreibung der sexuellen Engelsünde schrieb: τοῦ Θεοῦ τὸ κάλλος καταλελοιπότες [1]. Ganz offenbar scheint diese Beziehung im *Johannes-Kommentar* des ORIGENES [2]. Er führt aus, dass *nicht nur der Mensch* gefallen sei, sondern auch die Gottessöhne, die sich Menschentöchter zu Frauen nahmen, καὶ ἁπαξαπλῶς πάντες οἱ ἀπολείποντες τὸ ἴδιον οἰκητήριον,

---

[1] *Paedagogus*, 3, 2; *GrChrSchr*, CLEM. AL. 1, 244; *PG* 8, 576.
[2] 13, 37; *GrChrSchr*, OR. 4, 262; *PG* 14, 464.

καὶ μὴ τηρήσαντες τὴν ἑαυτῶν ἀρχήν. Freilich auch hier bleibt eine Frage. Denn im nur lateinisch erhaltenen *Ezechiel-Kommentar* des Origenes heisst es: « Si quando Scriptura diaboli peccata describit, invenies ea de *superbiae* fonte manantia » ([1]); und in der Schrift gegen Celsus gibt er eine rein allegorische Deutung von Gen. 6, 2. Die « Gottessöhne » sind Seelen, die nach einem menschlichen « Leibe », einer « Menschentochter » verlangen, um so auf Erden ein menschlich-körperliches Leben zu führen ([2]). Also vielleicht hat Origenes die Sünder von Judas 6 nicht ohne weiteres mit Gottessöhnen gleichstellen wollen, die sexuell sündigten, da man nicht sicher ist, wie weit seine Allegorie alle diesbezüglichen Bemerkungen durchdringt. Aber gleichwohl bleibt er der erste sichere Zeuge, der Judas 6 mit Gen. 6, 2 irgendwie in Verbindung bringt.

Bei Sulpicius Severus spielt das « relictis superioribus, quorum incolae erant » ([3]), das er bei seiner Engeldeutung für Gen. 6 gebraucht, wohl sicher auf das ἀπολιπόντες τὸ ἴδιον οἰκητήριον von Jud. 6 an. — Oecumenius gibt eine ganz normale Exegese von Judas 6 ohne irgendeine Anspielung auf Gen. 6 oder die entsprechende « Engeltheorie » ([4]).

Dieser kurze historische Überblick über die ersten Versuche, in Judas eine Erwähnung sexueller Engelsünden im Sinne der mythologischen Deutung von Gen. 6, 1-4 zu finden, mag zeigen, wie wenig aussichtsreich ein solches Unternehmen ist. Clemens von Alexandrien, Origenes, Sulpicius Severus haben Jud. 6 zu Gen. 6, 1-4 in Beziehung gesetzt; z. T. hatten sie grösstes Interesse an der « Engeltheorie »; wenn sie dabei über unbestimmte und willkürliche Vermutungen nicht hinauskamen, so ist das eine neue Bestätigung, wie wenig genügender Grund in der Beschreibung der Engelsünde von Judas 6 liegt, hier eine vom Verfasser gewollte Übernahme der Engelmythologie des Henochbuches zu sehen.

Auffallender könnte im ersten Augenblick *die zweite Frage aus Judas 6* scheinen, die ausser der Darstellungsweise der Sünde selbst zu besprechen ist. V. 7 heisst es von den sündigen Städten aus Gen. 19: τὸν ὅμοιον τρόπον τούτοις

---

[1] *Homilia* 9, 2; *PG* 13, 734 D.
[2] 5, 55; *GrChrSchr*, Or. 2, 58 f.; *PG* 11, 1268.
[3] *Historia sacra*, 1, 2; *CSEL* 1, 5; *PL* 20, 96-97.
[4] *Com. in ep. Iudae*; *PG* 119, 709-712.

7. — Closen, *Die Sünde der « Söhne Gottes »*.

ἐκπορνεύσασαι. Soll das heissen, dass Sodoma und Gomorrha in ähnlicher Weise Unzucht getrieben haben wie die Engel, von deren Sünde vorher die Rede war? Dann wäre allerdings die mythologische «Engeltheorie» im Judasbrief evident. Es ist klar, dass hier alles von der Frage abhängt, worauf das τούτοις zu beziehen sei. Abstrakt gesprochen könnte man an drei Möglichkeiten denken: entweder bezieht es sich auf die Engel, oder auf Sodoma und Gomorrha, oder auf die Gesetzesfeinde, gegen die der Apostel in diesem Zusammenhang schreibt.

1) τούτοις = *Engel*. — Diese Beziehung ist sicher nicht gemeint. Abgesehen davon, dass das Pronomen dann ἐκείνοις heissen müsste, um klar auf das weiter entfernte ἀγγέλους bezogen werden zu können ([1]), niemals würde in den Vergleich mit einer sexuellen Engelsünde die Bemerkung ἀπελθοῦσαι ὀπίσω σαρκὸς ἑτέρας aufgenommen; denn diese wäre dann in jedem Falle sinnlos. Man könnte noch dahingestellt sein lassen, ob der Wortlaut ὀπίσω σαρκὸς ἑτέρας sich vielleicht auf eine Sünde der Engel beziehen lasse. Sicher ist der sachliche Vergleich zwischen Sodomiten und sündigen Engeln unmöglich. Als Sünde der Sodomiten wird in der Genesis vor allem die Homosexualität genannt. Darum sind die Sodomiten für den Verkehr der Engel mit den «Töchtern der Menschen» ein absolut ungeeignetes Vergleichsobjekt.

2) τούτοις = *Sodoma und Gomorrha*. — In dieser Voraussetzung ergäbe sich der für den Zusammenhang sehr gut passende Sinn: «Sodoma und Gomorrha und die umliegenden Städte, die es ähnlich wie diese trieben». Hart bleibt hier freilich der schroffe Wechsel des Genus: αἱ περὶ αὐτάς — τούτοις. Darum bleibt die geeignetste Lösung immer noch:

3) τούτοις = *die Antinomisten, gegen die Judas schreibt*. — Das entspricht vorzüglich der Tatsache, dass Judas in den nächsten 12 Versen nicht weniger als sechsmal ([2]) durch οὗτοι in nachdrucksvoller Weise auf diese Irrlehrer hinweist. Damit ist das Unvermittelte, was vielleicht im Gebrauch des οὗτοι für diese Häretiker liegen könnte, aus der Eigenart der Sprach-

---

([1]) Vgl. HUNDHAUSEN, *Das zweite Pontificalschreiben des Apostelfürsten Petrus,* Mainz 1878, 287.
([2]) Vers: 8. 10. 12. 14. 16. 19; vergl. HUNDHAUSEN, a. a. O. 289.

weise des Judasbriefes im unmittelbarsten Zusammenhang vollauf erklärt.

Dieses Ergebnis hat aber für die Frage, von welcher Engelsünde der Apostel sprechen will, noch eine viel grössere Bedeutung, als es anfangs scheint. Mit der Beziehung des οὗτοι auf die Irrlehrer, gegen die Judas schreibt, ist es sicher, dass die Gegner, die der Brief berücksichtigt, Unzucht trieben und sich schwere Verfehlungen auf sexuellem Gebiet zu Schulden kommen liessen. Welch glänzende Argumentation wäre das gewesen, diesen Gegnern gegenüber darauf hinzuweisen, dass es die gleichen Sünden waren, die auch die Engel ins Verderben stürzten! Statt dessen ist jede Andeutung vermieden, dass die Engelsünde hier als sexuell gedacht ist. Dabei kann man nicht sagen: solchen Gegnern gegenüber genügte die blosse Erwähnung einer Tatsache, um zu wissen, wie sie gemeint war. Das gilt eben deswegen nicht, weil Judas diesen Gegnern keineswegs nur sexuelle Sünden vorwirft (vgl. V. 8). Ja, bei den abschreckenden Beispielen beginnt Judas sogar mit einem, das überhaupt mit Geschlechtlichem gar nichts zu tun hat, nämlich mit dem Unglauben des Volkes Israel bei Gelegenheit des Exodus. Also aus dem Zusammenhang lässt sich nicht schliessen, die Engelsünde müsse sexuell gemeint sein. Im Gegenteil, wäre sie sexuell gemeint gewesen, so wäre sie Gegnern gegenüber, bei denen auch sexuelle Vergehen vorlagen, als abschreckendes Beispiel in der Darstellung schärfer ausgewertet worden, wie es ja mit den Sünden Sodomas und Gomorrhas tatsächlich im folgenden Verse geschieht.

Abschliessend lässt sich zu 2 Petr. 2, 4 und Judas 6 wohl dieses sagen: beide Texte sprechen von einer Sünde der Engel und ihrem Strafgericht. In der Art, wie die *Strafvollstreckung* ausgemalt wird, mögen Anklänge an die Erzählung des Henochbuches vorliegen. Bezüglich der *Art der Sünde selbst* ist von beiden Aposteln *äusserste Zurückhaltung* gewahrt. Es ist keine Andeutung in den Text aufgenommen, aus der sich schliessen liesse, dass auch sie die Auffassung des Henochbuches bezüglich der Art der Engelsünde vertreten oder sich zu eigen machen wollten, eine Zurückhaltung, die unter den Umständen, unter denen sie schreiben, einer stillschweigenden Ablehnung der Ansicht des Henoch gleichkommt.

So ist also der Ertrag auch der beiden Texte für unsere Frage kein anderer als der der übrigen Schriftperikopen, die in diesem Zusammenhang genannt zu werden pflegen. Die Schrift weiss von einer Engelsünde; nirgends aber findet sich eine Andeutung, dass diese Sünde zum Prolog des Sündflutberichtes in Beziehung gesetzt würde. Im Gegenteil, wie an anderer Stelle gezeigt wird, die Gesamtauffassung von den Engeln in der Schrift schliesst eine solche Beziehung aus. Die Schrift kennt keine sexuelle Sünde der Engel. So muss die Frage, ob exegetische Gründe für die « Engeltheorie » vorliegen, verneint werden.

C. Die religionsgeschichtlichen Beweise für die Engeldeutung

In den modernen mythologischen Deutungen für Gen. 6, 1-4 spielt gewöhnlich der Beweis aus der vergleichenden Religionsgeschichte eine hervorragende Rolle. In diesem Prolog zum Sündflutbericht soll eine schlagende und überzeugende Parallele zu den altheidnischen Sagen vorliegen, nach denen Götter Mädchen des Menschengeschlechtes geheiratet und aus diesen Ehen die Halbgötter, Heroen, Giganten gezeugt haben, die dann in titanenhaftem Trotz sich gegen die Götter empörten, schliesslich aber unterworfen und der gerechten Strafe überantwortet wurden. Sicher hat dieser Sagenkreis in den allerverschiedensten Abwandlungen in der alten Welt weiteste Verbreitung gefunden. Die Theogonie des *Enuma eliš* ist mit Vorstellungen von Götterkämpfen durchsetzt [1], das Relief des Pergamonaltars entwirft das anschaulichste Bild einer Gigantomachie, Plato lässt im Kratylos den Sokrates die ganz allgemeine These aufstellen: οὐκ οἶσθα, ὅτι ἡμίθεοι οἱ ἥρωες; — πάντες δήπου γεγόνασιν ἐρασθέντος ἢ θεοῦ θνητῆς ἢ θνητοῦ θεᾶς [2]. — Eine typische Zusammenfassung dieser Gedanken mit Anwendung auf Gen. 6, 1-4 findet sich bei GUNKEL im Genesiskommentar als Erklärung dieser Perikope (55 ff.).

Wenn wir diese religionsgeschichtliche Beweisführung kritisch überprüfen, so fällt zunächst eines auf: wie unvoll-

---

[1] Beziehungen zwischen Henoch und Enuma eliš sucht LODS herauszuarbeiten: *La chute des anges*, in *Rev. d'hist. et phil. rel.* 7 (1927) 295-315.
[2] TEUBNER, *Platonis dialogi* I, Lipsiae 1908, p. 199 (398 d).

ständig, fast bis zur Unverständlichkeit verkürzt ist doch der Sagenkreis in Gen. 6, 1-4 wiedergegeben! Von Titanenkämpfen ist überhaupt keine Rede. Und diese sind nach manchen Religionsgeschichtlern dabei doch eigentlich die Hauptsache. Selbst SCHWALLY meint: « Der Mythus V. 1. 2 ist ein Torso. Wir kennen nur die Einleitung des Dramas. Die *Hauptsache*, der Titanenkampf, ist *ausgefallen*. Derselbe hat wahrscheinlich mit der Besiegung der Elohimsöhne und ihrer Nachkommen geendet » ([1]). So seltsam es auch scheinen mag, dass bei Übernahme einer Parallele « die Hauptsache ausfällt », solche oder ähnliche Äusserungen sind bei den mythologischen Deutungen von Gen. 6, 1-4 gar nicht selten. LODS sieht in diesem Abschnitt der Genesis eine fast bis zur Unverständlichkeit abgekürzte Zusammenfassung einer ursprünglich viel ausführlicheren Fassung der Sage ([2]). YAHUDA will eine Parallele finden mit ägyptischen Theogonien und Gigantenkämpfen. « Hier ist die Erinnerung an diese und ähnliche Kämpfe noch durchsichtig, und in der ursprünglichen Erzählung werden sie *gewiss noch ausführlicher* erzählt worden sein » ([3]). Es ist nur eigentümlich, dass man immer erst eine viel ausführlichere ursprüngliche Fassung annehmen muss, um eine überzeugende Parallele zu gewinnen. Das heisst doch eigentlich eingestehen, dass mit dem gegenwärtigen Genesistext eine Parallele nicht besteht, dass sie erst dann bestände, wenn eine bedeutend längere Form der Erzählung in die Genesis Eingang gefunden hätte, was aber nicht geschehen ist.

Das ist also das erste schwere Bedenken gegen einen religionsvergleichenden Beweis für mythologischen Ursprung von Gen. 6, 1-4. Man müsste eine so bedeutende Verkürzung des ursprünglichen Berichtes annehmen, dass entweder « die Hauptsache ausgefallen » oder doch geradezu bis zur Unverständlichkeit verkürzt wurde.

Prüfen wir sodann den Restbestand der Erzählung in Gen. 6, 1-4. Was sagt er selbst über seinen mythologischen Ursprung? Zunächst ist natürlich der in jeder Deutung auffallende Ausdruck « Söhne Elohims » zu beachten. Hier setzt

---

[1] FRIEDRICH SCHWALLY, *ZAW* 18 (1898) 147.
[2] A. a. O. 304.
[3] *Die Sprache des Pentateuch* I, Berlin 1929, 271 ff.

Ed. Meyer mit seiner Argumentation ein: « Dass es ursprünglich ' Söhne ' nicht gegeben haben kann ohne ' Väter ' und ' Mütter ', d. h. ohne physischen Zeugungsakt, ist selbstverständlich. Die den Genesiserzählungen zu Grunde liegende Theogonie setzt also Göttinnen (Astarten) voraus » ([1]). Legen wir moderne westeuropäische Begriffssprache und Logik zu Grunde, so ist diese Deduktion aus dem Begriffe « Sohn » vielleicht richtig. Wie man aber bei der Weite und Unbestimmtheit des semitischen Wortes so vorangehen kann, ist schwer zu verstehen. Ein solcher Beweis aus dem Begriff der Sohnschaft ist im selben Augenblick hinfällig, wo eine andere näherliegende Erklärung des Ausdrucks aus der Sprache und Gedankenwelt der Genesis selber geboten wird. Die Begründung einer solchen Erklärung soll Ziel und Ergebnis der weiter unten folgenden Ausführungen sein.

Sodann die Erwähnung der Riesen. Starke, gewaltige Menschen können zweifellos aus den verschiedensten literarischen Absichten heraus genannt werden. Dass sie hier sicher nicht deswegen genannt werden, weil sie als Sprösslinge der Ehen aus Gen. 6, 2 aufgefasst wären, wird sich später als Ergebnis einer eigenen längeren Untersuchung herausstellen. Vorerst möge der Hinweis darauf genügen, dass von einem Titanenkampf gegen Gott zur Erringung der Weltherrschaft in Gen. 6, 1-4 sicher keine Rede ist. Die Nephilim sind erwähnt als « starke und weit berühmte Helden der Vorzeit ». Davon, dass sie Halbgötter wären oder von Göttern gezeugt, ist nichts ausdrücklich gesagt. Natürlich bleibt die Frage, warum man hier von ihnen spricht. Diese soll an ihrer Stelle eingehend untersucht werden, wie denn überhaupt die beste Überwindung einer mythologischen Deutung die positive Interpretation des Textes ist, möglichst aus dem literarischen und theologischen Eigengut der Genesis heraus.

Eben damit wird aber eine Frage berührt, die bei Religionsvergleichungen oft viel zu wenig Beachtung findet. Es genügt nicht, irgendwelche Ähnlichkeiten äusserlich festgestellt zu haben, um eine Abhängigkeit zu behaupten. Entscheidend ist die Frage des geistigen Milieus, der inneren Aufnahmebereitschaft für bestimmte religiöse Ideen. Erst, wenn diese

---

([1]) *Die Israeliten*, Halle 1906, 212, Anm. 1.

vorliegt, ist die Möglichkeit gegeben, auf eine wirkliche Beeinflussung von gleich oder ähnlich gemeinten Gedanken und Vorstellungen zu schliessen. Aber eben diese geistige Aufnahmebereitschaft für den in Frage stehenden Sagenkreis fehlte im altisraelitischen Denken vollständig. Das ist keine billige Behauptung, erfunden, um eine leichte Beweisführung zu ermöglichen. Nein, es ist die Erkenntnis derer, die viel in Religionsvergleichungen gearbeitet haben und selber einen mythologischen Sinn für Gen. 6, 1-4 festhalten wollen. Gunkel (59) versucht, aus dem Fehlen geistiger Aufnahmebereitschaft für diesen Sagenkreis die « Verstümmelung » des ursprünglichen Berichtes zu erklären: « Die gegenwärtige Verstümmelung erklärt sich aus dem hochmythologischen Inhalt der Tradition, *der dem Erzähler Anstoss erregte*. Die Heiden erzählen unbefangen von der Zeit, ' da Götter und Göttinnen liebten '; aber *Israel empfindet Abscheu* vor der Vermischung des Göttlichen und Menschlichen. So möchte der Erzähler aus dem ganzen *nur weniges und auch dies höchst vorsichtig* mitteilen ». Aber das ist gerade der unverständliche literarische und psychologische Widerspruch. Die Sage erregt beim Erzähler selbst Anstoss. Auch er muss wissen, dass Israel Abscheu vor solchen Dingen empfindet. Gleichwohl nimmt er die Erzählung in seinen Bericht auf. Der Mythus sei aber nur in ganz verstümmeltem Zustand wiedergegeben worden. Trotzdem sei es noch nach Jahrtausenden klar zu sehen, was hier gemeint war. Ja, wenn wir das heute noch erkennen, um wie viel deutlicher muss das für die Israeliten der frühen Zeit gewesen sein! Aber die waren voll Abscheu vor diesen Dingen. Gleichwohl wird es in ihre religiöse Literatur übernommen! — Bei voller Würdigung dieser Sachlage ist doch wohl methodisch die einzig erlaubte Folgerung, dem Text eine nicht-mythologische Deutung zu geben, solange keine eindeutigen Gegenbeweise vorliegen, erst recht, wenn die nächstliegende positive Erklärung alles andere als Mythologie ist, wie es tatsächlich hier zutrifft.

Ähnlich unmöglich scheint die Auffassung Königs. Er findet in Gen. 6, 1-4 die bekannte Mythologie, spricht aber gleichzeitig davon, dass « die Tendenz dieser Darstellung ganz *antimythologisch* » sei. « Denn was manchem Helden der Vorzeit in anderen Anschauungskreisen zur Ehre angerechnet wurde, aus dem Verkehr von Göttern oder Göttinnen mit Menschen entsprungen zu sein, das wird in der hebräischen Darstellung als ein Extrem von Verkennung der Weltordnung beurteilt » (344). Wenn aber die wesentliche Umgestaltung des Sinnes der Erzählung aus dem inneren Abscheu israelitischen Denkens erklärt wird, dann läge die Annahme doch viel näher, dass Altisrael solche Dinge nie in den Bestand seiner religiösen Erzählungen aufnehmen wollte.

Bousset-Gressmann ([1]) untersucht besonders den Ursprung der Sage vom Herabsteigen der Engel und ihren Sünden mit den Menschentöchtern. « Diese Sage ist in der Genesiserzählung nur *leise angedeutet*. Es ist unmöglich, dass aus dieser Andeutung der Genesis im späthellenistischen Judentum, *das doch seiner ganzen Art nach diesen bizarren und wilden Sagen fremd gegenüberstand*, die ausführliche Erzählung sich entwickelt haben könnte ». Wenn aber nach solchen Kennern der Geschichte Israels sogar das späthellenistische Judentum diesen « bizarren und wilden Sagen fremd gegenüberstand », wie soll man dann in Altisrael ein geistiges Milieu voraussetzen können, das diese Dinge sogar in die Thora übernahm?

Mit der völlig fehlenden geistigen Aufnahmebereitschaft für solche Sagen in Altisrael hängt zusammen, dass in Gen. 6, 1-4 die *einzige* Spur geblieben sein soll, dass auch die Thora von Ehen der Göttlichen mit Menschenkindern gewusst habe. Gunkel betont sehr klar den Gegensatz zwischen Heiden und Juden: « Viele Parallelen bei den Griechen... Aus Israel haben wir von dergleichen Erzählungen nur dies eine Bruchstück ». Davon, dass Menschen Gottes Söhne heissen, haben wir im A. T. zahlreiche Spuren, davon dass die Überirdischen sexuelle Wesen sind, sonst keine einzige. Welche Deutung ist also für einen Genesistext die einzig wahrscheinliche?

Eduard Meyer betont da, wo er von den alten israelitischen Erzählungen und Kosmogonien spricht: « Auch eine Theogonie, eine Göttergeschichte haben sie enthalten, die ursprünglich viel wesentlicher war als die Menschengeschichte, die jetzt fast allein enthalten ist » ([1]). Aber gerade das ist das

---

([1]) *Die Religion des Judentums im späthellenistischen Zeitalter*, Tübingen 1926, 491.

([1]) *Die Israeliten*, 212.

Unverständliche: bei den Heiden bleiben die Theogonien in all ihrer Breite und Ausführlichkeit durch Jahrtausende erhalten. In der Literatur Israels postuliert man als geistesgeschichtliche Voraussetzung einen gleichen Sagenkreis, der aber in dem ganzen Schrifttum des A. T. nur an dieser einen Stelle Gen. 6, 1-4 durchschimmere. Ist nicht die viel näherliegende Erklärung des ganz einzigartigen Phaenomens die, dass es in Israel wenigstens bei den für sein religiöses Leben und seine heiligen Bücher entscheidenden Geistern Theogonien nie gegeben hat? Dann ist aber von vornherein die Annahme, in Gen. 6, 1-4 die einzige Spur solcher Vorstellungen zu finden, literarkritisch durchaus unbegründet.

Die Idee der Zeugung von Heroen aus Ehen der Götter mit Menschen passt ja auch gar nicht zu den übrigen religiösen Grundvorstellungen der Genesis. Überall werden die Erzählungen von Giganten und Titanen in Verbindung gebracht mit dem Kampf um die Herrschaft der Welt. Bei den Griechen sind die Titanen die Gegner des Zeus und seiner obersten Weltregierung (¹). In der Genesis steht Jahweh-Elohim von Anfang an als unbestrittener Herr über « Himmel und Erde » da. Man vergleiche nur einmal die souveräne Herrscherruhe des Schöpfers in Gen. 1 und 2 (!) mit dem Chaos von Empörung und Revolution, das die Erzählungen des Enuma eliš erfüllt. Also für irgendwelche Gigantomachien ist in der geistigen Welt der Genesis überhaupt kein Raum.

Wo uns später klar und eindeutig die Sage von den unkeuschen Engeln gegenübersteht, da wird diese Sünde hingestellt als die eigentliche Quelle des Bösen im Menschen und des Unglücks in der Welt. Mit der Sünde der Engel « tritt für den Verfasser der älteren Henochbücher das Böse in die Welt ein » (²). Ganz wesentlich anders ist die Vorstellungswelt der Genesis, gerade ihrer « jahwistischen » Teile. Eine Lösung des Problems von Leid, Unglück und Sünde wird gegeben, die an theologischer Tiefe und Genialität einfach nicht zu überbieten ist. Hier liegt das « Reich Gottes », sein Besitz oder seine Negation, wirklich « im » Menschen. Ein Ungehor-

---

(¹) CHANTEPIE DE LA SAUSSAYE, *Rel.-Geschichte* II⁴, Tübingen 1925, 336.
(²) BOUSSET, *Die Religion des Judentums im neutestamentlichen Zeitalter,* Berlin 1906, 382.

sam des Menschen gegen Jahweh war das erste Böse in dieser Welt, zugleich die Quelle allen Unglücks. Diese Idee vom Ursprung des Bösen steht in den ältesten Teilen der Genesis im Vordergrund. Mit ihr aber ist die Form der Engeltheorie unverträglich, die wir aus späteren Schriften kennen. Die eine Idee muss die andere verdrängen. « Der Kreis der älteren Henochschriften legt dem Engelfall und seinen Folgen eine grössere Bedeutung für die Verderbtheit und das Elend des Menschengeschlechtes bei als dem Fall Adams » ([1]). Ganz das gegenteilige Verhältnis in den « *jahwistischen* » Teilen der Genesis. Wiederum ein starker Hinweis darauf, wie fremd und der Idee nach unmöglich die Engeltheorie in der Genesis wirken müsste.

Was ferner bei so vielen religionsvergleichenden Argumenten beanstandet wird, dass Parallelen zu ungenau und rasch begründet werden, gilt auch bezüglich unseres Textes. Als Parallele zu den Nephilim in Gen. 6, 4 zitiert GUNKEL (59) unter anderem auch « *Riesensagen bei den Germanen* » nach CHANTEPIE DE LA SAUSSAYE ([2]). Was aber die hier berichteten Volksvorstellungen von « Wasser-, Sturm-, Berg- und Meeresriesen » mit den Gibborim aus Gen. 6, 1-4 zu tun haben sollen, ist bei näherer Prüfung nicht zu sehen.

GUNKEL (56) spricht von der alten Sage, dass Halbgötter sich irdische Mädchen zu Frauen nehmen, und nennt dann eine « phönizische, unserer Erzählung ähnliche » Parallele aus PHYLO VON BYBLUS ([3]). Hier werden die Kinder des Αἰών und Πρωτόγονος zunächst ausdrücklich charakterisiert als παῖδες θνητοί. Sie heissen Φῶς, Πῦρ und Φλόξ. Von ihnen heisst es: υἱοὺς δὲ ἐγέννησαν οὗτοι μεγέθει τε καὶ ὑπεροχῇ κρείσσονας. Es ist also klar davon die Rede, dass die Riesen, — die hier aber nicht einmal so genannt werden, — gezeugt wurden von drei geheimnisvollen Wesen « Licht, Feuer und Flamme », die aber als « *sterblich* » gelten. Wer die Mütter dieser Giganten waren, ist

---

([1]) BOUSSET-GRESSMANN, *Die Religion des Judentums im späthellenistischen Zeitalter*. Tübingen 1926, 406.

([2]) GUNKEL zitiert die zweite Auflage II² 501 f. Die älteste mir zugängliche Auflage war die dritte. Tübingen 1905, 504.

([3]) *Fragmenta Historicorum Graecorum*, ed. CARL MÜLLER, III, Parisiis 1883, 566, 7.

überhaupt nicht erwähnt. Die einzige unzweifelhafte Ähnlichkeit dieses Textes mit Gen. 6, 1-4 ist tatsächlich die, dass Gen. 6 von gewaltigen Menschen die Rede ist und hier auch. Dass das aber aus den verschiedensten literarischen Absichten geschehen kann, liegt doch auf der Hand. Die blosse Tatsächlichkeit einer Erwähnung von gewaltig grossen und starken Menschen an zwei Stellen ist noch keine Erweis einer tragkräftigen « Parallele » im wissenschaftlichen Sinne.

Äusserst bezeichnend für das Schicksal aller religionsgeschichtlichen Beweise einer Mythologie in Gen. 6, 1-4 ist ein Text von EDUARD MEYER über die *Theogonie* in den alten israelitischen Erzählungen: « Geblieben ist davon fast nur das Bruchstück der Erzählung von den Gottessöhnen, d. h. den Göttern zweiter Ordnung, welche nicht mehr in der Götterwelt heiraten, sondern irdische Weiber nehmen und von ihnen die riesigen Heroen, die Gibborîm der Urzeit, zeugen, *ganz wie in der griechischen Mythologie*. Gegen diese besteht nur *der fundamentale Unterschied*, dass nach der griechischen Theogonie die Entstehung (Zeugung) der Götter zugleich die Entstehung der materiellen Welt ist » (¹). Also « *ganz wie in der griechischen Mythologie* », aber doch so, dass sogleich ein « *fundamentaler Unterschied* » zu nennen ist. Und bei weiterer Prüfung müssten wohl der fundamentalen Unterschiede noch mehr erwähnt werden: die oben aufgezeigte « antimythologische Tendenz dieser Mythologie », das Fehlen jeder weiteren Spur dieses Sagenkreises in der kanonischen israelitischen Literatur im Gegensatz zur heidnischen, die mit diesen Theogonien ganz durchtränkt ist, usw. Mit anderen Worten, die mythologischen Parallelen halten einer eingehenderen Prüfung nicht Stand.

Wenn wir das Ergebnis dieser wenigen, lose aneinandergereihten religionsgeschichtlichen Beobachtungen kurz zusammenfassen, lässt sich etwa folgendes sagen. Um in Gen. 6, 1-4 die Sage von den Ehen der Götter mit Menschen, die Zeugung der Titanen aus diesen Verbindungen und das Märchen der Gigantomachie zu finden, müsste man annehmen, dass der ursprüngliche Bericht ausserordentlich stark verstümmelt

---

(¹) ED. MEYER, *Die Israeliten*, Halle 1906, 212 f.

wurde, bevor man ihn in die Thora übernahm. Die Verteidiger dieser Theorie selbst gebrauchen Ausdrücke wie « die Hauptsache ist weggefallen », oder sagen, die Erzählung sei fast bis zur Unverständlichkeit verkürzt. Der Restbestand, der in die Genesis Eingang fand, enthält aber nichts, was notwendig mythologisch zu deuten wäre. Ja, es gibt viel näherliegende Deutungen, aus dem geistigen und sprachlichen Eigengut der Genesis heraus, was zu zeigen gerade die Hauptaufgabe dieser Untersuchung sein soll. Vor allem fehlte in Altisrael das geistige Milieu, das unerlässliche Voraussetzung für die Übernahme dieser « bizzarren und wilden Sagen » gewesen wäre. So erklärt sich auch die Tatsache, dass es bis heute noch nicht gelungen ist, auch nur eine einzige weitere Spur dieser Vorstellungen bei den Hagiographen des A. T. nachzuweisen. Die geistige Ideenwelt der Genesis über Ursprung von Welt und Sünde schliesst eben diese Gedanken aus. Nur bei rein äusserlicher Beachtung zufälliger Ähnlichkeiten in einigen Teilmomenten der Erzählung kann die Auffassung von « Parallelen » entstehen, die sich aber bei eingehender Wertung als unzutreffend, in wesentlichen Dingen als grundverschieden herausstellen. — Was die Hypothese angeht, dass die Perikope Gen. 6, 1-4 ursprünglich einen mythologischen Sinn gehabt habe, der aber in einem späteren Reinigungsprozess allmählich ausgeschieden worden wäre, so ist darüber bei der Frage nach Herkunft und Entstehung dieses Abschnitts ausführlich zu handeln ([1]).

Im Lichte solcher Tatsachen ist es unmöglich, auf Grund von religionsvergleichenden Studien einen mythologischen Sinn für Gen. 6, 1-4 behaupten zu wollen. Die mythologische Deutung des Prologs zum Sündflutbericht ist ein grosses « Missverständnis », und gerade die vergleichende Religionsgeschichte kann nur dazu beitragen, auch in diesem Abschnitt der Genesis den religiösen, theologischen Lehrgehalt der hl. Schrift als « unvergleichlich » ([2]) zu erweisen.

([1]) Vgl. unten im III. Teil, 2. Kap.
([2]) Vgl. R. v. Nostitz-Rieneck, *Vergleichende Religionsgeschichte und unvergleichliches Christentum*, St. d. Z. 94 (1917/18) 345-358.

II. - *Gründe für die Ablehnung der Engeltheorie*

A. Ihre gedankliche Unmöglichkeit

Bei all denen, die sich einer Deutung der « Söhne Gottes » auf die Engel entgegengestellt haben, war es von alters her ein Hauptbemühen, die innere Unmöglichkeit der Sache nachzuweisen. Mit anderen Worten, man will aus der Ungereimtheit des erzählten Inhalts auf die Unmöglichkeit schliessen, dass hier ein solcher Widersinn behauptet worden sei. Diese Schlussfolgerung ist für alle die vollkommen berechtigt, die eine theologische Inspirationslehre halten. Aber selbst wenn man methodisch davon absehen wollte, bliebe es literargeschichtlich äusserst seltsam und unwahrscheinlich, dass in einem Buch von so tiefer und genialer theologischer Reflexion, wie die Genesis es ist, plötzlich eine so starke Absurdität behauptet sein sollte. So ist für jeden, der sich ernst bemüht, einem Dokument religiösen Denkens und Erlebens wie der Genesis gerecht zu werden, die innere Unmöglichkeit der behaupteten Sache ein beachtlicher Grund gegen die Tatsächlichkeit der Behauptung.

Worin soll nun diese innere Unmöglichkeit der Engeltheorie bestehen? Nun, eben darin, dass Wesen, Engel oder Dämonen, deren Natur als übermenschlich, geistig, gedacht wird, mit körperlichen Wesen geschlechtlich verkehren, so dass aus diesen Ehen Giganten erzeugt werden. Es ist klar, dass dieser Gedanke sich ganz darauf aufbaut, dass zwischen Engeln und Menchen ein wesentlicher Unterschied der Natur besteht wie zwischen reinen Geistern und auch körperlich gebundenen Wesen. Je unklarer dieser Unterschied gefasst wird, desto weniger wird die Absurdität der Engeltheorie gewürdigt werden. Je klarer und tiefer die Metaphysik von Materie und

Geist ausgebildet ist, desto sicherer und unmittelbarer wird man die Engeldeutung als sinnwidrig ablehnen.

So hat es sich in der ganzen Geschichte der Exegese von Gen. 6, 1-4 bewährt. Je geistiger eine Zeit vom Geist dachte, je fester sie von der Realität des reinen Geistes überzeugt war, desto unmöglicher war es ihr, dem Prolog zum Sündflutbericht eine mythologisch-sexuelle Deutung zu geben. Hier liegt der Grund, warum die Geschichte der Exegese von Gen. 6, 1-4 ein Stück « Geistesgeschichte » der Menschen überhaupt ist. Wo und solange eine massiv materielle Auffassung von Engeln und Dämonen lebendig war, war die « Engeltheorie » für Gen. 6, 1-4 nicht endgültig zu überwinden. Man vergleiche z. B. die materielle Anschauung von Dämonen bei Tatian. Er nennt sie in seiner *Oratio adversus Graecos* ([1]) materielle Wesen: σύμπηξιν ἐξ ὕλης λαβόντες. Ähnliches beobachten wir bei Firmicus Maternus. Nach ihm hat das Blut der Opfertiere, die falschen Göttern geschlachtet werden, keinen anderen Nutzen « nisi ut daemonum substantia, qui diaboli procreatione *generantur,* ex isto sanguine *nutriatur* » ([2]). Damit ist die noch im 4. Jahrhundert selbst bei Christen vorkommende Vorstellung von den Dämonen klar. Auch diese sind Wesen, die « gezeugt » werden und zwar vom Teufel selbst, und die durch Blut von Opfertieren ernährt werden. Solange natürlich auch bei Christen solche Teufelsvorstellungen sich fanden, war die innere Unmöglichkeit der Engeldeutung für Gen. 6, 1 ff. schwer zu erweisen.

Genau so verhält es sich mit der Auffassung der Engel. Man denke nur an die reichlich « männliche » Vorstellung vom Engel der Verkündigung bei Ambrosius. Er schildert die Scheu und Verwirrung Mariens beim Eintritt des Engels und begründet sie damit, das sei die Art der Jungfrauen, wenn sie allein im Zimmer sich plötzlich einem « Manne » gegenübersehen. « Ad *virilis sexus speciem* peregrinam turbatur aspectus Virginis ([3]). « Trepidare virginum est, et ad omnes *viri* ingressus pavere, omnes *viri* affatus vereri » ([4]). Unter Voraus-

---

[1] 12; *PG* 6, 832 B.
[2] *De errore profanarum religionum,* ed. Ziegler (Teubner) 33, 4-5.
[3] *De officiis ministrorum,* lib. 1, cap. 18; *PL* 16, 48 B.
[4] *Expositio in Luc.,* lib. 2, N. 8; *PL* 15, 1636 A.

setzung einer Engelvorstellung, wie sie hier angedeutet scheint, ist es natürlich für AMBROSIUS kein gedanklicher Widerspruch, zu schreiben: « Scriptum est quia angeli amaverunt filias hominum (Gen. 6, 2); eo quod terrenis capti detineantur illecebris princeps mundi istius ac ministri eius, in quibus nequitia spiritalis venenis quibusdam carnis huius imbuta, et humanis est infecta criminibus » ([1]). Bei solcher Auffassung der Engel ist es nicht unmittelbar ein gedanklicher Widerspruch, von einer sexuellen Sünde auch solcher « Gottessöhne » zu reden.

Demgegenüber wächst die Ablehnung der « Engeltheorie » umsomehr, je klarer die Geistigkeit der Engel erkannt ist. EUSEBIUS VON CAESAREA spricht weder in der *Praeparatio Evangel.* ([2]) noch in *Demonstratio Evang.* klar von der exegetischen Frage für Gen. 6, 1-4. Aber in letzterem Werk bietet er deutlich die Fundamente einer Überwindung der Engeltheorie, nämlich eine sehr geistige Auffassung der Engel. Gott hat sie geschaffen: ἀσωμάτους τινὰς νοερὰς καὶ θείας δυνάμεις, ἀγγέλους τε καὶ ἀρχαγγέλους, ἄϋλά τε καὶ πάντη καθαρὰ πνεύματα ([3]). Damit ist die Immaterialität der Engel schon reflex und ausdrücklich genannt. CHRYSOSTOMUS zieht aus dieser Prämisse die Konsequenz für seine Genesisexegese. Er bringt das später sooft besprochene Argument aus Mt. 22, 30 und fährt dann fort: οὐδὲ γὰρ οἷόν τε τὴν ἀσώματον φύσιν ἐκείνην τοιαύτην ἐπιθυμίαν δέξασθαί ποτε ([4]). Darum nennt CHRYSOSTOMUS die Engeltheorie eine ἀτοπία oder τὰ βλάσφημα ἐκεῖνα ([5]). —

Sehr weit ausgeführt ist dieser Beweisgedanke bei CYRILLUS VON ALEXANDRIEN: ἀσύνετον δὲ τὸ οἴεσθαι τοὺς ἀσωμάτους δαίμονας ἐνεργεῖν δύνασθαι τὰ σωμάτων, καὶ τὸ παρὰ φύσιν ἰδίαν ἐπιτελεῖν. οὐδὲν γὰρ τῶν ὄντων δύναται τὰ παρὰ φύσιν δρᾶν, ἀλλ' ἕκαστον ὡς γέγονεν οὕτω μένει, τάξιν ὁρίσαντος ἑκάστῳ Θεοῦ ([6]). Noch ist in diesem Text nicht die volle Entfaltung des Gedankens enthalten, die man später bei Thomas findet; aber doch zeigt sich schon eine Reihe sehr klar und tief geschauter

---

[1] *In Ps. 118, sermo* 8, N. 58; *CSEL* 62, 187; *PL* 15, 1388.
[2] 5, 4; *PG* 21, 324 A.
[3] 4, 1; *GrChrSchr*, Eus. 6, 150; *PG* 22, 252.
[4] *In Gen., Hom.* 22, 2; *PG* 53, 188.
[5] Ebd. 187.
[6] *Responsiones ad Tiberium;* PUSEY, Oxonii 1872, III, 601 (vgl. *Adv. Anthrop. PG* 76, 1105 ff.).

Ideen, die nachher auch bei Thomas wiederkehren. Die Engel haben keinen Leib und darum auch nicht die dem leiblichen Leben ausschliesslich eigentümlichen Lebensfunktionem.

Ähnlich fasst Basilius von Seleucia seine — übrigens recht guten — Argumente aus der Natur der Sache gegen die Möglichkeit einer Engeldeutung kurz in dem Wort zusammen: φύσις γὰρ ἄσαρκος οὐ συμπλέκεται σώμασιν ([1]).

Die gleichen Gedanken finden sich bei den Lateinern, obschon diese durch die Tradition der altlateinischen Übersetzung ([2]) in dieser Frage fast stärker behindert waren als die Griechen. — Hieronymus vertritt eine sehr klare Anschauung von der Geistigkeit der Engel: « Quando dicitur: In illa die neque nubent, neque nubentur (Mt. 22, 30), de his dicitur, qui possunt nubere, et tamen non nubent. Nemo enim dicit de angelis: Non nubent neque nubentur » ([3]). « Angelorum nobis similitudo promittitur, id est beatitudo illa, in qua sine carne et sexu sunt angeli, nobis in carne et sexu nostro donabitur » ([4]). In diesen Worten zeigt Hieronymus eine grosse Selbstverständlichkeit und Sicherheit darin, dass die Engel körper- und geschlechtslose Wesen sind. Ja, es hat nicht einmal einen Sinn von den Engeln die Ehe zu leugnen, eben weil diese Leugnung eigentlich nur da sinnvoll erscheint, wo die Ehe an sich möglich ist. Bei dieser Auffassung von den Engeln als rein geistigen und völlig geschlechtslosen Wesen war natürlich eine « Engeldeutung » als Exegese für Gen. 6, 1,4 nicht mehr möglich. So liegt in diesen Texten des hl. Hieronymus eine ganz bedeutende Staffel in der gedanklichen Überwindung der gegenüberstehenden Schwierigkeit.

Auch Augustinus nimmt in seine Argumentation für die äusserste Unwahrscheinlichkeit der Engeltheorie auf « angeli carnem non habentes » ([5]). — Freilich kommen wir gerade mit diesem Augustinus-Text auf einen Punkt, wo sich zeigen wird, dass mit der blossen Behauptung: « geistige Wesen können nicht geschlechtlich mit Körpern verkehren », die Sache noch

---

[1] *Or.* 6, 2; *PG* 85, 88 f.
[2] « Videntes autem *angeli* Dei » (Sabatier I, 26).
[3] *Contra Iohannem Hierosol.*, 31; *PL* 23, 400 A.
[4] Ebd. B.
[5] *Quaest. in Heptat.*, 1, 3; *CSEL* 28 b, 5; *PL* 34, 549.

nicht ganz erledigt ist. In den zunächst so grotesk und seltsam scheinenden Fragestellungen nach der gedanklichen Möglichkeit der Engeltheorie für Gen. 6, 1-4 kann sich ein Stück echter Philosophie äussern. Wie steht der reine Geist zur Körperwelt? Kann er mit ihr in Kontakt treten? Wie weit geht diese Möglichkeit? Wo sind die Grenzen? Kann nicht auch der reine Geist körperliche Erscheinungsweisen annehmen, nach Art der Körper handeln? Muss er das nicht sogar, wenn er sich einem Menschenwesen mitteilen will? Besteht nicht vielleicht doch die Möglichkeit, dass ein dämonisches Geistwesen durch angenommenen Körper auch in die sexuelle Sphäre des Menschen eingreift? Wir kommen hier eigentlich auf die Frage, die in den Hexenprozessen des Mittelalters eine so gewaltige Rolle spielt, die einen PEREIRA veranlasst, in seinen Genesiskommentar lange Traktate über Incubus und Succubus aufzunehmen ([1]), Abhandlungen, die damals vielen Apologeten als Arsenal in den Geisteskämpfen ihrer Zeit dienten. Dieses Problem hat schon AUGUSTINUS keine Ruhe gelassen und ihm in diesen Fragen eine gewisse Zurückhaltung auferlegt, so sehr seine einzig bevorzugte Lieblingsdeutung der « Söhne Gottes » die der « cives civitatis Dei » blieb. Aber wo er — im eben zitierten Text — sein « credibilius est homines peccasse cum feminis quam angelos » aus deren Immaterialität begründet, fährt er doch fort: « quamvis de quibusdam daemonibus, qui sint improbi mulieribus, a multis tam multa dicantur, ut non facile sit de hac re definienda sententia ». Ja, in *De civitate Dei* ([2]) geht er einmal so weit, dass er sagt, er wolle die Möglichkeit der « daemones incubi » nicht leugnen wegen zu vieler positiver Zeugnisse. Es gebe so viele, die von solchen Tatsachen berichteten, « ut hoc negare impudentiae videatur ». Ja, selbst für die Exegese von Gen. 6, 1-4 scheint AUGUSTINUS einmal aus solchen Erwägungen heraus die Möglichkeit einer Engeldeutung wieder offen zu lassen: « Utrum potuerit Venus ex concubitu Anchisae Aenean parere, vel Mars ex concubitu filiae Numitoris Romulum gignere, in medio relinquamus. Nam paene talis quaestio etiam de Scripturis nostris obo-

---

([1]) Z. B. *Commentarii et disputationes in Genesim,* lib. 8, cap. 6, disp. 3; Coloniae Agr. 1606, 273 ff.
([2]) 15, 23; *CSEL* 40 b, 110; *PL* 41, 468 ff.

8. — CLOSEN, *Die Sünde der « Söhne Gottes ».*

ritur, qua quaeritur, utrum praevaricatores angeli cum filiabus hominum concubuerint; unde natis gigantibus... tunc terra completa est » (¹). Freilich erklärt Augustinus nachher ausdrücklich, es sei in *De civitate Dei* 3, 5 in keiner Weise seine Absicht gewesen, in irgendeiner Richtung eine Entscheidung zu geben; denn er bezieht sich klar auf 3, 5, wenn er 15, 23 schreibt « quam quaestionem nos transeunter commemoratam in tertio huius operis libro reliquimus insolutam ». Und der Grund, warum Augustinus in 3, 5 zur Wahrheitsfrage des aufgeworfenen Problems keine Stellung nahm, war wohl der, dass es ihm an jener Stelle lediglich auf eine ethische Wertung des römisch-heidnischen Götterglaubens, aber nicht auf eine kritische Wahrheitsfrage ankam.

Was ist es nun letztlich mit dem hier sachlich berührten Problem? Können reine Geister in Kontakt mit der Körperwelt treten, und wie weit kann die Gemeinschaft zwischen den Trägern der Naturen beider Welten gehen? Es ist schliesslich eine Frage der Metaphysik von Materie und Geist. Soweit sie bisher von Menschen geistig durchgedacht und überwunden wurde, ist es wohl am tiefsten und mit grösster Meisterschaft geschehen bei Thomas von Aquin.

Bezeichnend ist schon die äussere Stellung, an der Thomas von Gen. 6, 1-4 spricht. Es ist in der letzten Responsio des letzten Artikels einer Quaestio *de comparatione angelorum ad corpora*(²). Es ist also für ihn die Frage von Gen. 6, 1-4 Abschluss und Krone einer metaphysisch-theologischen Überlegung über das Verhältnis der reinen Geister zur Körperwelt. Den Anfang der systematischen Durchdringung dieser Frage macht naturgemäss die Erwägung *utrum angeli habeant corpora naturaliter sibi unita*. Die Antwort lautet Nein; die Engel sind von Natur aus reine Geister.

Der nächste Schritt ist eine Überlegung, die Thomas durch Tatsachen der Offenbarungsgeschichte nahegelegt wird: *utrum angeli assumant corpora*, ob also nicht doch irgendeine vorübergehende Annahme eines Körpers für einen reinen Geist mög-

---

(¹) *De civ. Dei* 3, 5; *CSEL* 40 a, 113 f.; *PL* 41, 81 f.
(²) *S. Th.* 1 q. 51, a. 3, ad 6.

lich sei. Er beantwortet die Frage mit Ja mit Rücksicht auf einige Berichte der hl. Schrift. Aber schon bei der Erklärung des Zweckes solcher Angelophanien macht er einige Bemerkungen, die auch für unsere Frage höchst bedeutsam sind (art. 2, ad 1). Wenn ein Engel körperlich erscheint, ist das keine Vervollkommnung seiner Natur, diese Einigung steht nicht im Dienste des Lebens dieses Geistes: « non indigent corpore assumpto propter seipsos ». Dann wären es eben keine reinen Geister mehr, denen die Geistnatur die Ganzheit und Einheit einer in sich abgeschlossenen und vollständigen Wesenheit bietet. Die Bindung an den Körper geschieht bei einem Engel « propter nos ». Ja gerade für die Engelerscheinungen des A. T. gibt Thomas eine theologische Deutung, die den tiefsten Sinn dieser Annäherungen des Geistes an die Materie aufhellt. « Quod angeli corpora assumpserunt in Veteri Testamento, fuit *quoddam figurale indicium,* quod Verbum Dei assumpturum esset corpus humanum. Omnes enim apparitiones Veteris Testamenti ad illam apparitionem ordinatae fuerunt, qua Filius Dei apparuit in carne ». Damit ist ein theologisch voll befriedigender Grund für die ganze Reihe der Angelophanien des A. T. gegeben, die innere Hinordnung auf das Mysterium der Menschwerdung Gottes. Hier liegt vielleicht der Kraft des grossen Gedankens nach die stärkste Überwindung der Engeldeutung für Gen. 6, 1-4. Denn in die so gesehenen Engelerscheinungen des A. T. passt ein sexuell-sündhafter Hinabstieg des Geistes in die materielle Welt absolut nicht mehr hinein.

Aber auch bezüglich der metaphysischen Einzelerklärung bahnt gerade dieser Artikel eine letzte Lösung an, die sich dann im folgenden entfalten und in ihrer vollen Bedeutung für unsere Frage zeigen wird. In « ad 2 » wird die Frage näher untersucht, wie denn eine solche vorübergehende Einigung des Geistes mit dem Körper sich vollziehen könne. Thomas vermeidet ein doppeltes Extrem. Der Geist ist nicht nur « motor corporis »; sonst wäre jeder kausale Einfluss des Geistes auf die Materie schon eine « Angelophanie ». Aber der Geist wird auch nicht die « forma », die Wesensform eines Leibes. Wenn er das sein könnte, wäre er eben keine selbständige, in sich abgeschlossene Geistnatur. So gibt Thomas eine Mittellösung: « Corpus assumptum unitur Angelo non quidemut formae, neque solum ut motori, sed sicut motori repraesentato per corpus mobile assumptum ». — « Et hoc est angelum assumere corpus ».

Mit dieser Einsicht, dass ein Engel in keiner Angelophanie Wesensform eines Leibes wird, wie die Menschenseele Form ihres Körpers, ist unmittelbar der Weg bereitet zur dritten und letzten Frage, wo das Problem von Gen. 6, 1-4 ausdrücklich gestellt wird: «*utrum angeli in corporibus assumptis opera vitae exerceant* ». Kann ein Geist im « angenommenen » Körper dessen Lebensfunktionen ausüben? Thomas macht einen Unterschied zwichen Handlungen, die auch durch andere (nicht lebende) Körper hervorgebracht werden können, und solchen, die den Lebenden ausschliesslich eigentümliche Funktionen sind. Der Schall der Sprache, eines Wortes, als phonetische Wirkung braucht nicht spezifische Wirkung einer Lebenstätigkeit zu sein (das Beispiel ist von Thomas); warum sollte also ein reiner Geist, wenn ihm schon einmal Wirkung auf die Körperwelt verstattet ist, nicht derartige Lauterscheinungen hervorbringen können? Anders mit den Handlungen, die dem Lebewesen als solchem ausschliesslich eigentümlich sind, wie (wirklich, nicht nur zum Schein) durch Speise und Trank sich nähren und wachsen, das Leben weiter fortpflanzen in Zeugung und Geburt usw. Das ist nur dem entsprechenden substantiellen Träger solcher Handlungen möglich. Werke sensitiven Lebens sind nur möglich im Träger sensitiven Lebens. Und das wird ein reiner Geist nie, eben weil er nie Wesensform eines materiellen Prinzips werden kann. Ist aber der reine Geist nie Träger sensitiven Lebens, so kann man auch nie von ihm sagen, dass er es ist, der eine Funktion sensitiven Lebens ausgeübt hat. Ob er sie in einem andern ausgelöst oder veranlasst hat, ist eine zweite Frage. Aber auch dann ist nicht « er » es, der dies Leben getätigt, sondern höchstens einer, der es in einem andern hat tätigen lassen. Die Bedeutung dieses Gedankens für unsere Frage wird sich sogleich zeigen.

Mit diesen Überlegungen ist die theologisch-metaphysische Grundlage gegeben, zur gedanklichen Lösung der Schwierigkeit aus Gen. 6, 1-4 fortzuschreiten. Äusserlich, an letzter Stelle stehend, und auch innerlich gedanklich bildet sie Höhepunkt und Abschluss der Untersuchung des Heiligen bezüglich des reinen Geistes im Verhältnis zum Körper.

Die « sechste Schwierigkeit » legt das Problem knapp und scharf vor: « Generare hominem est actus vitae: sed hoc competit angelis in assumptis corporibus. Dicitur enim Gen. 6: Postquam ingressi sunt filii Dei ad filias hominum, illaeque genuerunt, isti sunt potentes a saeculo viri famosi. Ergo angeli exercent opera vitae in corporibus assumptis ». Dabei ist interessant, dass Thomas die Engeltheorie gleich in ihrer massivsten Form als Schwierigkeit betrachtet, d. h. einschliesslich der Gigantenzeugung aus diesen Engelehen. Darum zitiert er als Problem nicht 6, 2, sondern sofort Vers 4.

In der Antwort beginnt Thomas mit dem Text aus *De Civitate Dei* (15, 23), wo Augustinus die Tatsache des « daemon incubus » nicht zu bestreiten wagt. Sodann lehnt Thomas für die guten Engel die Möglichkeit eines solchen Verkehrs entschieden ab, gibt für die « Söhne Gottes » und « Menschentöchter » in Form eines ganz knapp gehaltenen Hinweises die übliche Deutung der Sethitentheorie und betont, dass Giganten auch natürlicherweise als Kinder menschlicher Eltern entstehen konnten. — Damit schliesst er im ersten Teil dieses « ad sextum » die eigentliche Exegese von Gen. 6 zunächst ab. Aber dann fügt er einen zweiten Teil an, der gedanklich der ungleich wichtigere ist. Mit dieser Schlussbemerkung will er, auch wenn das nicht ausdrücklich gesagt ist, jede Engeldeutung von Gen. 6, 1-4 als absoluten Widersinn erweisen.

Thomas kommt auf die letzte allgemeine Frage: was ist es mit dem « *daemon incubus ?* » Kann ein Dämon mit einem Menschen zusammen ein neues Leben zeugen? Thomas leugnet die Möglichkeit nicht, ebensowenig wie Augustinus es tat. Nur wendet er folgerichtig die Ergebnisse seiner voraufgehenden Überlegungen an. « Zeugen » ist eine den sensitiven Wesen ausschliesslich eigentümliche Lebensfunktion. Also kann sie ein blosser Geist nie selber tätigen, so dass er der physich und moralisch verantwortliche Träger dieser Handlung wäre. « Si tamen ex coitu daemonum aliqui interdum nascuntur, hoc non est per semen ab eis decisum, aut a corporibus assumptis, sed per semen alicuius hominis ad hoc acceptum ». Wichtig ist die gedankliche Folgerung daraus, der letzte Satz der ganzen Quaestio: « ut sic ille, qui nascitur, non sit filius daemonis, sed illius hominis, cuius est semen acceptum ». Natürlich, der Erzeugte ist Kind dessen, « cuius est semen acceptum ». Kann das in keinem Falle der « daemon incubus » sein, eben weil sich seine Tätigkeit naturnotwendig auf eine rein äussere Übertragung des semen beschränken müsste, so kann überhaupt niemals ein Incubus « Vater », Erzeuger eines Menschenkindes sein. Mit andern Worten, die Quaestio schliesst mit der Einsicht, dass es eine metaphysische Unmöglichkeit ist, dass je ein reiner Geist so Vater und Erzeuger eines Menschenkindes werden kann, dass dieses wahrhaft « Kind » eines Incubus heissen würde.

Damit ist aber einer Engeldeutung für Gen. 6, 1-4 wirklich auch in der theoretischen Ordnung der allerletzte Reiz genommen. Denn gerade darauf gingen ja alle diese Theorien mit Vorliebe hinaus: sie wollten die *Gigantenzeugung erklären*. Von übermenschlichen Wesen seien auch übermenschliche Zeugungskräfte zu erwarten, also auch aussergewöhnliche, gigantische Nachkommenschaft. Thomas schliesst mit dem schlichten Sätzlein: « Ille, qui nascitur, non est *filius* daemonis », eine Behauptung, deren Prämissen er vorher eingehend begründet. Ja, dann ist die ganze Engeltheorie überhaupt ein innerer Widerspruch. Denn das, was sie erklären will, die gigantischen Masse der Dämonensöhne, erklärt sie nie. Von der Zeugung, aus der diese Wirkungen hergeleitet werden sollen, können sie überhaupt nicht kommen.

Seitdem einmal solche Gedanken mit dieser kühnen, dem Geschmack unserer Zeit zu kühn erscheinenden Folgerichtigkeit durchgedacht sind, legt keiner mehr eine Engeltheorie für Gen. 6, 1-4 als sachlich ernst gemeinte Lösung vor. Diese Mythologie kann in dem Text nur noch von solchen gefunden werden, denen der « Unsinn » in der hl. Schrift möglich ist, oder von denen, die aus der ernsten Verlegenheit heraus, keine andere tragbare Deutung zu finden, den Versuch machen, Gen. 6, 1-4 als « *citatio implicita* » zu deuten. Dass zu dieser Annahme kein genügender Anlass vorliegt, wird sich an mehreren Stellen der folgenden positiven Darlegungen des näheren zeigen.

Wir stehen also bei Thomas objektiv vor der letzten gedanklichen Überwindung der Theorie von der sexuellen Engelsünde in Gen. 6, 1-4. Möglich war diese Lösung, wie sich aus dem ganzen Aufbau der Frage bei Thomas gezeigt hat, freilich nur dadurch, dass ein Theologe das Wesen

des Geistes so klar geschaut, wie Thomas es tat, und dass
er dann das inhaltliche Problem von Gen. 6, 1-4 hineinstellte
in einen ganz weit gespannten Rahmen metaphysisch-theologischer Betrachtung von Materie und Geist in ihren gegenseitigen Beziehungen. Hier aber am gedanklichen Höhepunkt
der Geschichte der Exegese von Gen. 6, 1-4 wird auch wieder
klar, dass dieser ganz kleine Ausschnitt aus der Geschichte
der Exegese wirklich ein Stück Geistesgeschichte der Menschen ist, und zwar ‹ Geistesgeschichte › im eigentlichen Sinne
des Wortes, d. h. ein Geschehen, wo der Geist des Menschen
kämpft um tieferes Eindringen in das Wesen des Geistes, und
wo der Geist des Menschen ringt nach einer immer geistigeren Auffassung von Sein, Welt und Leben.

Über Thomas hinaus ist bis jetzt auf diesem Gebiet kein
Theologe mehr gekommen ([1]). Wer sich überhaupt noch die
Mühe nahm, in diesem Punkte Fragen nach letzten, absoluten
Möglichkeiten zu stellen, hat im Wesentlichen die Antworten
des Aquinaten gegeben, wenn auch nicht immer mit dem gleichen Mass von Reflexion und Geistesschärfe wie er selbst. Man
vergleiche z. B. Luthers Ausführungen zu Gen. 6, 1-4: ‹ Quod
autem ad incubos et succubos daemones attinet, non nego,
sed credo posse fieri, ut daemon sit vel succubus vel incubus:
audivi enim multos recitantes sua ipsorum exempla... Sed
quod ex diabolo et homine possit aliquid generari, hoc simpliciter falsum est...›. Dann schliesst er bezüglich dieser Dinge
mit der — zweifellos vorzüglichen — Bemerkung: ‹ Ad praesentem locum nihil faciunt › ([2]).

B. Die mythologische Deutung von Gen. 6, 1-4 im Verhältnis zur Engellehre des A. T.

Im vorigen Abschnitt über die gedankliche Unmöglichkeit
der ‹ Engeltheorie › wurde gezeigt, wie diese ein überhaupt
nicht durchzudenkender Widersinn ist, sobald man die Lehre
von der Geistigkeit der Engel voraussetzt. Aber die Gedankenführung hielt sich aus methodischen Gründen bewusst

---

([1]) Etwa mögliche Auswirkungen aus modernen biologischen Erkenntnissen stehen hier nicht zur Frage.

([2]) *Exegetica opera latina*; ed. Elsperger, Erlangen 1829, tom. 2, 127.

innerhalb der Sphäre der gedanklichen Möglichkeit oder Unmöglichkeit. Es wurde nicht unmittelbar gefragt, ob die erwiesene Unmöglichkeit auch eine direkt-exegetische sei, d. h. ob die Engeldeutung im Widerspruch stehe zur Angelologie des A. T. überhaupt. Dieser Nachweis würde eben voraussetzen, dass das A. T. klar die Lehre von der Geistigkeit, der Körperlosigkeit der Engel vortrage. Sobald das gezeigt wäre, würde aus dem oben aufgezeigten gedanklichen Widerspruch sogleich ein unmittelbar exegetischer folgen, der auch ohne Einschaltung neuer theologischer Prämissen, schon aus einfachen literarischen Erwägungen heraus, die Annahme einer Sexualmythologie für Gen. 6 verböte.

Aber gerade im Nachweis der Lehre von der Geistigkeit der Engel im A. T. liegt die Schwierigkeit. Nicht als wenn an irgend einer Stelle klar die Materialität ihrer Natur gelehrt würde. Was die Engel im A. T. in Beziehung zum Körperhaften setzt, ist leicht als eine Form der Erscheinung oder als indirekter und moralischer Einfluss erklärt. Aber auf der anderen Seite ist auch die positive Lehre von einer reinen Geistnatur bei Engeln und Dämonen wenig entfaltet und sehr selten ausdrücklich ausgesprochen. Zu dem positiven Beweis für die Geistigkeit der Engel im allgemeinen ist im A. T. kaum das nötige Material geboten. Darum soll auch der Sinn dieses Abschnittes nicht der sein, eine solchen Beweis zu führen. Aber wenigstens soviel lässt sich leicht zeigen, dass die grobmaterielle Vorstellung der Engel als geschlechtlicher Wesen dem übrigen A. T. völlig fremd ist. Schon dadurch macht aber die « Engeltheorie » Gen. 6, 1-4 zu einem « isolierten Fremdkörper », zu dem die Parallelen im ganzen übrigen A. T. fehlen. Das nachzuweisen, ist kein zu schweres Ziel und trägt ausserdem zum Sinn unserer Beweisführung in genügender Weise bei.

Vielleicht liegt ein erster Hinweis auf die Geistigkeit der Engel schon in ihrer Nichterwähnung im Schöpfungsbericht. Sollte der Verfasser von Gen. 1 die מַלְאָכִים nicht gekannt haben? Sie exsistieren doch wohl auch für ihn und zwar in absoluter Unterordnung unter Gott; als seine Diener. Dafür, dass sie Gen. 1 nicht erwähnt sind, wird man schwerlich einen andern voll befriedigenden Grund angeben können als den, dass eben hier nur die Schöpfung der sichtbaren Welt beschrieben werden sollte, dass aber die מַלְאָכִים nicht zu dieser sichtbaren und darum auch nicht zur materiellen Welt gehören. So liegt im Fehlen einer ausdrücklichen Erwähnung ([1]) der Engel in Gen. 1 möglicherweise schon ein erster Hinweis darauf, dass der Verfasser der Genesis die Engel nicht als Bürger einer materiellen Welt ansah. Darum wäre es literarisch ein seltsamer Widerspruch, wenn in Gen. 6 die Engel als materielle, ja geschlechtliche und sexuell sündhafte Wesen gedacht wären.

Eine zweite allgemeine Erwägung, die die Körperlosigkeit der Engel nahelegt, geht von einer Beobachtung aus, die schon AUGUSTINUS machte. Er sagt von den Engeln: « Quos habere animas nusquam me legisse in divinis eloquiis canonicis recolo » ([2]). AUGUSTINUS wertet diese Feststellung hier für unsere Frage nicht aus. Aber SCHEEBEN bemerkt sehr richtig: « Die hl. Schrift redet nie... (wie schon AUGUSTINUS a. a. O. betont) von den Seelen oder den Geistern der Engel, was doch in der Voraussetzung eines Körpers ebenso naheläge wie beim Menschen » ([3]). Das ist zweifellos richtig; die Einfachheit, mit der schlechthin von « Engeln » die Rede ist, nicht von verschiedenen Prinzipien ihres Wesens, ist gewiss besser erklärt in der Annahme, dass sie immaterielle Wesen sind, die nicht aus Geist und Körper zusammenwachsen.

Ausser solch allgemeineren Überlegungen liegen eine ganze Reihe von einzelnen Momenten vor, die die Körperlosigkeit der Engel in der Lehre des A. T. dartun. Die Engel erscheinen vom Himmel her (2 Makk. 10, 29), sie reisen durch die Lüfte (Dan. 9, 21; 14, 36), sie steigen mit dem Feuer nach oben (Richt. 13, 20); sie sind also ganz sicher keine leiblich-körperlichen Wesen von der Art, wie die Menschen es sind. Ihr plötzliches, mit den Gesetzen von Raum und Schwere

---

([1]) Das כָּל־צְבָאָם in Gen. 2, 1 geht nach dem Zusammenhang auf alle jene « sich bewegenden Lebewesen », die Himmel und Erde bevölkern, so wie Gen. 1 berichtet wurde. So ist auch hier keine ausdrückliche Erwähnung der Engel. — Über « Elohim » vgl. Kap. 3 bei der Frage nach dem « Bilde Gottes ».

([2]) *Retractationes* 1, 10; *CSEL* 36, 56; *PL* 32, 602.

([3]) *Handbuch der kath. Dogmatik* II, Freiburg 1878, 59.

nicht zusammenpassendes Kommen und Gehen macht die Menschen mehrfach im A. T. darauf aufmerksam, dass ein Engel und kein Mensch bei ihnen gewesen, z. B. Richt. 6, 21 f.: « Der Engel des Herrn aber verschwand vor seinen Augen. *Da erkannte Gedeon*, dass es der Engel des Herrn war ». Gerade dies plötzliche Verschwinden ist ein Zeichen, dass kein leibhaftig körperliches Wesen vor ihm gestanden. Richt. 13, 20 ff. ist es das auffallende, einmalige Erscheinen, in Verbindung mit dem Aufsteigen in der Flamme des Opfers, was Manue und seine Gattin davon überzeugt, dass sie einen Engel gesehen. Dieses Zeugnis hat für uns natürlich auch deshalb noch einen ganz besonderen Wert, weil es sicher auf ältere Zeiten zurückgeht.

Sehr eindrucksvoll ist der Beweis für die Körperlosigkeit der Engel, der darin liegt, dass sie keine menschliche Nahrung brauchen. Tob. 12, 19 : « Während der ganzen Zeit, da ich euch sichtbar gewesen bin, habe ich weder gegessen noch getrunken, sondern eine Erscheinung (ὅρασιν) habt ihr gesehen ». Also der Nahrungstrieb wird hier für die Engel ausdrücklich geleugnet. Noch viel weniger sind sie jemals als geschlechtliche Wesen gedacht. Es ist ganz aus dem Geist des A. T., nicht etwa erst aus dem der christlichen Offenbarung heraus gesprochen, wenn Jacob (170) sagt: « Die Engel sind die himmlische Dienerschaft Gottes, sie stehen um seinen Thron, Gottes Herrlichkeit und Heiligkeit preisend und seiner Befehle gewärtig, sie sind seine Boten und die Vollstrecker seines Willens und begeben sich *niemals zu einem andern Zwecke* auf die Erde und unter die Menschen ». Davon, dass « sie als Wesen mit geschlechtlichen Trieben gedacht wären », « ist nicht die geringste Spur vorhanden ». — « Hätten sich die Engel, um ihrer Fleischeslust zu fröhnen, auf die Erde begeben, so müssten sich, da doch oft von ihnen die Rede ist, noch andere Beispiele finden » (171).

Noch überzeugender als der letzte Gedanke ist vielleicht ein anderer ähnlicher, den Heinisch (161) äussert: « Der nun berichteten Sünde machten sich alle oder doch ein überaus grosser Teil der... Gottessöhne schuldig, was ebenfalls nicht auf die Engel passen würde; denn der Verfasser hat sich gewiss nicht vorgestellt, dass der grösste Teil der Engelwelt in die Irre gegangen ist ». Das ist eben bei der Universalität der Ausdrücke eine unvermeidliche Konsequenz, der die Engeltheorie nur unbegründeter Weise ausweichen kann: ist hier von einer Sexualsünde von Engeln die Rede, dann müsste so gut wie das ganze Heer der Engel durch geschlechtliche Vergehen gefallen sein. Das ist aber eine sexuelle Vorstellung der Engelwelt, die ganz sicher den Ideen der Hagiographen absolut fern liegt, in deren Lehre sonst keine Spur einer geschlechtlichen Veranlagung von Engelwesen zu merken ist (¹).

Bei solchen Auffassungen von der überirdischen Körperlosigkeit der Engel ist nicht zu verwundern, dass auch einzelne Bemerkungen in der hl. Schrift auftauchen, wo die Geistigkeit der Engel mit ausdrücklichen Worten erwähnt ist. Freilich ist die Exegese einiger Stellen, die in diesem Sinne zitiert werden, nicht immer ganz zutreffend. Dies gilt wohl sicher von:

Dan. 3, 86: εὐλογεῖτε, πνεύματα καὶ ψυχαὶ δικαίων, τὸν κύριον. Die doppelte Beziehungsmöglichkeit liegt auf der Hand. Entweder ist die Rede von den Geistern, d. h. den Engeln, und ausserdem noch von den Seelen der Gerechten. Oder aber es sind gemeint die Geister und Seelen, d. h. zwei psychische Anlagen oder Kräfte der Gerechten. Nur im ersten Fall würden die Engel ausdrücklich πνεύματα genannt. Für diese Möglichkeit entscheidet sich KALT im *Biblischen Reallexikon* (²): « Die Engel werden hier als reine Geistwesen den Seelen der Gerechten gegenübergestellt ». Diese Deutung ist zum wenigsten in ihrer Bestimmtheit zu optimistisch. « Satius erit verba ita explicare, ut iusti *omnibus suis viribus* animi et corporis Deum laudare iubeantur ». — « Tali enim partium divisione significari solet totum hominem cum omnibus suis facultatibus totaque indole se Dei laudi et gloriae promovendae consecrare debere » (³). Dieser seiner Auffassung fügt KNABENBAUER den sehr einleuchtenden Grund hinzu, vor und nach V. 86 sei im Zusammenhang unmittelbar nur die Rede

---

(¹) Über Tob. 6, 14 vgl. S. 3 ff., den Abschnitt über die Entstehung der « Engeltheorie ». Es geht Tob. 6, 14 in keinem Fall um eine Meinungsäusserung, für deren inhaltliche Richtigkeit der Berichterstatter irgendwelche Verantwortung übernimmt.

(²) I, Paderborn 1931, 437.

(³) KNABENBAUER *Comm. in Dan.*, Parisiis 1891, 129.

von den Dienern Gottes, die auf dieser Erde weilen. Auch Goettsberger äussert sich in diesem Sinne: « ' Geister und Seelen' » bezeichnet das ganze Wesen der Gerechten » (¹). — Ertragreicher für unsere Frage sind die beiden folgenden Texte:

3 Kön. 22, 21. Es handelt sich um die Weissagung des Michäas an Achab. Der Prophet beschreibt die Vision, in der er Gott auf seinem Throne sah und das ganze « Heer des Himmels » zu seiner Rechten und Linken. In der Beratung tritt schliesslich « ein Geist » (הָרוּחַ) hervor, der bereit ist, Achab dadurch zu betören, dass er im Munde aller Propheten zum Lügengeiste wird. Hier scheint also ausdrücklich die Überzeugung ausgesprochen, dass die « Angehörigen des Himmelsheeres », also doch wohl die Engel, « Geister » sind.

So auffallend diese Äusserung scheinen mag, Exegeten der verschiedensten Richtungen stimmen in ihrer Deutung überein, und der ganze Text ist so klar und einleuchtend, dass jede andere Auffassung gewaltsam erscheint. Landersdorfer sagt einfach, nachdem er zu V. 19 bemerkt hat: « Das Heer des Himmels sind die Geister, die Jahwe dienstbereit zur Seite stehen », bei der Erklärung von V. 21: « Der Glaube an persönliche, neben Jahwe existierende Geister wird hier klar bezeugt » (²). Interessant ist die Kommentierung des Verses bei Kittel: « Hier ist ganz eigentümlicherweise הרוח .... eines von den Gott umstehenden Himmelswesen, die das Himmelsheer ausmachen » (³).

An der persönlichen Deutung dieser רוּחַ ist ebensowenig zu zweifeln wie an der des Satan in Job 1. Ja, die Parallelität zwischen beiden Figuren ist so stark, dass man versucht hat, den « Geist » in 3 Kön. 22, 21 durch « Satan » zu ersetzen, wofür aber die Textgeschichte nicht die nötige Grundlage bietet. Wir stehen also vor einem der Fälle, wo eine allgemeine theologische Anschauung, die in vielen Texten einschlussweise gegeben ist, an einer Stelle zu reflexer Entfaltung kommt. Was an Vorstellung von Körperlosigkeit anderen Berichten über Engel als Voraussetzung zu Grunde liegt, ist hier ausgesprochen und zwar mit dem Worte, das durch seinen sonsti-

---

(¹) Bonn 1928, 32 f.
(²) Bonn 1927, 133.
(³) Göttingen 1900, 175.

gen Bedeutungskreis am meisten dazu geeignet war. Schon als « Lebensgeist » ist רוח der Gegensatz zum irdischen, materiellen Prinzip im Menschen. Darum ist kein Zweifel, dass dieses Wort da, wo es zur Bezeichnung der Gesamtheit einer Person wird, diese als etwas darstellen will, das mit עָפָר und בָּשָׂר nichts zu tun hat. Darin liegt aber schon eine sehr hohe Vorstellung von der Geistigkeit und Körperlosigkeit der « Heere des Himmels » und der Engel, die ihnen angehören.

Wenn nun bereits im älteren Schrifttum Israels eine solche Äusserung möglich war, dann braucht man sich gewiss nicht zu wundern, wenn die Weisheitsliteratur der jüngsten Zeit noch eine ähnliche bietet.

Sap. 7, 23. Die Rede ist von dem πνεῦμα der göttlichen Weisheit. Von ihm heisst es, es sei διὰ πάντων χωροῦν πνευμάτων νοερῶν καθαρῶν λεπτοτάτων. Also der Geist der Weisheit « durchdringt alle verstehenden, reinen, ja die erhabensten (feinsten) Geister ». Bezüglich der Deutung des Textes scheint wohl folgendes sicher. Die Rede ist von πνεύματα ausser Gott, und zwar lassen sich sicher nicht alle Attribute auf die Seele des Menschen beziehen. Im Gegenteil, die πνεύματα καθαρά gehen in solchem Zusammenhang sicher auf Geister, die von Materie « rein », körperlos und rein geistig sind. Anders als persönlich bezw. substantiell lassen sich diese πνεύματα wohl auch nicht auffassen, wo sie Objekt einer Tätigkeit des Gottesgeistes sind. Dann ist aber in diesem Text das Dasein reiner Geister ausser Gott ausgesprochen, mit denen nur die Engel gemeint sein können ([1]). CORNELY-ZORELL interpretieren den Text so: « Tribus illis epithetis proxime excellentia ac praestantia naturae spirituum creatorum eo consilio indicatur, ut longe excellentiorem praestantioremque esse naturam Spiritus eos cunctos penetrantis clarius appareat » ([2]). Dabei deuten diese Autoren das νοερόν als « intelligens » und beziehen die πνεύματα νοερά auf die Seelen der Menschen. Πνεύματα καθαρά sind dann im allgemeinen die Geister « qui a materia plane sunt separati ». Die πν. λεπτότατα wären unter diesen reinen Geistern die erhabensten, die Gott am nächsten stehen.

[1] Vgl. KALT, *Bibl. Reallexikon* I, Paderborn 1931, 437.
[2] Parisiis 1910, 288.

Es lässt sich also nicht leugnen, dass im A. T. zum wenigsten an zwei Stellen ausdrücklich von Engeln als « reinen Geistern » die Rede ist, eine theologische Auffassung, die mehrfach sonst in verschiedenen Formen mehr indirekt und einschlussweise sich äussert. Darum ist es sicher schon aus rein literarischen Gründen geboten, bei Stellen wie Tob. 6, 17; 8, 3 mit grosser Vorsicht zu verfahren. Gewiss, wenn bezüglich des Rauches der verbrannten Fischleber gesagt wird: « Sobald der Dämon das riecht, wird er die Flucht ergreifen », und: « Sobald der Dämon den Dunst roch, floh er in die fernsten Gegenden Oberägyptens, wo der Engel ihn in Fesseln legte », dann ist der erste Eindruck, dass dieser Dämon als körperliches Wesen gedacht ist. Aber selbst wenn das der Fall wäre, würde doch für Engel, die « Söhne Gottes » heissen und sonst mehrfach ausdrücklich als reine Geister charakterisiert werden, auch wenn sie körperliche Erscheinungsformen annehmen, noch nicht ganz unmittelbar das gleiche folgen. Ausserdem gibt es so manche Beispiele anthropomorpher Darstellung in der hl. Schrift, dass die Rückschlüsse von materieller Darstellungsform auf materielle Wirklichkeit äusserste Kritik verlangen. Wenn es bei dem Opfer Noes heisst: « Als nun der Herr den lieblichen Duft roch » (Gen. 8, 21), wäre es sicher sehr voreilig, sogleich zu schliessen, hier habe der Verfasser seine Überzeugung aussprechen wollen, der Herr sei ein körperlich-materielles Wesen mit Leib und Sinnen. Bei der allgemein menschlichen Erkenntnis- und Sprechweise, auch das Geistige in materiellen Symbolen wiederzugeben, sind solche Argumente nachweisbar sehr oft unzutreffend. Darum können Texte wie Tob. 6, 17 usw. nie zum Ausgangspunkt einer Beweisführung für die Natur von Engeln und Dämonen genommen werden. Wenn infolge solcher oder ähnlicher Texte in der vorgetragenen Lehre von der Geistigkeit überirdischer Wesen im A. T. eine gewisse Unbestimmtheit bleibt, so ist es eben das Fehlen einer voll entfalteten und mit aller nur wünschenswerten Deutlichkeit dargelegten Angelologie im A. T., von der schon am Anfang dieses Abschnittes die Rede war. Das erschwert die Beweisführung, dass die « Engeltheorie » für Gen. 6, 1-4 in Widerspruch steht mit der Gesamtauffassung der überirdischen Wesen im A. T. Aber es bleibt doch immer die Tatsache, dass keine Spur einer sexuellen Engelvorstellung im A. T. zu merken ist, während die Theogonien der Heiden von solch sexuellen Gedanken allenthalben erfüllt sind. Ferner sprechen viele Anzeichen bis in die ältesten Bücher hinein für eine geistige Auffassung der himmlischen Wesen, die freilich körperliche Erscheinungsformen annehmen müssen, um mit körperlich gebundenen Wesen wie Menschen zu verkehren.

Sicher zeigen diese Gedanken, dass die Engelidee der mythologischen Erklärung von Gen. 6, 1-4 sich auf keine einzige Parallele im A. T. berufen kann. Schon allein deswegen ist sie also exegetisch sehr wenig annehmbar.

C. Die Engeldeutung ist im Zusammenhang des Textes unmöglich.

Der entscheidende Beweisgrund, dass nach der Absicht des Verfassers mit den בְּנֵי־הָאֱלֹהִים sicher irgendwelche Menschen gemeint sind, ist noch immer der Zusammenhang des Textes. Dabei kann man « Zusammenhang » in einem doppelten Sinne verstehen. Entweder die organische Verbindung von Gen. 6, 1-4 mit den umliegenden Partien der Genesis, d. h. die Eigenart unseres Textes, kraft deren er « Prolog zum Sündflutbericht » sein will. Oder aber man denkt bei « Zusammenhang » an die Beziehung zwischen Gen. 6, 1-2 und Vers 3. Auch dann enthält 1-2 einen Tatsachenbestand, auf den ein Strafurteil folgt. Sobald aber eine von diesen beiden Beziehungen zugegeben wird, ist die Folgerung für den Sinn der « Söhne Elohims » unvermeidlich: « Filii Dei, de quibus pericopa loquitur, sunt iidem, quos Deus statuit punire, ergo homines » ([1]). Es ist klar, dass die Kraft dieses Gedankens im literarischen Nachweis beruht, dass tatsächlich zwichen 6, 1-4 und dem Folgenden und zwischen Vers 2 und 3 ein innerer organischer Zusammenhang besteht, ein Nachweis, der oben in den einleitenden Teilen und der philologischen Einzelbetrachtung versucht wurde. Sobald aber die Schuld-Strafe-Beziehung für diese Teile der Erzählung zugegeben wird, ist schlechterdings nicht mehr zu sehen, wie die Schuldigen Engel und die Bestraften Menschen sein können.

([1]) A. BEA S. I., *De Pentateucho*[2], Romae 1933, S. 168.

Der Gedanke findet sich schon bei AUGUSTINUS (¹), noch getrübt, aber doch zugleich unterstützt durch die Lesarten der Altlateiner. « Homines procul dubio fuisse, Scriptura ipsa sine ulla ambiguitate declarat. Cum enim praemissum esset, quod 'videntes angeli Dei' ..., mox adiunctum est,... 'Non permanebit spiritus meus in hominibus his' » (²). Selbst hier, wo die Deutung des Textes noch erschwert ist durch das « angeli Dei », kommt schon der Gedanke zur Herrschaft, dass die Söhne Elohims die gleichen sein müssen, die gestraft werden. Ja selbst die altlateinische Übersetzung scheint dieser Idee nahezustehen; sonst hätte sie wohl kaum den Zusatz gewagt « in hominibus his », zu dem ja freilich die LXX die Vorlage bot, der aber doch eigentlich sinnlos war, sobald man die « Söhne Elohims » ernsthaft als « angeli » deutete.

Seine volle Entfaltung gewann dieses Argument aus dem Zusammenhang bei THEODORET. In der « *Quaestio 47 in Genesim* » (³) will er zeigen, dass es sich Gen. 6, 2 sicher nicht um Engel handelt, sondern um Menschen. In drei Reihen legt er seine Gedanken vor. Beweisend ist ihm, dass ein Todesurteil über Menschen folgt (« Mein Geist soll nicht » usw.); ferner die Tatsache, dass Engel unsterblich sind, also nicht zum Tode verurteilt werden können; schliesslich der Zusammenhang mit Vers 5 ff. und V. 13. Darauf schliesst er seine ganze Argumentation so ab: ταῦτα δὲ πάντα ἀνθρώπους εἶναι δηλοῖ, τοὺς τὸν παράνομον βίον ἠγαπηκότας. Εἰ δὲ ἄγγελοι ταῖς τῶν ἀνθρώπων ἐπεμίγησαν θυγατράσιν, ἠδίκηνται οἱ ἄνθρωποι παρὰ τῶν ἀγγέλων· βίᾳ γὰρ δηλονότι τὰς τούτων θυγατέρας διέφθειραν· ἠδίκηνται δὲ καὶ παρὰ τοῦ πεποιηκότος Θεοῦ, ὑπὲρ ἀγγέλων λελαγνευκότων αὐτοὶ κολαζόμενοι. Ἀλλὰ ταῦτα οὐδὲ αὐτὸν οἶμαι φάναι τολμῆσαι τὸν τοῦ ψεύδους πατέρα. Den gleichen Gedanken fasst THEODORET ein andermal in eine klassische, kurze und klare Formel zusammen: οὐκ ἂν δὲ ἀγγέλων ἡμαρτηκότων ἀνθρώπους ἐκόλασε τῆς δικαιοσύνης ὁ νομοθέτης (⁴).

Damit ist dies Argument so ausgebaut, dass auch JACOB (172), der auf diesen Gedanken grossen Wert legt, über THEO-

---

(¹) *De civ. Dei* 15, 23; *CSEL* 40 b, 112; *PL* 41, 469-470.
(²) Vgl. SABATIER I, 1; Parisiis 1751, S. 26.
(³) *PG* 80, 148.
(⁴) *Haeret. fab. compendium* 5, 7; *PG* 83, 469 471.

DORET hinaus nichts Neues bieten kann: Gen. 6, 1-4 dient dem Zusammenhang und soll « das Strafgericht der Sündflut einleiten und begründen, das über die Erde und ihre Bewohner von Gott beschlossen wird. Hier allein sind also die Schuldigen zu suchen, und da die ב׳ ה׳ den Anfang machen, so müssen sie unter allen Umständen Menschen sein ».

Was in all diesen Überlegungen wiederkehrt, ist der sehr richtige Gedanke: warum sollen Menschen bestraft werden, wenn Engel sündigen? Man könnte sich ja noch die Ausflucht denken: ja, die Frauen sind die Verführerinnen! Aber zunächst einmal sagt der Text darüber gar nichts; im Gegenteil, die ganze Initiative wird in den Worten der Schrift eindeutig den « Söhnen Elohims » zugewiesen. Aber selbst wenn es so wäre, was hat es für einen Sinn, von einer Sünde der Frauen zu reden und dann das ganze Menschengeschlecht zum Tode zu verurteilen, so wie es schon in V. 3 geschieht?

Schwer verständlich ist es, wie die Engeltheorie auch da gehalten wird, wo die literarischen Zusammenhänge zwischen Schuld und Strafe in Gen. 6, 1 ff. anerkannt werden. KÖNIG gibt dem entsprechenden Traktat in seinem Kommentar den Titel « Die letzten Anlässe des neuen Strafgerichts », womit das Verhältnis von Gen. 6, 1-4 zum Sündflutbericht sehr gut charakterisiert ist, und deutet gleichwohl die « Söhne Elohims » auf Engel. Ähnlich HOLZINGERS « Vorbemerkung » zu diesem Abschnitt in der Übersetzung von KAUTZSCH ([1]).

Freilich kann man gelegentlich mit Händen greifen, in welche Verlegenheit diese Autoren kommen, wenn sie die Zusammenhänge näher besprechen wollen. Schon SULPICIUS SEVERUS hat die ganze Unmöglichkeit seiner Engeldeutung bei diesem Zusammenhang spüren müssen. In seiner *Historia sacra* ([2]) schildert er einmal die Engelsünde von Gen. 6. Er macht die Engel ganz allgemein zu den Verführern und Verderbern des Menschengeschlechts — wovon der Text freilich wenig sagt! —, spricht von den Kindern dieser Ehen und fährt dann fort: « Quibus rebus offensus Deus, *maximeque malitia hominum,* quae ultra modum processerat, delere penitus humanum genus decreverat ». Es ist, als ob man diesen

---

([1]) *Die Hl. Schrift des A. T.*[3], I. Tübingen 1909, S. 15.
([2]) 1, 2-3 ; *CSEL* 1, 15 ; *PL* 20, 97.

Worten noch ablauschen könnte, wie sich der Verfasser gedreht und gewunden hat, um seiner Deutung in diesem Zusammenhang einen vernünftigen Sinn zu geben. « Quibus rebus offensus... »; aber, das waren ja eigentlich alles Dinge, deren Hauptinitiative bei den Engeln lag! Warum also das Strafgericht über die Menschen? Darum wird rasch hinzugefügt: « maximeque malitia hominum ». Aber weshalb sollte denn die Bosheit der Menschen *am meisten* erzürnen, wo die grösste Schuld offenbar bei anderen lag? Und gar der Nachsatz: « Er beschloss, das Menschengeschlecht zu vernichten », hinkt recht unbegründet hintendrein.

Man vergleiche hierzu die Art, wie GUNKEL (57) sich mit dem Problem dieser literarischen Beziehungen auseinandersetzt. « Es fehlt eine Bestrafung der Gottessöhne, die doch in erster Linie die Schuldigen sind... Das folgende ist ein Strafurteil für die Menschheit. Zwar liegt eine sittliche Schuld der Menschen nicht vor; von einer Verführung der Gottessöhne durch die Weiber wird mit keinem Worte geredet ». Dann wird der Versuch gemacht, dieses so unbegründete Strafurteil aus dem Motiv vom « Neid der Götter » zu erklären. Gleichwohl heisst es später (59): « Das Stück ist gegenwärtig in J eine Einleitung zur Sintflutgeschichte: es ist vor diese Geschichte gesetzt, um an einem Beispiel die in der Sintflutgeschichte vorausgesetzte Verderbtheit des menschlichen Geschlechtes zu veranschaulichen ». — Damit wird aber doch die Erklärung aus dem « Neid der Götter » wieder ausgeschaltet, wenn der Grund des Strafdekretes die *Verderbtheit* der Menschen ist. Ist das aber der Fall, dann kommen die klaffenden Widersprüche der aus G. zuerst zitierten Sätze wieder voll zur Geltung. — Diese Autoren sollten doch wenigstens die Folgerichtigkeit besitzen, zuzugestehen, dass « gegenwärtig in J » der Sinn der « Gottessöhne » unmöglich der der « Engel » sein könne ([1]). So aber macht diese Auffassung aus der vorliegenden Erzählung unnötig eine Sinnlosigkeit.

KÖNIG sagt in seiner *Theol. des A. T.* ($^{3-4}$ 228): « Man stellt diese Deutung (d. h. die Engeltheorie) auch deshalb als unrichtig hin, weil von einer Bestrafung der Gottessöhne nichts erwähnt sei. Aber das ist keineswegs ausgemacht, denn die

---

([1]) Vgl. über die Auffassung ROTHSTEINS III. Teil, 2. Kap.

Worte « Nicht soll mein Geist für immer im Menschen unterworfen sein » verurteilen doch hinreichend deutlich den von jenen Gottessöhnen herbeigeführten Zustand ». Aber gerade darin liegt die Unmöglichkeit der Auffassung: die Gottessöhne, die *Engel* sind, haben den Zustand herbeigeführt, und die *Menschen* werden gestraft! Οὐκ ἂν δὲ ἀγγέλων ἡμαρτηκότων ἀνθρώπους ἐκόλασε τῆς δικαιοσύνης ὁ νομοθέτης. Es liegt eine wahre Tragik über diesem Abschnitt der Geschichte der Exegese! Selbst trotz des irreführenden Schleiers einer fehlerhaften Übersetzung deckt AUGUSTINUS den wahren literarischen Zusammenhang der Perikope auf. THEODORET gibt diesen Gedanken eine meisterhafte Darlegung und ihre klassische Prägung, und einenhalb Jahrtausende später wiederholt man noch immer die widerspruchsvollsten Deutungen, als wenn all jene Geistesarbeit nie geleistet worden wäre.

2. Kapitel

" SETHITEN UND KAINITEN "

I. - *Kritik der exegetischen Argumente
für die Sethitentheorie*

Für die Sethitendeutung ist im Laufe der Geschichte der Exegese aussergewöhnlich viel gesagt und geschrieben worden. Doch dürfte eine vollständige Zusammenstellung aller bisher vorgebrachten Beweisgründe noch nicht geleistet sein. Soweit es mir möglich war, möchte ich hier eine derartige Zusammenfassung der verschiedenen Argumente bieten und zugleich eine kritische Besprechung der einzelnen anschliessen.

1. Der älteste Beweisgedanke für die Sethitentheorie — so alt wie diese Exegese selbst — ist der der « Verheissungslinie ». Die Sethiten hiessen « Söhne Gottes », weil auf ihrem Geschlecht im Gegensatz zu der fluchtragenden Nachkommenschaft Kains die Verheissung ruhte, durch sie und in ihr werde der Sieg über den Samen der Schlange errungen werden, den Gen. 3, 15 verspricht. Julius Africanus formuliert diesen Gedanken so: die Söhne Seths heissen « Gottessöhne » διὰ τοὺς ἀπ' αὐτοῦ (= Seth) γενεαλογουμένους δικαίους τε καὶ πατριάρχας ἄχρι τοῦ Σωτῆρος. Diesen gegenüber stehen die Nachkommen Kains ὡς οὐδέτι θεῖον ἐσχηκότες ([1]).

Sehr weite Entfaltung fand diese Deutung in der modernen russischen Theologie. Nach Bogorodskij war « der rechtschaffene Abel der erste Kämpfer im Samen des Weibes gegen das in der Welt herrschende Böse ». — « Der erste Kämpfer,

([1]) *Chronographia* 2, *PG* 10, 65.

der der Hoffnung auf die Niederringung des Bösen Ausdruck gab... Durch die Hand des Dieners Kain liess das Haupt des Bösen Abel vernichten. Da er das enge Band, das Abels Seele an Gott fesselte, nicht zerreissen konnte, vernichtete er seinen Leib... Abel war der erste Märtyrer für den reinen Glauben, dem er schon in der Darbringung des Opfers Ausdruck verliehen » (¹). Zum Ersatz für diesen Sohn nun wird Seth geboren, « das dritte Glied in der Geschlechterkette, die von Gott zum Gottmenschen hinüberging » (Lc. 3,23-38). Damit ist für Bogorodskij die biblisch-theologische Grundlage gegeben, warum die Sethiten « Söhne Gottes » heissen.

Einen sehr wertvollen Gedanken, der in jeder Erklärung der בני־האלהים eine grosse Rolle spielen sollte, nimmt Junker hinzu (²). Es sei « auffällig, dass in 5, 1 am Anfang der Sethitenliste die Erschaffung Adams nach dem Ebenbilde Gottes noch einmal ausdrücklich wiederholt wird ». Aus dem Zusammenhang damit, dass gleich darauf gesagt wird, Adam habe nach seinem eigenen Bilde seinen Sohn Seth gezeugt, schliesst Junker: « Man darf einen weiteren Gedanken darin enthalten sehen, nämlich: wie das Wesen, das der Mensch als sein Bild und Gleichnis zeugt, sein « Sohn » heisst, so kann auch der von Gott nach sein Bild und Gleichnis erschaffene Urvater als « Sohn Gottes » betrachtet werden ». Aus diesen Zusammenhängen will Junker ableiten, dass die Sethiten in besonderer Weise als « Söhne Gottes » betrachtet wurden.

J. stellt also die Gleichung auf: Seth, gezeugt nach dem Bilde Adams, heisst « Sohn » Adams. Adam, geschaffen nach dem Bilde Gottes, könnte also auch « Sohn Gottes » heissen. Das « Bild Gottes sein » ist in besonderer Weise in der Sethitenlinie bewahrt (vgl. 5, 1 ff.). Also können die Sethiten in besonderer Weise « Gottes Söhne » heissen.

Die Berechtigung des ersten Schlusses begründet J. noch weiter. Er sagt, die Gedankenparallele sei nicht zu kühn, nach dem Bild des Vaters zum Sohne « gezeugt » sein und nach dem Bilde Gottes zum Sohne « geschaffen » sein. Denn diese Parallele ist tatsächlich schon gezogen worden im Schluss der Messiasgenealogie bei Lucas (Lc. 3, 38): τοῦ Σήθ τοῦ Ἀδάμ

(¹) *Beginn der Geschichte der Welt und des Menschen*, Kazan 1906, 332.
(²) *Biblica* 16 (1935) 209 ff.

τοῦ Θεοῦ. Seth ist nach Adams Bild aus Adam gezeugt: sein Sohn; Adam nach Gottes Bild von Gott geschaffen: sein Sohn. — Wo also das Gottesbild sich in besonderer Weise erhält, kann auch in besonderer Weise von « Gottes Söhnen » die Rede sein. Für J. sind also die « Söhne Elohims » die Sethiten, insofern sie die Gottähnlichkeit des Bildes Gottes nicht nur im rein naturhaften Sinne bewahren, sondern auch im tieferen, ethischen Sinne ausprägen; also die Sethiten, insofern sie « allein als die echten Kinder (dieses) göttlichen Vaters zu betrachten sind ».

Mit dieser Auffassung der Sethiten als « Verheissungslinie », die als « Gottes Söhne » das « Gottesbild » besonders rein bewahren sollten ἄχρι τοῦ Σωτῆρος, bis zu dem, der Gottessohnschaft und Gottesebenbildlichkeit in letzter Vollendung erfüllte, ist zweifellos die tiefste theologische Begründung für die Sethitendeutung geboten, die sich überhaupt finden lässt. Nur fragt sich: ist es eine Exegese von Gen. 6, 2? Die Gründung einer « Verheissungslinie » wird doch eigentlich erst in Gen. 12 berichtet. Ein « Durch dich sollen sich Segen erwerben alle Geschlechter der Erde » (12, 3) ist zu keinem Sethiten vor der Flut gesprochen worden. Mag an mittelbarer Vorbereitung noch so viel in den Geschlechterfolgen aus den Familien Seths geschehen sein, die Ausscheidung eines « Samens der Verheissung » in scharfer Gegenüberstellung zu denen, « die Jahweh nicht kennen », beginnt für die literarische Darstellungsabsicht der Genesis frühestens 9, 26. Hier erwählt der « Gott Sems » eine Familie in ganz ausgezeichneter Weise zum Hort der wahren Religion auf Erden. Aber auch das ist noch mehr Vorbereitung. Die eigentliche Begründung eines « auserwählten » Volkes folgt erst nach Abschluss der Urgeschichte mit Abrahams Berufung. Hier ist die grosse Wende der Menschheitsgeschichte, wo die besondere Heilsvorsehung Gottes sich vor allem einem « auserwählten Volke » zuwendet, freilich auch diesem wieder als einem « germen salutis » für alle Völker. Die Auffassung, dass die Sethiten als Verheissungslinie den Namen « Gottessöhne » trugen, scheint die « Berufung des auserwählten Volkes » in einen Zeitpunkt der Urgeschichte vorzudatieren, der der literarischen Absicht der Genesis nicht ganz entspricht.

Was ferner von JUNKER über die ethische Bedeutung des Gottesbildes gesagt wird, ist philosophisch-theologisch sehr tief und richtig gesehen. Entspricht es aber so der Absicht der Genesis? Sowohl nach Gen. 1 wie 5 steht das « Bild Gottes sein» unmittelbar in Verbindung mit der Idee der Schöpfung, ist also zunächst etwas Ontologisch-allgemeinmenschliches. Und man wird den Zusammenhang von Gen. 5, 1 zur folgenden Sethitenliste sicher nicht so stringent auffassen dürfen, dass damit der Charakter des Gottesbildes für alle Nicht-Sethiten geleugnet würde. Sind aber für den Rest der Urgeschichte alle Menschen « Gottes Ebenbild », auch die « Söhne und Töchter », die Adam nach Seths Geburt erzeugt (5, 4), dann scheint es doch nicht gut möglich, auf diese Rücksicht eine Benennung « Söhne Gottes » gründen zu wollen, die einem Teil der Menschheit ausschliesslich zukommt. Wird aber diese Anschauung gemildert, etwa in dem Sinn, dass Gen. 5, 1 ff. nur andeutet, wie die Sethiten den Adel des Gottesbildes « in besonderer Weise » entfaltet haben, dann folgt eigentlich auch nur, dass der Ausdruck « Söhne Gottes » in Gen. 6, 2 die Sethiten « in besonderer Weise » miteinschliesst. Aber dann werden wir auch auf diesem Wege eher zu einer allgemeineren Deutung der Gottessöhne hingeführt.

Kurz, selbst diese älteste und tiefste Begründung der Sethitentheorie scheint nichts zu enthalten, was eine Deutung der « Söhne Gottes » in Gen. 6, 2 ausschliesslich auf Nachkommen Seths unerlässlich macht. Im Gegenteil, es scheinen auch hier Anlässe zu liegen, die eine allgemeinere Deutung des Ausdrucks mehr empfehlen.

2. Ein ganz überraschendes Argument für die Sethitentheorie schufen sich die griechischen Interpreten aus der Lesart der LXX in Gen. 4, 26: Seth gebar den Enos; οὗτος ἤλπισεν ἐπικαλεῖσθαι τὸ ὄνομα κυρίου θεοῦ. Enos, der Sohn Seths, hoffte Gott genannt zu werden, wurde vielleicht auch tatsächlich Gott genannt. Kein Wunder, dass seine Nachkommen « Söhne Gottes » hiessen.

Wir verstehen heute nicht mehr, wie dies seltsame Argument in früheren Zeiten einen solchen Eindruck machen konnte. Für die Lateiner lag hier keine Gefahr; denn schon die altlateinische Übersetzung liest das Aktiv: « Hic speravit invocare nomen Domini Dei ». Anders bei den Griechen. Cyrill von Alexandrien liest: οὗτος ἤλπισεν ἐπικαλεῖσθαι τὸ ὄνομα κυρίου τοῦ Θεοῦ (¹), fasst aber den Infinitiv sicher passivisch; denn er sagt von Enos: τῇ τοῦ θεοῦ κλήσει τετίμηται παρά γε τῶν τὸ τηνικάδε. Dann ganz klar: θεὸς γὰρ ὠνόμασται.

Chrysostomus kommt ausführlich auf diese Frage in seiner Exegese des θεὸς θεῶν κύριος ἐλάλησεν in Ps. 49, 1 (50, 1) (²). Er untersucht hier, aus welchen Gründen einer unter den Menschen ‹ Gott » oder ‹ Gottessohn › heissen könne. In diesem Zusammenhang wird auch der Ausdruck ‹ Gottessöhne › aus Gen. 6, 2 geprüft. Mit dem Namen nennt der Text hier τοὺς ἐκ προγόνου τινὸς ἐναρέτου γεγεννημένους. Ἐπειδὴ γὰρ ὁ Ἐνὼς πολλὴν ἀρετὴν ἐπιδειξάμενος ἐκλήθη τῷ ὀνόματι τοῦ Θεοῦ. - - - υἱοὺς τοῦ Θεοῦ καλεῖ τοὺς ἐναρέτου. Dann bezieht sich Chrysostomus noch einmal ausdrücklich auf 4, 26: ἤρξαντο γάρ, φησίν, ἐπικαλεῖσθαι τῷ ὀνόματι τοῦ Θεοῦ.

Theodoret bevorzugt die Lesart von Aquila: (³) τότε ἤρχθη τοῦ καλεῖσθαι τῷ ὀνόματι Κυρίου. Er deutet das: ὑπὸ τῶν συγγενῶν ὠνομάσθη. Darauf will auch er die Benennung der Linie Seths als ‹ Söhne Gottes › gründen.

Auch Photius meint von Enos: (⁴) τῆς θείας προσηγορίας τετύχηκε καὶ ὑπὸ τῶν συγγενῶν ὠνομάσθη Θεός. So sei der Name « Söhne Gottes » für die Linie des Enos und Seth entstanden.

Vielleicht ist es Einfluss des Photius, dass in der Theologie der griechischen Orthodoxen nicht nur die Engeltheorie für Gen. 6, 1-4 unmöglich blieb, sondern auch für die Begründung der Sethitendeutung das Argument aus Gen. 4, 26 bis in neuere Zeiten hinein Bedeutung bewahrt hat. J. A. Bogorodskij setzt es immer noch mit grosser Überzeugung weitläufig auseinander (⁵). Seth habe seinem Sohn zunächst absichtlich den ganz bescheidenen Namen ‹ Enos » gegeben. Keine besondere Hoffnung oder Voraussage war damit ausgesprochen. Der Name bedeutete nur ‹ Mensch, Sterblicher ». Nur die Ähnlichkeit des Sohnes mit dem Erzeuger sollte dadurch

---

(¹) *Contra Jul.* 9; *PG* 76, 956.
(²) *Expositio in Ps.* 49, 1; *PG* 55, 240 f.
(³) *Quaestio 47 in Gen.*; *PG* 80, 148 f.
(⁴) *Amphil.* 255; *PG* 101, 1065.
(⁵) *Beginn der Geschichte der Welt und des Menschen nach den ersten Seiten der Bibel*, Kazan 1906, 333 f.

ausgedrückt werden (Gen. 5, 3). Aber eben der Träger dieses bedeutungsarmen Namens hatte die Hoffnung, einmal mit dem Namen Gottes selber genannt zu werden. Das sei der Sinn von Gen. 4, 26, wo die LXX durchaus der Massorah vorzuziehen sei. Enos selbst und seine Kinder hätten es zwar noch nicht gewagt, sich diesen hohen Namen zu eigen zu machen. Aber seine religiös-sittliche Verfassung war derart, dass sich seinem Bewusstsein die Möglichkeit einer solchen Benennung für die wahren Verehrer Gottes vorstellte.

Dass diese Theorie in der Unmittelbarkeit, wie die Griechen es wollten, nicht zur Lösung unserer Frage beiträgt, lehrt ein einfacher Blick auf das Hebräische. Zweifellos ist Gen. 4, 26, wie auch das κύριος bestätigt, vom Namen Jahweh die Rede. Dass der aber nicht « Name eines Menschen » werden konnte, war für den Bereich der Thora selbstverständlich. Der Verfasser der Genesis hat sicher nicht behaupten wollen, Enos habe gehofft, einmal mit dem Namen Jahweh gerufen zu werden. Mit dieser einfachen Beobachtung ist aber allen obigen Argumenten für die Sethitentheorie jedes biblische Fundament entzogen.

Wenn die Form von קרא passiv zu lesen wäre, bliebe vielleicht die Deutung, man habe damals begonnen, den Namen Jahweh in die Namen der Menschen als Bildungsbestandteil aufzunehmen. Aber zunächst einmal ist diese Behauptung sehr problematisch; sodann liefert sie keine direkte Erklärung für die Benennung « Söhne Elohims ».

Unter voller Wahrung des massorethischen Textes versucht Junker eine Deutung, die indirekt Gen. 4, 26 in den Dienst der Sethitentheorie zu stellen sucht. Er deutet das « Damals fing man an, den Namen Jahwehs anzurufen » in dem Sinne: « Damals fing man an, sich als Jahve-Verehrer, d. h. Gottesverehrer, zu bekennen ». « Der Ausdruck besagt dann, dass die Verehrer Gottes sich als Gemeinschaft absonderten von solchen, die diese Verehrung nicht übten » ([1]). — Als Deutung des in jedem Falle nicht ganz leichten Textes Gen. 4, 26 wird diese Auffassung vielleicht sehr willkommen sein. Aber zur Exegese von Gen. 6, 1-4 hilft sie nur, wenn schon bewiesen ist, dass die « Gemeinschaft der Gottesver-

---

([1]) *Biblica* 16 (1935) 208 f.

ehrer » bis zur Flut von den *Kainiten* streng abgesondert blieb, und unter der Voraussetzung, dass eine Einzelklassentheorie überhaupt dem Text von Gen. 6, 1-4 gerecht werden kann. Ferner ist der Weg von « Jahwehverehrern » bis zu « Gottessöhnen » noch recht weit. Es werden sich schwerlich die nötigen Parallelen dafür beibringen lassen, dass der Verehrer der Gottheit ihr « Sohn » genannt wird ([1]). — Sicher liegen in diesen Gedankenkreisen keine Gründe, die exegetisch zur Annahme der Sethitentheorie für Gen. 6, 2 nötigten.

3. Manchmal haben die Verteidiger der Sethitendeutung versucht, ihre Auffassung dadurch in weitere biblische Zusammenhänge hineinzustellen, dass sie auf das Mischehenverbot hinwiesen ([2]). Das habe es später ausdrücklich gegeben. Auch schon für die Söhne Seths sei es um der grossen sittlich-religiösen Gefahren willen verboten gewesen, Ehen mit Kainiten einzugehen.

In den *Collationes* des Cassian ([3]) wird bezüglich Gen. 6, 1-4 eine Sethitentheorie in gesteigerter Form entwickelt. Auf der Seite der Sethiten ist ein derartig ausschliesslicher Kult der Frömmigkeit, dass es zu den Tatsachen von Gen. 3 in seltsamem Kontrast steht und die nachfolgenden Sünden psychologisch reichlich unverständlich werden. Auf der Seite der Kainiten ist ein derartig ausschliesslicher Kult der Bosheit, dass auch das zum Geist der hl. Schrift schwer passt. Beides wird so sehr ins Extrem getrieben, dass es jeder psychologischen Wahrscheinlichkeit entbehrt. Und doch muss es so behauptet werden, um die Theorie einigermassen annehmbar zu machen, und vor allem, um in ihr eine Begründung der Namengebung von « Söhnen Gottes » und « Menschentöchtern » zu finden.

Unter diesen Voraussetzungen scheint es natürlich sehr annehmbar, dass Mischehen zwischen Vertretern so verschiedener Menschenklassen sittlich unerlaubt waren. Gleichwohl

---

[1] Vielleicht könnte man in diesem Sinne anführen Esth. 8, 12 q (Rahlfs 1935; Vulg. 16, 16). Hier nennt Artaxerxes in seinem Erlass die Juden υἱοὺς τοῦ ὑψίστου μεγίστου ζῶντος θεοῦ.

[2] Z. B. Keil 103.

[3] 8, 21 ff.; *CSEL* 13, 236 ff.; *PL* 49, 755-761.

bringt « Germanus » gegen die von « Serenus » (¹) vorgetragene Theorie einen wohlüberlegten Einwand: « Merito potuisset illis ex hac praesumptione coniugii crimen transgressionis ascribi, *si data fuisset illis ista praeceptio;* at cum seiunctionis istius observantia necdum aliqua fuisset constitutione praefixa, quemadmodum illis permixtio generis ad noxam debuit imputari, quae nullo fuerat interdicta mandato? Lex enim non praeterita solet crimina, sed futura damnare ». Damit ist sehr richtig hervorgehoben, dass man nicht gut das Wesen der Sünde von Gen. 6, 2 in die Übertretung eines Mischehenverbotes setzen kann, wenn von einem solchen Gesetz überhaupt noch keine Rede war.

Die Antwort des « Serenus » ist recht kühn und wenig überzeugend: « Deus hominem creans, omnem naturaliter ei scientiam legis inseruit, quae si fuisset ab homine secundum propositum Dei, ut coeperat, custodita, non utique necessarium fuisset aliam dari, quae per litteram postea promulgata est ». Hier scheint doch eine ganz grosszügige Verwechslung von Naturrecht und positivem Gesetz vorzuliegen. Mag auch ein Mischehenverbot naturrechtliche Momente einschliessen, in seiner entwickelten Form, in der es alle Ehen zwischen Kainiten und Sethiten ausgeschlossen hätte, kann es nicht mehr als rein naturrechtlich angesprochen werden. Eine Offenbarung zukünftiger positiver Gesetze mit verpflichtender Kraft schon bei der Schöpfung ist aber eine willkürliche Behauptung.

Erstens wissen wir also nichts von einem solchen Mischehenverbot, wie es die Sethitendeutung voraussetzen müsste; und zweitens kann sich eine Exegese von Gen. 6, 1-4 nicht auf die späteren Mischehenverbote des A. T. als begründende Beispiele berufen. Denn diese Gesetze wurden später vor allem gegeben, um die Gefahr des Götzendienstes abzuwenden (²). Vom Götzendienst war aber doch eigentlich bisher in der ganzen Urgeschichte noch keine Rede.

Und selbst wenn all das zuträfe, der Text von Gen. 6, 2 sieht die Sünde nicht darin, dass Frauen aus einer bestimmten Klasse von Menschen genommen werden, sondern das Sündhafte wird mit den Worten angedeutet מכל אשר בחרו. Also das

---

(¹) Die Namen der Wortführer in dieser *collatio Cassiani*.
(²) Z. B. Ex. 34, 16; Dt. 7, 3 f.

Masslose, die Polygamie, die Willkür der Sinnlichkeit sind als das Verkehrte angedeutet.

Ausserdem macht Kalt mit Recht darauf aufmerksam, dass das mit absoluter Ausschliesslichkeit erlassene Mischehenverbot erst aus der Zeit des Esdras und Nehemias ist. « Mischehen mit Heiden waren wenigstens in der vorexilischen Zeit nicht durchaus verboten, sondern nur mit Kanaanitern, Moabitern und Ammonitern, mit den Ägyptern und Edomitern nur bis zum dritten Geschlecht nach dem Einzug in Kanaan. In der nachexilischen Zeit wurde jede Mischehe untersagt » ([1]). Es ist also mehr als zweifelhaft, ob der Gedanke an ein Mischehenverbot überhaupt zur Begründung einer Sethitentheorie für Gen. 6, 1-4 herangezogen werden kann.

4. Ein in der Literatur vorher kaum je vorgebrachtes Argument für die « Söhne Seths » könnte man vielleicht in Ausführungen Kaupels angedeutet finden ([2]). Er schliesst sich an den Text Sap. 10, 3-4 an. In V. 3 ist von Kain die Rede als von einem der « Apostaten von der göttlichen Weisheit »: ἀποστὰς δὲ ἀπ' αὐτῆς ἄδικος ἐν ὀργῇ αὐτοῦ ἀδελφοκτόνοις συναπώλετο θυμοῖς. In V. 4 wird nun **Kain verantwortlich gemacht für die Sündflut**, aus der das Menschengeschlecht nur wieder gerettet wurde durch die Führung der Weisheit. V. 4: δι' ὃν κατακλυζομένην γῆν πάλιν διέσωσεν σοφία. Also scheint es doch nicht so unbiblisch willkürlich, in der unmittelbaren Vorbereitung der Sündflut eine ganz besondere Rolle der Nachkommen Kains zu vermuten. K. fasst diesen Gedanken in die Worte: « Es wird (Sap. 10, 3-4) angenommen, dass Kains Gottlosigkeit sich in seinen Nachkommen fortpflanzte, die das allgemeine, die Sündflut verursachende Sittenverderben herbeiführten ».

Zunächst einmal liegt in dem « die Flut kam Kains wegen » ein neuer Hinweis darauf, wie fern der Gedanke der Engeltheorie biblisch-israelitischem Denken war. Wären es die Engel gewesen, die den letzten Hauptanlass zur Flut herbeiführten, müssten doch diese als die Hauptverantwortlichen genannt werden. Statt dessen heisst es: « Die Flut kam Kains

---

([1]) *Biblisches Reallexikon*, Paderborn 1931, I 392.
([2]) *Die Dämonen im A. T.*, Augsburg 1930, 138.

wegen », also um eines Menschen willen. — Will man aber die
« Theorie der Söhne Seths » im Gegensatz zu den « Töchtern
Kains » aus Sap. 10, 3-4 begründen, so müsste in Gen. 6, 1-4
den Nachkommen Kains irgendwelche « Initiative » zugeschrieben werden. Aber die Träger der Hauptinitiative wären nach
dem Wortlaut des Textes die Sethiten; denn nur die « Menschentöchter » stammen ja nach dieser Theorie aus der Familie des Kain. So würde die Parallele mit Sap. 10, 3-4 (ähnlich wie die mit Gen. 4, 19, wo ein Kainite den ersten Anfang
mit der Polygamie macht), wenn man den unmittelbaren Wortsinn von Gen. 6, 2 daraus bestimmen wollte, viel eher beweisen, dass die « Gottessöhne » die Nachkommen Kains meinen.
Das würde aber die Erklärung durch die Sethiten ausschliessen ([1]). — Nach dem Wortlaut des Textes wird die ungeordnete
und masslose Leidenschaft denen zugeschrieben, die der Text
« Söhne Gottes » nennt. Wenn also Kainiten als Verursacher
der Flut in 6, 2 genannt wären, müssten sie unter den « Söhnen
Elohims » gefunden werden. Das aber wäre die Negation der
Sethitenerklärung.

Natürlich ist damit nur gesagt, dass Gen. 6, 2 kein Ausdruck steht, der die Kainiten ausdrücklich als Grund der Flut
nennt. Eine ganz andere Frage ist die, ob nicht ein Buch wie
Sap. in seiner Sprache sinnvoll die Kainiten für die Flut verantwortlich machen kann. Der positive Sinn von Sap. 10, 3-4
wird der sein: die Bosheit Kains hat sich in der Menschheit
fortgepflanzt. Sie hat zu immer neuen Untaten geführt, schliesslich die Flut herausgefordert. Aber damit ist nicht gesagt,
dass in Gen. 6, 2 nur Nachkommen Kains als Träger von Schuld
und Verantwortung dastehen müssten. Auch in den Söhnen
Seths lebte schon viel von der Bosheit Kains. Denn wer will
begründen, dass diese beiden Linien bis dahin in einer absoluten Abgeschlossenheit durchaus getrennt voneinander gelebt
hätten, so dass jeder Einfluss von hüben nach drüben unmöglich geworden wäre?

([1]) Auch aus der Parallele mit Gen. 3 folgt nicht, dass 6, 1-4 die Frauen
die Initiative ergriffen. Gen. 3, wo die Frau eine solche Rolle spielt, wird das
ausdrücklich gesagt. Gen. 6 fehlt jede Spur eines solchen Hinweises.

Wenn wir auf die kritische Prüfung der exegetischen Argumente für die Sethitentheorie zurückschauen, so bestätigt sich durchaus der Eindruck, der sich schon bei der Untersuchung des geschichtlichen Ursprungs dieser Deutung ergab. Diese Exegese arbeitet zu wenig aus dem inneren Gehalt der Perikope. Man könnte meinen, die Ansicht bestehe mehr aus Flucht vor der Mythologie als aus positiver Deutung der Heiligen Schrift. Die Texte Gen. 4, 26 und Sap. 10, 3-4 liefern keine Erklärung, die dem Textbestand von Gen. 6, 1-4 wirklich gerecht würde. Die Gedanken der Verheissungslinie und des Mischehenverbotes enthalten viel zu kühne Vordatierungen von Dingen, die wir erst aus späterer Zeit kennen. Das Beste und Tiefste, was für die Sethitendeutung gesagt wurde, liegt gewiss in der Idee der « Verheissungslinie », zumal wenn sie in der schönen Ausgestaltung gesehen wird, die JUNKER ihr durch seine Theologie des Gottesbildes gegeben hat. Doch wird sich zeigen, dass die allgemein-menschliche Deutung, auf die die folgenden Untersuchungen hinführen, den positiven Gehalt der Idee vom Bilde Gottes eher noch stärker betont und auswertet. Nur wird die Einschränkung des Begriffes der « Söhne Elohims » ausschliesslich auf Sethiten fortfallen müssen, da sie den universalen Zusammenhängen der Perikope nicht entspricht.

II. - *Gibt es dogmatische Gründe für die Theorie der « Söhne Seths »?*

Wenn man den einen oder anderen langen Katalog mit Namen der Verteidiger der « Söhne Seths » durchsieht, könnte einem die Frage kommen, ob hier eine irgendwie dogmatisch bindende Äusserung kirchlichen Glaubensbewusstseins vorliege. Behauptet worden ist auch das schon. « Certa inter Patres et doctores sententia definit filios Dei appellari progeniem Seth; in qua sola Dei cultus, pietas, iustitia et vera Dei secundum virtutem similitudo expressa cernebatur » (¹). In solchen Ausdrücken würde man schwerlich schreiben, wenn man fest davon überzeugt wäre, hier vor einer dogmatisch freien Ansicht zu stehen.

Wie liegt die Sache nun tatsächlich? Der erste, der die Theorie der Söhne Seths vorlegt, Julius Africanus, tut es mit einem recht vorsichtigen ὡς οἶμαι (²). Je weiter dann die Entwicklung fortschreitet, desto mehr bildet sich eine, weniger theoretisch dargelegte als vielmehr praktisch durchgeführte Unterscheidung heraus. Mit aller Energie wird die dämonologische Deutung abgelehnt. Dann wird mit wesentlich ruhigeren Ausdrücken der Theorie der Söhne Seths der Vorzug gegeben. Klassisch ausgeprägt ist dieser Unterschied bei Photius (³). Die Engeltheorie wird scharf abgelehnt: οἱ μὲν τοὺς ἀγγέλους ὑπονοήσαντες μαίνονται. Sogleich im Anschluss daran, aber sehr ruhig und vorsichtig, heisst es: υἱοὺς δὲ κέκληκε νῦν τοῦ Θεοῦ τοὺς ἐκ τοῦ Σὴθ καταγομένους. Dass diese Auffassung der Meinung des Photius richtig ist, ergibt sich klarer noch aus einem anderen Text (⁴). Hier spricht er von den acht Büchern Ὑποτυπώσεις des Clemens von Alexandrien. Von diesem Werk sagt Photius, der Verfasser denke ja in einigen Punkten ganz richtig, aber: ἐν τισὶ δὲ παντελῶς εἰς ἀσεβεῖς καὶ μυθώδεις λόγους ἐκφέρεται. Zu diesen Dingen rechnet er auch: μίγνυσθαί τε τοὺς ἀγγέλους γυναιξὶ καὶ παιδοποιεῖν ἐξ αὐτῶν ὀνειροπολεῖ. Dabei ist das Interessante dies, dass bei Photius in dem ganzen Kapitel die Söhne Seths mit keiner Silbe erwähnt werden. Hätte aber die Sethitentheorie als mit dem kirchlichen Glaubensbewusstsein innig verbunden gegolten, so wäre ein Hinweis darauf das beste Argument gewesen.

Ähnliches beobachtet man bei Philastrius. Er schreibt in seinem *Diversarum haereseon liber*: (⁵) « Alia est haeresis, quae de gigantibus adserit quod angeli miscuerint se cum feminis ante diluvium, et inde esse natos gigantas suspicantur ». Damit ist

---

(¹) Ferdinandus Borbensis, *Commentariorum in Gen. tom. prior*, Lugduni 1618, 737.

(²) *Chronographia* 2, *PG* 10, 65.

(³) *Amphil.* 255; *PG* 161, 1065.

(⁴) *Bibliotheca*, cod. 109; *PG* 103, 384 A-B.

(⁵) *Haeresis* 80, *CSEL* 38, 69-70.

die Stellungnahme des Verfassers schon klar. Er erklärt der Sicherheit halber noch weiter: « Scias gigantas non de alia natura, sed de hominum fuisse progenie editos ». Darin liegt eine typische Stellungnahme. In dem ganzen Kapitel ist von den Söhnen Seths überhaupt keine Rede. « Häresie » ist PHILASTRIUS, dass Engel mit Menschenfrauen geschlechtlich verkehrt und so die Giganten gezeugt haben. Das auszuschliessen, darauf kommt es den Vätern nach Überwindung der ersten Schwierigkeiten und Schwankungen im wesentlichen an.

Neben der Theorie der Söhne Seths finden sich bei den Kirchenvätern auch andere Ansichten. EPHRÄM deutet die « Gottessöhne » einmal im Sinne von « Richtern »: ܩܿܘܡܐ ܘܬ݂ܚܕ ܘܦ݁ܬ݂ܠ ܬ݂ܠܐ ܚܬ݁ܝ ܐܢܘܢ, freilich in einem Zusammenhang, in dem er sonst von den Söhnen Seths spricht (¹).

Bei HIERONYMUS würde man eine Besprechung der Frage erwarten in den *Hebraicae quaestiones in Genesim* (²). Tatsächlich wird hier nur AQUILA zitiert mit seiner Deutung οἱ υἱοὶ τῶν θεῶν, wo HIERONYMUS hinzufügt: « Deos intellegens sanctos, sive angelos ». Dann wird SYMMACHUS genannt und seine Übersetzung: « Videntes filii potentium (τῶν δυναστευόντων) », und sogleich geht HIERONYMUS zur Besprechung des nächsten Verses weiter.

Als einer der klassischen Vertreter der Theorie der Söhne Seths hat stets AUGUSTINUS gegolten. Aber auch bei ihm gibt es Texte, in denen er ganz allgemein die « Gottessöhne » als « homines iusti » beschreibt, ohne die Söhne Seths zu erwähnen. In den *Quaestiones in Heptateuchum* (³) spricht er von dem textkritischen Problem in Gen. 6, 2, den Lesarten « Engel-Gottessöhne », und fährt dann fort: « Quos quidam ad solvendam istam quaestionem, *iustos homines* fuisse crediderunt, qui potuerunt etiam angelorum nomine nuncupari... ». « Credibilius est *homines iustos* appellatos vel angelos vel filios Dei, concupiscentia lapsos peccasse cum feminis, quam angelos carnem non habentes usque ad illud peccatum descendere potuisse ».

Ja, man könte überhaupt fragen, ob es richtig ist, AUGUSTINUS unter den Verteidigern der « Söhne Seths » zu nennen.

(¹) *Opera omnia*, Romae 1737, *Explanatio in Genesim*, 49.
(²) Zu Gen. 6, 2; *PL* 23, 996.
(³) 1, 3; *CSEL* 28 b, 5; *PL* 34, 549.

Seine Hauptabsicht geht viel mehr darauf, zu behaupten, diese
« Söhne Gottes » seien die « cives civitatis Dei », die er dann
freilich mit der Nachkommenschaft Seths gleichsetzt. Aber
wenn man seine Ansicht nach dem charakterisieren will, was
ihm fraglos die Hauptsache ist, muss man sagen, er deute
die « Gottessöhne » als die « Bürger des Gottesstaates ». Besonders klar tritt dies hervor in *De civit. Dei* 15, 22. Das Kapitel beginnt: « Libero voluntatis arbitrio genere humano progrediente atque crescente, facta est permixtio, et iniquitate
participata quaedam utriusque confusio civitatis... ». « Feminae... quae pravis moribus fuerant in terrena civitate, id est
in terrigenarum societate, amatae sunt a filiis Dei, civibus
scilicet peregrinantis in hoc saeculo alterius civitatis, propter
pulchritudinem corporis ». Dies Thema wird dann im ganzen
Kapitel weiter entfaltet. Hier ist vielleicht die tiefste metaphysisch-theologische Synthese der Augustinus-Exegese dieses
Textes.

Im folgenden Kapitel tritt der Gedanke an die Söhne Seths
mehr hervor. Es heisst, sie hätten vor ihrer Sünde « cives
civitatis Dei » gezeugt. Im Gegensatz dazu rechnet Augustinus
die Giganten zu den « cives terrigenae societatis hominum ».
Und das ungeheure Geschehen der hier beschriebenen Sünde
besteht darin, dass « Dei autem filios, qui secundum carnem
de Seth propagati sunt, in hanc societatem, deserta iustitia,
declinasse ». — Es ist, als wenn die Deutung der Söhne Seths
eben da, wo sie ihre höchste Entfaltung erfährt, sich zugleich
selbst überwinde. Was die an sich merkwürdige Idee, hier
in Gottes Söhnen Nachkommen Seths zu erblicken im Gegensatz zu Töchtern Kains, bei Augustinus erträglich, ja sympathisch macht, ist der Umstand, dass er diesen Gedanken in
einen ganz weit gespannten metaphysisch-theologischen Zusammenhang hineinstellt. Aber eben damit ist das, was der These
Augustinus' die grosse Autorität verschaffte, ja ihr weitestgehenden Einfluss in allen kommenden Jahrhunderten sicherte,
eigentlich gar nicht mehr der Gedanke der « Söhne Seths »,
sondern die tragende Idee, die auch Augustinus die Hauptsache war. Diese Idee steht aber der anderen Theorie, die in
den Gottessöhnen « fromme » Menschen erblickt, so nahe, dass
man sie eigentlich damit gleichsetzen könnte.

Auch in späteren Jahrhunderten sind ähnliche Deutungen für die « Gottessöhne » immer wieder aufgetreten. Franciscus de Paula de Schrank schreibt in seinem *Commentarius literalis in Genesim*: ([1]) « Filii Dei non alii sunt, quam pii homines, maxime ex posteritate Seth, ut legenti hunc locum palam est » ([2]). Auch Hoberg setzt (75) die Gotteskinder oder die Gottessöhne mit den « Frommen » gleich.

Niemals in der Geschichte der Exegese hat sich eine Spur davon bemerkbar gemacht, dass das Glaubensbewusstsein der Kirche irgendwie gegen derartige Deutungen reagiert hätte. *Von einer dogmatischen Bindung an die Theorie der Söhne Seths kann also keine Rede sein.* Gegen jede d ä m o n o l o g i s c h e Deutung steht — nicht jedes einzelne Zeugnis — wohl aber die Gesamtentwicklung der kirchlichen Auffassung des Textes. Aber innerhalb der «m e n s c h l i c h e n» Deutungen der Gottessöhne herrscht weiteste Freiheit. Vielleicht kann man sagen, am besten entsprechen diejenigen Texterklärungen der « Gottessöhne » kirchlichem Empfinden, die den Grund dieser Benennungen finden in irgendeiner πρὸς Θεὸν οἰκειότης ([3]).

III. - *Die « Söhne Elohims » sind nicht die Männer nur einer bestimmten Menschenklasse.*

Es braucht in keiner Weise in Zweifel gezogen zu werden, dass in der Deutung der « Söhne Elohims » auf die Kinder Seths viel Tiefes und Wahres gesagt worden ist. Gleichwohl mag die Vermutung bleiben, dass auch diese Lösung keine eigentlich befriedigende Deutung des Textes bietet. Was gegen die « Söhne Seths » gesagt wird, macht nach wie vor den Eindruck, als wenn sehr viel richtige exegetische Beobachtung darin enthalten sei. Oder klingt es nicht überaus vernünftig und begründet, wenn Jacob (172) sagt: « Dass ferner die Schrift nicht den voraufgehenden Kapiteln gemäss בני שת und קין בנות gegenüberstellt, sondern den Gegensatz mit בני־האלהים und

---

([1]) Solisbaci 1835, 184.
([2]) Die letzte Bemerkung ist freilich zu optimistisch!
([3]) Basilius Seleuc., *Or* 6, 2; *PG* 85, 89.

בנות האדם formuliert, beweist, dass er von anderer Natur sein muss »? Und hat nicht König vollkommen Recht, wenn er meint: « Da, wie soeben nachgewiesen ist, das הָאָדָם in V. 2 nicht einen blossen Teil der Menschheit, die Kainiten, meinen kann, so bleibt auch für die בני־האלהים kein Teil des Menschengeschlechts übrig » (334)? So versteht man, wenn immer wieder Urteile auftauchen wie das Holzingers (64): « Aus den בני־ה׳ fromme Sethiten, aus den בנות ה׳ gottlose Kainitenweiber zu machen, *ist gegen den Text* ».

Sollten solche Autoren nicht doch richtig gesehen haben? Ist nicht vielleicht eine befriedigende Deutung des Textes erst dann möglich, wenn die Auffassung, die Söhne Elohims repräsentierten nur die Männer einer einzelnen Menschenklasse, überwunden ist? Das sechste Kapitel der Genesis spricht von durchaus universalen Zusammenhängen. Die Verbindung mit den in Kap. 5 vorhergehenden Genealogien einer bestimmten Menschenfamilie, ist, wenn auch nicht völlig abgeschnitten, so doch gelockert. Das הָאָדָם in 6, 1 hat mit entschiedener Wendung den Blick von der Betrachtung nur einer Menschenklasse abgelenkt. « Der » Mensch, d. h. das Menschengeschlecht überhaupt, steht jetzt im Mittelpunkt des Blickfeldes. Allgemein menschliches Schicksal und Erleben wird jetzt Gegenstand der Erzählung; kurz, es beginnt etwas Neues.

Schon die בָּנוֹת in 6, 1 sind unmöglich die Mädchen und Frauen nur e i n e r Menschenklasse, es sind « Frauen » schlechthin. Aber gerade dieser Ausdruck ist es zweifellos, der in den « Töchtern des Menschen » in V. 2 wieder aufgegriffen wird. Und hier setzt die eben zitierte Argumentation Königs mit vollem Rechte ein: wenn mit diesem « Adam » im Ausdruck « die Töchter des Menschen » nicht nur die Familie Kains gemeint ist, sondern das Menschenwesen überhaupt, dann « bleibt auch für die Söhne Elohims kein *Teil* des Menschengeschlechtes übrig ». Sehr richtig! Nur ist das Ergebnis der obigen Untersuchung gesichert, und darum *sind diese Elohimssöhne auf jeden Fall* Menschen. Wenn sie nun kein « Teil » sind, müssen sie offenbar das Ganze sein, *die Männer des Menschengeschlechtes überhaupt* in Gegenüberstellung zu den Frauen. Welche exegetischen Folgerungen und Fragen sich aus dieser Erkenntnis ergeben, darüber ausführlich im weiteren Verlauf der Untersuchung. Hier möge zunächst einmal dieser für die ganze Deutung des Textes entscheidende Punkt eingehend begründet und erläutert werden.

Wir stehen in Gen. 6 durchaus in universalen Zusammenhängen. Mit einem Blick auf die ganze Menschheit wird 6,1-4 eingeleitet; die Ausdrücke « Menschen, Frauen » halten sich im ganzen Abschnitt in der gleichen Universalität, mit der sie einsetzen; V. 3 formuliert ein Todesurteil über die ganze Menschenfamilie schlechthin. Es schliesst sich der Sündflutbericht an, der in der Form seiner Darstellung absolut universal vom ganzen Menschengeschlecht redet. Ausgenommen wird nur ein einzelner Mensch mit seiner engsten Familie. Wie könnte in diesem Zusammenhang die Deutung eines an sich universellen Namens auf eine einzelne Menschenklasse begründet sein? Wenn also die Elohimssöhne Menschen sind, dann bezeichnen sie die Männer der Menschheit in so universalem Sinn, wie das הָאָדָם aus V. 5. 6. 7 und wie das כָּל־בָּשָׂר in 12 und 13; d. h. es sind *die Männer des Menschengeschlechtes schlechthin*.

Man muss nicht meinen, dieser Gedanke sei absolut neu. Wenn A. Bea (S. 168) das Prinzip ausspricht: « Wer sind diese Gottessöhne? Es sind dieselben, die Gott zu strafen beschliesst, d. h. Menschen», so ist doch damit eigentlich obige Lösung gegeben, ob sie nun in der weiteren Durchführung der Exegese voll entfaltet wird oder nicht.

In ziemlich weiter Explikation hat den Gedanken Gustav Adolf Schumann geboten ([1]). Er führt aus: wenn einer die Stelle vom Zusammenhang des 5. Kapitels trennt (!) und meint, hier sei von Engeln die Rede oder von irgendwelchen « grossen und hohen Herren », oder von Frommen, « non ausim contradicere ». Aber wegen des besseren Zusammenhangs mit dem Vorhergehenden (!) möchte er den Söhnen Elohims eine andere Deutung geben: « Malim equidem intelligere de filiis dei, quales ii dicantur, quos deus ex sententia auctoris ad similitudinem suam creaverat, ideoque *homines,* Adami nepotes ». Die Darlegung hat nicht viel Beachtung gefunden. Etwa 30 Jahre später lehnt Kalisch kurz die Ansicht ab, die besagt: « They are ordinary men, who are called sons of God because they

---

([1]) *Genesis hebraice et graece, cum annotatione perpetua,* Lipsiae 1829, 121.

bear His image » (¹). Sonst hat Schumanns Entdeckung kaum Spuren in der Literatur zurückgelassen. Und doch scheint er der erste, der mit solcher Deutlichkeit auf die Möglichkeit einer allgemein menschlichen Deutung der « Söhne Elohims » in Gen. 6, 2 hingewiesen hat. Freilich zu behaupten wagt auch er diese Lösung nicht. Vor allem fehlt ihm die gerade in dieser Ansicht so unerlässliche exegetische Durchführung des Gedankens.

In der Richtung auf eine universal menschliche Deutung der Gottessöhne in Gen. 6, 2 scheint die Exegese der Perikope vorangehen zu müssen. Das sind natürlich Gedanken, die sich keineswegs nur gegen die « Söhne Seths » richten, sondern ganz allgemein jede Auffassung ablehnen möchten, die in den Söhnen Elohims die Männer einer ersten Menschenklasse A und in den Menschentöchtern die Frauen einer zweiten, von der ersten durchaus verschiedenen Menschenklasse B sehen wollen. Denn das scheint doch eigentlich der Kern der Schwierigkeit. Ob die erste Klasse Söhne Seths sind oder die Frommen oder Machthaber oder Übermenschen, Richter oder wer weiss was: in jedem Fall sündigen die Männer der Klasse A mit den Frauen der Klasse B, und gestraft wird das ganze Menschengeschlecht. Was war denn mit den Frauen A und was mit den Männern B? — Ja, die wurden langsam alle verdorben, waren es zum Teil schon; es kamen andere Untaten dazu (vgl. V. 12). — Das mag vielleicht gelten, wenn man Gen. 6, 2 mit Gen. 6, 12-13 vergleicht. Aber nie und nimmer ist damit eine Erklärung geschaffen, wie auf die Ereignisse von Gen. 6, 2 das absolut universale Todesurteil über die *ganze* Menschheit (Gen. 6, 3) folgen könne. Soll der Zusammenhang irgend einen Sinn haben, muss es der sein, dass in Gen. 6, 2 von einer Sünde die Rede ist, die irgendwie universal das Menschengeschlecht erfasste und nicht nur die Männer einer Klasse A und die Frauen einer anderen B. Dass auch aus einer solchen Organisation der Sünden eine ganz allgemeine Verderbtheit aller entstehen könnte, braucht nicht in Frage gestellt zu werden. Aber der unmittelbare Anschluss von V. 3 an V. 2 will offenbar eine Strafe ansetzen für eine Sünde,

---

(¹) *Historical and critical Commentary on the O. T., Gen.;* London 1858, 175.

von der in V. 2 « die Rede ist », d. h. die in V. 2 « ausgesprochen » ist. Aber eben da scheint es keinen Sinn zu haben, ein Todesurteil der ganzen Menschheit als Strafe dafür zu setzen, dass fromme(!) Männer aus dem Geschlechte Seths mit schlechten Frauen aus dem Geschlechte Kains sündigten. Warum wurden denn sämtliche Frauen aus der Familie Seths auch sogleich zum Tode verurteilt? Wenn diese so gottesfürchtig und tugendrein waren, wie das von der ganzen Familie Seths gewöhnlich vorausgesetzt wird, ist das schlechterdings nicht einzusehen. Dass sie auch verdorben werden konnten, ist freilich richtig. Aber davon ist nichts gesagt. Und trotzdem muss das, was gesagt wird, derart sein, dass vernünftigerweise daraufhin und um dessentwillen als Strafe ein Todesurteil über die ganze Menschheit ausgesprochen werden kann. Dieser Gedanke führt durchaus dahin, dass es den Zusammenhängen der Perikope in ihrer ganzen Universalität ungleich besser entsprechen würde, wenn man unter Söhnen Elohims die Männer der Menschengeschlechtes schlechthin in ihrer grossen Allgemeinheit verstehen könnte, und unter den Menschentöchtern die Frauen ganz allgemein. Dann wäre in Gen. 6, 2 wirklich von einem tiefen Fall der ganzen Menschenfamilie die Rede, von einer « Fleischwerdung » des Menschen, die den gottgegebenen Lebensgeist vertreiben musste. Gen. 6, 1-2 wäre wirklich das, was der folgende Zusammenhang literarisch fordert, eine kurze prägnante Schilderung « der Sünde *der Menschheit* ».

Ganz bedeutend verstärkt wird dieser Gedanke natürlich, wenn man in der Gen. 6, 5 und 11-12 beschriebenen Bosheit nicht so sehr eine Verallgemeinerung und Ausdehnung der Sünden von Gen. 6, 2 auf Klassen, die vorher nicht miteinbegriffen waren, sieht, sondern eine literarische Wiederaufnahme der in 6, 2 ein erstes Mal angedeuteten Sünden. Durch das, was nachher im Zusammenhang über die literarische Form von Gen. 6, 1-4 gesagt werden kann, erhält der Gedanke, dass in 6, 2-5 und 11-12 im wesentlichen von denselben Sünden die Rede ist, eine neue Bestätigung. Gen. 6, 1-4 bringt in gebundener Sprache den « Prolog » zum Sündflutbericht, der ähnlich der Art altšumerischer Hymnen gefasst ([1]), Sinn und Haupt-

---

([1]) Vgl. III. Teil, 1. Kap.

tatsachen der folgenden Kapitel vorwegnehmend beschreibt. Ebenso parallel, wie das Todesurteil über die Menschheit in Gen. 6, 7-8 zu dem Beschluss von 6, 3 steht, ebenso parallel stehen V. 2 mit V. 5 und 11 + 12. Nicht als wenn 6, 5, 11 + 12 nicht ausführlicher würden; aber ebenso wie diese Verse von « allgemein menschlicher Sünde » reden wollen, tut es auch V. 2. Dann ist aber Gen. 6, 2 Grund für die Sündflut, in der nicht nur die Männer der Familie Seths zusammen mit den Kainiten untergingen, sondern alle Menschenstämme überhaupt.

Wie universal aber in der Form der literarischen Darstellung die Sündflut gemeint ist, davon legt nichts besser Zeugnis ab als der Umstand, dass nicht nur die Menschen gestraft werden sollen, sondern auch die Tiere. Das hat nur einen Sinn, wenn das Menschengeschlecht als Ganzes verschwinden soll. Denn nur unter dieser Voraussetzung wird die Tierwelt sinnlos. Sehr feine Beobachtungen über diese exegetischen Zusammenhänge finden sich bei Ambrosius und Basilius von Seleucia. « Quid laeserant irrationabilia? Sed quia propter hominem illa facta erant, eo utique deleto propter quem facta sunt, consequens erat, ut etiam illa delerentur, quia non erat qui his uteretur » ([1]). Καὶ φύσις ἄλογος μετὰ τῆς λογικῆς κατεκρίνετο. Τῷ γὰρ ἀνθρώπῳ τὰ δι' ἀνθρωπον πραχθέντα συνεκινδύνευε, καὶ τοῦ ἄρχοντος πίπτοντος, τὸ ὑπήκοον ἀνηρπάζετο ([2]).

Die Sünde ist also in Gen. 6 so allgemein gedacht, dass auch die vernunftlose Natur mitgestraft wird, eben weil sie nach Vernichtung des Menschen ihren Sinn verliert, wohl auch weil sie miteinbezogen war in den ganzen « Kampf ums Dasein », die ganze Wildheit des Lebens, wie sie Folge der Sünde waren. Also ist Schuld und Strafe der Menschheit so allgemein gefasst, dass die ganze Natur um ihrer Sünde willen leiden soll. Das hat aber nur einen Sinn, wenn die Schuldigen in der ganzen Menschheit gesehen werden. Wirkt es nicht wirklich seltsam, im Lichte dieser Zusammenhänge in Gen. 6, 2 die Sünde der Männer der Klasse A und der Frauen der Klasse B sehen zu wollen?

([1]) Ambrosius, *De Noe et Arca*, cp. 4, n. 10; *CSEL* 32 a, 419 f.; *PL* 14, 386.

([2]) Basilius Seleuc., *Or.* 6, 2; *PG* 85, 92.

Tatsächlich lässt sich beobachten, dass aus dem Empfinden solcher Schwierigkeiten heraus Vertreter von Einzelklassentheorien in ihren Darlegungen über Gen. 6, 2 unwillkürlich von ihren eigenen Gedanken abrücken oder Auffassungen vortragen, die die ganze Problematik der eigenen Ansicht in schroffster Weise hervortreten lassen, oft in ihrer konsequenten Durchführung zu einer universalen Deutung führen müssten.

Hoberg z. B. (75), der in den Söhnen Elohims die « Frommen » findet, schreibt: « Von welcher Linie dieselben abstammten, ob von der sethitischen oder der cainitischen, sagt der Ausdruck nicht; mit Rücksicht auf 4, 26 ist zu vermuten, dass dieselben vornehmlich Nachkommen Seths waren. Aber ebensowenig wie alle Nachkommen Seths fromm waren, ist man berechtigt, alle Nachkommen Cains von vornherein für gottlos zu halten. Denn es stand dem einzelnen Individuum der cainitischen Linie nichts im Wege, Tugend zu üben, besonders wenn es durch das gute Beispiel eines Sethiten zum Guten hingeführt wurde ». — So sehr aber Hoberg mit seinen Gedanken hier vielen Exegeten voraus ist, so beachtet er doch nicht, dass seine Argumentation konsequent ihn selber, wie jede Einzelklassentheorie, widerlegt. Genau so lässt sich ja sagen: warum waren die Männer gerade die Frommen und die Frauen die Lasterhaften? Gab es nicht auch eine Klasse guter Frauen, und was geschah mit der? — Tatsächlich ist ja der ganze Unterschied zwischen der Theorie der « Frommen » und der der « Söhne Seths » mehr in der Formulierung als in der Sache. Schon Theodoret vollzieht diese sachlich notwendige Gleichsetzung beider Theorien sehr klar, wenn er von den Söhnen Seths sagt: ὡς εὐσεβεῖς ὠνομάσθησαν υἱοὶ τοῦ Θεοῦ ([1]).

Loch-Reischl bringt in seiner kommentierten Bibelübersetzung zuerst die bekannte Gleichsetzung « Kinder Gottes = Sethiten », « Töchter der Menschen = Kainiten ». Dann gibt er eine tiefere Begründung: « Derselbe Gegensatz geht fortwährend durch das Alte und Neue Testament als Gegensatz von Kindern der Gnade und Kindern des Fleisches; vergl. Rom. 8, 9 ».

Damit ist gewiss ein sehr schöner theologischer Gedanke gegeben, der der Begründung von Augustinus nahesteht.

([1]) *Quaestio 47 in Gen.; PG* 80, 149.

Aber auch die ganze innere Problematik der Auffassung tritt nur umso stärker hervor. Warum sollen denn ausgerechnet alle diese Männer « *Kinder der Gnade* » und alle diese Frauen « *Kinder des Fleisches* » gewesen sein? Warum wird das ganze Geschlecht derjenigen Frauen, die « Kinder der Gnade » waren — solche gab es doch auch — gleich im nächsten Vers mit zum Tode verurteilt? Und vor allem, wo ist denn in der Urgeschichte von einer so scharfen Trennung bis hinab in die innersten Wesenstiefen der Menschen die Rede gewesen, die zwei Menschenfamilien so voneinander schiede, dass sämtliche Mitglieder der einen « Kinder der Gnade » und sämtliche Mitglieder der andern « Kinder des Fleisches » in Sinne von Rom. 8, 9 wären? Das ist zunächst eine theologisch kaum vollziehbare Vorstellung und weiterhin eine Anschauung, die aus den vorhergehenden Kapiteln der Urgeschichte exegetisch nicht begründet werden kann. Gewiss ist bei den Kainiten Gottlosigkeit und Weltdienst stärker zur Herrschaft gekommen als bei den Sethiten. Sicherlich weist die Sethitenlinie eine besondere Zahl von gottesfürchtigen Menschen auf. Aber das ist noch lange kein Fundament für eine ausschliessliche Scheidung zwischen « Kindern der Gnade » und « Kindern des Fleisches », eine Scheidung, die absolut und ausnahmslos mit der Verschiedenheit leiblicher Abstammung zusammenfallen müsste. Ausserdem haben nicht nur Kainiten und Sethiten in der damaligen Welt gelebt. Auch nach der Geburt Seths hatte Adam noch « Söhne und Töchter » gezeugt (Gen. 5, 4). Sie alle wurden mit ihren Familien in der Sündflut vernichtet. Aber ein Strafgericht, das alle Stämme der Menschheit vertilgt, kann doch nicht darin begründet sein, dass zwei von diesen Stämmen sündigten.

Ein gutes Beispiel, wie sehr die Verteidiger der Sethitentheorie aus ihren eigenen Gedanken heraus zu einer universalen Deutung gedrängt werden müssten, bietet Keil. Mit vielen Argumenten lehnt er auf das entschiedenste die Engeltheorie ab. Die einzige Auffassung, die sich dieser gegenüberstellen lässt, scheint ihm die Sethitentheorie zu sein (103). Und doch hat er Sätze, die eigentlich zur universalen Deutung führen müssten: « Wie in V. 1 von der Vermehrung der Menschen, d. i. der ganzen Menschheit, die Rede (ist), so wird auch die sittliche Verderbtheit ganz allgemein beschrieben und das ganze Menschengeschlecht, nur Noah..... ausgenommen, als für die Vertilgung reif bezeichnet » (99 f.). Dazu zitiert der Verfasser ausdrücklich: « V. 3. 5-7 ». Mit Recht! Aber wenn 3 schon das Urteil aus 5-7 ausspricht und das tut mit Rücksicht auf das Geschehen von 2, dann liegt es doch unvergleichlich näher, in 2 die Erwähnung einer allgemein menschlichen Sünde zu erblicken, die « die Männer » und « die Frauen » begehen.

3. Kapitel

DIE " ALLGEMEIN-MENSCHLICHE " DEUTUNG VON GEN. 6, 2

I. - *Die Bedeutung der Worte « Söhne Gottes » und « Menschentöchter »*

Langsam Stufe für Stufe voranschreitend ist bisher folgendes gezeigt worden. Mit den « Söhnen Gottes » *können* Menschen gemeint sein; — es sind *tatsächlich* Menschen damit gemeint, — aber *nicht* nur die Kinder Seths oder sonstwie *Vertreter einer einzelnen Menschenklasse,* — sondern *die Männer des Menschengeschlechtes überhaupt.* Jetzt erhebt sich die Frage: wie kommt es, dass diese Männer hier « Söhne Elohims » heissen, die Frauen « Töchter des Menschen »? Und welcher Sinn ist mit diesen Worten zu verbinden?

Auch hier mögen zwei Fragen in etwa geschieden werden. Zunächst *die Bedeutung der einzelnen Ausdrücke,* dann *der Sinn ihrer Gegenüberstellung.* Beide Erwägungen werden sich gegenseitig durchdringen und ergänzen, ja, der volle Sinn des Einzelausdrucks wird erst im Gegensatz geklärt. Aber eine gewisse methodische Scheidung ist wohl erlaubt.

« Söhne Elohims »

Jedes hebräische Lexikon bietet zahllose Beispiele, wie das Wort בן alle möglichen Beziehungen der Herkunft, Kindschaft, Angehörigkeit, Mitgliedschaft, des Behaftetseins mit einer Eigenschaft usw. meinen kann. Der Sinn des Wortes ist so unbestimmt und mannigfaltig, dass er aus der Vokabel allein einfach nicht zu ermitteln ist. Ob in Gen. 6, 1-4 « Angehörige einer Klasse », nämlich der « Elohim » (Geister) gemeint sind, oder Wesen, die in besonderer Beziehung zu dem einen Schöpfergott Elohim stehen, das sind Fragen, die vom Worte בְּ aus schlechterdings nicht zu lösen sind. Alles kommt hier darauf an, was « Elohim » bedeutet.

In der Untersuchung dieser Frage muss man vor allem ausgehen von dem lebendigen Zusammenhang der Urgeschichte. Wo ist hier schon einmal ein Mensch in irgend einer Wendung in besonders innige Beziehung zu « Elohim » gestellt worden, und gibt es Vorlagen oder Berührungspunkte, die zur Klärung des Wortes von den « Söhnen Elohims » in Gen. 6, 1-4 etwas beitragen können ?

Es ist sicher ein grosses Verdienst JUNKERS ([1]), wieder mit allem Nachdruck auf die Beziehungen der « Söhne Elohims » in Gen. 6 zu dem « Ebenbild Gottes » in Gen. 1 und 5, 1 ff. hingewiesen zu haben. Auch der erste, der eine allgemein menschliche Deutung der « Söhne Elohims » versuchte, GUSTAV A. SCHUMANN, setzte die « filii Dei » in Beziehung zum « Ebenbild Gottes » des Schöpfungsberichtes : « Malim equidem בני האלהים intelligere de filiis Dei, quales ii dicantur, quos deus ex sententia auctoris *ad similitudinem suam* creaverat » (121) ([2]).

Wird nun die Quelle, aus der sich das Wort von den « Söhnen Elohims » in Gen. 6 erklären lassen soll, in den Texten der Urgeschichte vom « Bild Elohims » gesucht, so ist eine kurze kritische Überschau über diese Texte vom « Bild Elohims », ihren Sinn und ihre Bedeutung nicht zu umgehen. Zwecks besserer Anknüpfung an unsere Fragestellung mag dabei mit dem späteren Text begonnen werden.

Gen. 5, 1-3. Vor allem ist hier zu beachten der vollkommene Parallelismus zwischen einer Handlung Gottes und dem Tun des ersten Menschen :

([1]) *Biblica* 16 (1935) 209 ff. Vgl. oben S. 134 ff.
([2]) Vgl. oben S. 149.

V. 1 + 2:	V. 3:
Gott schuf den Menschen nach seinem Bilde,	Adam erzeugte nach seinem Gleichnisse und Bilde,
und er nannte ihren Namen: Adam.	und er nannte seinen (offenbar des Sohnes) Namen: Seth.

Beide Handlungen haben drei Rücksichten gemeinsam:
1. Sie sind schöpferisch, bringen ein neues Leben hervor;
2. dieses neue Leben ist geformt nach dem Bilde dessen, der schafft oder zeugt;
3. der Hervorbringer benennt das neue Leben mit einem von ihm gewählten Namen.

Dass Seth als «Sohn» Adams aufgefasst ist, daran ist kein Zweifel; vergleiche das בָּנִים in V. 4 (vgl. 4, 25). Wie steht es nun mit Adam bezüglich «Elohims»? Adam ist von ihm nach seinem Bilde geschaffen, von ihm mit Namen genannt, ganz ähnlich wie Seth von Adam ausging, nach dessen Bild gezeugt und von ihm mit einem Namen benannt wurde. Seth ist Adams «Sohn»; soll im geistigen Milieu dieser Worte und Ideen nicht auch die Möglichkeit bestehen, dass Adam «Sohn Elohims» genannt wird, oder vielleicht sogar alle die «Söhne Elohims» heissen, die nach dem Bilde Elohims von diesem geschaffen, den von ihm gegebenen Namen אָדָם «Mensch» tragen? Es scheint fast, als wenn in der Urgeschichte die Benennung «Söhne Elohims» nur eine neue Formulierung vorher schon ausgesprochener Gedanken sei, eine Formulierung, die gerade durch den Text 5, 1 ff. begründet, ja nahegelegt ist.

Dabei wurde der Text 5, 1 ff. bisher nur äusserlich, mehr nach der bloss äusseren Gruppierung der Gedanken und Begriffspaare betrachtet. Wie steht es, wenn man tiefer im einzelnen auf seinen Sinn eingeht? 5, 1: «Am Tage als Elohim den Menschen schuf, da machte er ihn nach dem Gleichnis Elohims. Mann und Weib schuf er sie, und er nannte ihren Namen: Mensch». Welch seltsame Unmittelbarkeit der Satzverbindung: « Er schuf ihn nach dem Bilde Elohims. Mann und Weib schuf er sie ». Soll die Zweigeschlechtlichkeit Bild einer Zweigeschlechtlichkeit Gottes sein? Ganz sicher nicht. Es würde damit eine der Elohim-Lehre der Genesis absolut fremde Idee in den Text hineingetragen. Und doch hat die unmittelbare Aufeinanderfolge der Idee des Gottesbildes und der der Zweigeschlechtlichkeit des Menschen einen tiefen Sinn, der sich später bestätigen wird. Der Sinn des Bildes Elohims im Menschen ist keine rein statische Grösse, es ist ganz wesentlich etwas Dynamisches. Das Bild Elohims wird dem Menschen gegeben als « Erbe », das durch Zeugung weiterzureichen ist von Geschlecht zu Geschlecht. Darum wird unmittelbar nach der Idee vom Bilde Elohims fast abrupt die Zweigeschlechtlichkeit der Menschen, d. h. die menschliche Zeugungs- und Fortpflanzungsmöglichkeit erwähnt, als wenn die Schrift sagte: « Er schuf den Menschen nach dem Bilde Elohims, das weiterzureichen war von Geschlecht zu Geschlecht ».

Wie sehr dieser Gedanke den wahren Sinn von Gen. 5, 1-2 trifft, erhellt wohl am besten daraus, dass Adam das empfangene Leben weitergibt, wie sogleich im folgenden Verse angeschlossen wird. Und zwar tut er das so, dass auch das neue Leben wieder das Bild des Vaters und damit das Bild des Bildes Elohims trägt. Und auch das ist nichts rein Statisches; auch das soll weitergegeben werden; denn Adam zeugt בָּנִים וּבָנוֹת, « Söhne und Töchter », wie gleich darauf in V. 4 gesagt wird.

Damit stehen wir also am tiefsten Sinn der « *Tholedoth* » in der Genesis (vgl. 5, 1: תּוֹלְדֹת אָדָם). — Das Bild Elohims soll in der Welt erhalten und fortgepflanzt werden. Von Gott hervorgegangen sein und Elohims Bild sein, vom Vater gezeugt sein und des Vaters Ebenbild sein, erheben sich in dieser Betrachtung zu synonymen Ausdrücken.

Bisher sind wir nicht ausdrücklich eingegangen auf die Frage, von welchem « Elohim » denn die Rede sei, wenn es heisst, Adam sei nach « Elohims Bild » geschaffen. Wenigstens scheinbar nicht eingegangen; denn tatsächlich haben wir eben diese Frage in der obigen Textanalyse gleichzeitig mitgelöst. Adam zeugt den Sohn « nach seinem Bild und Gleichnis »,

d. h. nach dem Bilde des einen persönlichen Hervorbringers des neuen Lebens. Absolut parallel dazu steht die Handlung Elohims, offenbar des einen und einzigen persönlichen Schöpfergottes, von dem in der Urgeschichte ausschliesslich die Rede ist. Auch der bringt das neue Leben hervor nach dem Bilde von etwas, das hier « Elohim » heisst. Was kann damit gemeint sein? Offenbar nur der eine neues Leben hervorbringende Vater; also der eine Schöpfergott Elohim. Eine andere Idee passt in den straffen, absolut geschlossenen Parallelismus des Textes 5, 1 ff. überhaupt nicht hinein. Also kann hier von irgendwelchen Engelgeistern, die « Elohim » hiessen, gar nicht die Rede sein. Die Rede ist nur vom einen Gott, der *nach Gottes Bild und Gleichnis* den Menschen schafft, der dann das Gottesbild als kostbarstes Erbe in der Erzeugung neuen Menschenlebens weiterreichen soll von Geschlecht zu Geschlecht eben dadurch, dass jeder Vater das neue Leben erzeugt « nach seinem Bild und Gleichnis »: den « Sohn », der damit notwendig nach dem Urbild gestaltet ist, nach dem auch sein Vater geformt wurde. So soll sich Licht und Herrlichkeit des « Bildes Gottes » auf der Erde fortpflanzen und verbreiten: der tiefste Sinn der « Tholedoth des Menschen ».

Wenn wir nach dieser ersten Erwägung über Gen. 5, 1 ff. fragen, welchen Anlass und Sinn es haben kann, dass in der Urgeschichte Menschen « Gottes Söhne » heissen, so ist die nächstliegende Antwort, weil und insofern sie « als Gottes Bild und Gleichnis » von Gott ihren Ausgang nahmen und eben damit im Sinne der Urgeschichte tatsächlich « Söhne Elohims, des einen Schöpfergottes » sind. — Diese Erkenntnis wird sich durch die Betrachtung der folgenden Texte noch bestätigen.

Gen. 1, 27-28: « Und es schuf Elohim den Menschen nach seinem Bilde, nach dem Bilde Elohims erschuf er ihn, Mann und Weib schuf er sie. Und es segnete sie Elohim, und es sprach zu ihnen Elohim: seid fruchtbar und werdet viele und erfüllt die Erde und unterwerft sie eurer Herrschaft! »

Dasselbe Bild wie eben. Wenn das erste בְּצַלְמוֹ in 27 echt ist — die LXX lässt es aus —, dann ist hier ganz ausdrücklich durch das Suffix des Singulars klar, dass dieser « Elohim », nach dessen Urbild der Mensch geschaffen wird, der eine und einzige Schöpfergott Elohim ist. An der Echtheit dieses בְּצַלְמוֹ ist aber nicht zu zweifeln. König (163) sagt sehr richtig, die LXX spiegele nicht den Originalwortlaut wieder...: « Der erstere Satz des hebräischen Textes ist vielmehr durch die Weglassung des scheinbar überflüssigen « nach seinem Bilde » verstümmelt worden ». Durchschlagend ist sicher die beigefügte Begründung, in einen Satz wie den der LXX hätte das « nach seinem Bilde » nicht nachträglich hineingeraten können. Auch Hieronymus nimmt es in der Vulgata wieder auf. — Damit ist aber die Absicht der Genesis, unter dem « Bilde Elohims » das Bild des einen Schöpfergottes Elohim zu verstehen und nicht das der Engel, auch hier ganz evident.

Aber selbst wenn das בְּצַלְמוֹ Glosse wäre, was es sicher nicht ist, würde doch das « Bild Elohims » klar auf den Singular-Elohim bezogen sein. In V. 27 wird Elohim erneut als Schöpfer eingeführt. Alle Verben, die sich hier auf sein Tun beziehen, stehen ausnahmslos eindeutig in der Einzahl. Wenn dann gesagt wird « nach dem Bilde Elohims », wo soll da ein anderer Elohimbegriff herkommen als der, der unmittelbar im gleichen Satze enthalten ist? Das aber ist der eine Schöpfergott. Also nach dessen Bild wird der Mensch geschaffen.

Dass in 1, 26 Plurale gebraucht werden, ändert die Lage absolut nicht. Denn dieser Plural bezieht sich nicht nur auf den, nach dessen Bild der Mensch gemacht wird (« nach *unserem* Bild »), sondern auch auf den Elohim, der ihn schafft (« *wir* wollen machen »). Der letzte ist aber sicher der eine Schöpfer-Elohim, der in diesem Zusammenhang stets als Einziger gedacht ist; also ist das auch der, nach dessen Vorbild der Mensch geschaffen ist. Das fordert der unmittelbare Zusammenhang. Wenn also in 1, 26 Pluralformen gebraucht werden, so geschieht das aus irgendwelchen Gründen literarischer, psychologischer oder theologischer Art, aber sicher nicht, um eine sachliche Mehrzahl handelnder Schöpfergeister zu behaupten, also auch keine sachliche Mehrzahl der Elohim, nach denen geschaffen wird.

Darüber hinaus zeigt der Text Gen. 1, 27-28 die gleiche Metaphysik des Gottesbildes im Menschen wie 5, 1 ff. Auch hier ist das « Gottesbild sein » nichts Einmaliges, sondern wesentlich etwas allgemein Menschliches, Dynamisches, das in sich den Drang und die Eignung trägt, durch die Geschlechterfolgen der Menschheit weitergereicht zu werden. Darum auch hier nach der emphatischen Betonung des Bildes Gottes im Menschen unmittelbar der Hinweis auf die Fortpflanzungsmöglichkeit: « Mann und Weib schuf er sie ». Und um diesen Zusammenhang recht eindeutig zu machen, schliesst sich sogleich der ausdrücklichste Befehl zur Zeugung künftiger Geschlechter an als das erste und grundlegende Gottesgebot, das der Menschheit überhaupt gegeben wird: « Seid fruchtbar, werdet viele, erfüllet die Erde ». Und dann ein Gebot von ungeahnter theologischer Tiefe und weltgeschichtlicher Tragweite: « Unterwerft die Erde eurer Herrschaft! ». Das ist also die Metaphysik der Menschheitsgeschichte, die die Genesis zu bieten hat: der Kampf um die Herrschaft des « Bildes Gottes » auf Erden.

« Gottesbild sein » ist also auch hier wesentlich verknüpft mit den Ideen der Schöpfung, des Ausgehens von Gott, der Fortpflanzung und Zeugung. Der Sohn wird Bild des Vaters und Elohims sein, wie der Vater es war, eben weil der Sinn seiner Zeugung war, durch die Gleichheit mit dem Vater das Gottesbild zu empfangen. Diese Gedanken sind in Gen. 1 nicht so stark entfaltet wie in Gen. 5. Es scheint eine fortschreitende Entwicklung dieser Auffassungen vorzuliegen. Gen. 1 bietet die Grundlage; die innige Beziehung der Gottesebenbildlichkeit zu Zeugung und Fortpflanzung wird angedeutet. Gen. 5 geht weiter. Es heisst ausdrücklich, dass auch das Zeugen des Sohnes vom menschlichen Vater nach Bild und Gleichnis des Vaters geschieht. Damit ist « Sohnschaft » und « Bild des Erzeugers sein » geradezu synonym geworden. Es fehlt jetzt in der Entfaltung des Gedankens nur noch ein Schritt, dass der Begriff der Sohnschaft auch auf das Verhältnis des Menschen zu Gott übertragen wird. Und diese letzte Stufe der Explikation findet sich in den « Söhnen Gottes » in Gen. 6, 1-4. Die vollste Entfaltung dieser Gedanken, der Hinweis auf die innigste Gottverbundenheit des Menschen, ist also der Stelle der Genesis vorbehalten, wo der tiefste Fall durch die materiellste Sünde, das « Fleisch werden » des Menschen berichtet wird. — So scheint die Deutung « Söhne Gottes » = « Menschen, nach Gottes Bild von Gott geschaffen », sich vorzüglich in Sprache, Ideologie und literarischen Aufbau der Urgeschichte einzupassen (¹).

Eine gute Illustration und Bestätigung einer solchen Auffassung von der innigen Verwandtschaft der Ideen « Sohn » und « Abbild » bieten Texte aus dem Kulturkreise des alten Ägyptens. Ausserordentlich stark hat sich YAHUDA (²) dafür eingesetzt, dass vor allem Gen. 5, 1-3 ägyptisches Gedankengut sei, da in den Sprachdenkmälern des alten Ägyptens « Sohn sein » und « Abbild des Vaters sein », « geschaffen sein » und « Bild des schaffenden Gottes sein » so gut wie synonym seien. Nicht alle in diesem Sinn zitierten Texte sind freilich zuverlässig. In dem Text, den MAX MÜLLER (³) übersetzt: «Erwirb dir ein Weib, dass sie dir einen Sohn als dein Ebenbild schaffe», ist — nach mündlicher Mitteilung eines Fach-Ägyptologen (E. SUYS S. J. †) — von irgendeinem « Ebenbild » über-

---

(¹) So haben wir hier eine genügende Erklärung des auffallenden Ausdrucks « *Söhne Elohims* » aus innerhebräischem Ideengut, ohne dass wir auf äussere Quellen zurückzugehen brauchten. Abstrakt gesprochen bestände ja die Möglichkeit, dass die Wahl des Ausdrucks für diese Menschen, um die es sich hier handelt, psychologisch mitbedingt wäre durch die Erinnerung an das Wort von den *Söhnen Els* in anderen semitischen Religionen. Zahlreiche Texte über den *bn El* oder die *bn Elm* sind in *Ras Šamra* gefunden. Oft ist damit eine einzelne Gottheit gemeint, gewöhnlich *Môt* (vgl. H. BAUER in *ZAW* 51 [1933] 94-95, Nr. 17). Viele nehmen für zahlreiche Stellen die Pluralbedeutung an; z. B. I. A. MONTGOMERY, *The Ras Shamra Mythological Texts* (Philadelphia 1935); D. NIELSEN, *Ras Šamra Mythologie und Biblische Theologie* (Leipzig 1936). Doch darf wohl mit Recht darauf hingewiesen werden, wie vieles hier noch unsicher ist. MONTGOMERY lässt (S. 35 bei der Erklärung von B, III, 14) *Aleyan* im Kreise der *Bnê Elim* sprechen; VIROLLEAUD (*Syria* 1932, 128) sagt bezüglich der gleichen Stelle: « *Bn-Elm* désigne évidemment *Môt* ». An anderen Stellen ist dieser individuelle Sinn aus dem Zusammenhang absolut gesichert. Vgl. VIROLLEAUD, *Légende de Danel* (Paris 1936, über II, 6, 29, S. 207 u. 209); hier steht « *Fils de El* » durchaus parallel mit *Baal* und wird wohl eine ähnliche Rolle spielen wie sonst der *Ben Dagon*. — Selbstverständlich ist für manche Texte damit zu rechnen, dass eine Mehrheit übermenschlicher Wesen mit solchen Bezeichnungen gemeint ist (vgl. NIELSEN). Doch liegt für Gen. 6, 1-4 die nächstliegende Erklärung sicher in dem oben aufgewiesenen Gedankengut der biblischen Urgeschichte selbst.

(²) *Die Sprache des Pentateuchs in ihren Beziehungen zum Ägyptischen* I, Berlin u. Leipzig 1929.

(³) *Die Liebespoesie der alten Ägypter* ², Leipzig 1932, S. 3.

Haupt keine Rede. Aber auch bei aller kritischen Sichtung wird von dem bei YAHUDA gebotenen Material (136 ff.) doch so viel übrig bleiben, dass die Idee des Geschöpfes und Sohnes als Ebenbild von Schöpfer und Vater in der ägyptischen Literatur nachzuweisen ist. KURT SETHE bringt in seinen *Urkunden der 18. Dynastie* (1555-1380 v. Chr.) ([1]) zahlreiche Beispiele dieser Art aus den Ehrenbezeichnungen, die sich die Königin Hatschepsut auf ihren Denkmälern beilegt:

« Die Tochter des Rê‛, das vortreffliche Abbild des Amon.
Das herrliche Abbild des Amon, die Tochter des Amon.
Das Abbild des Amon auf Erden.
Die Tochter des Amon von seinem Leibe, das Abbild des Amonrê‛ bis in Ewigkeit.
Das Abbild des Amonrê‛, seine lebende Statue auf Erden.
Die Tochter des Rê‛, das Abbild der Götter.

In einer Anrede der ratgebenden Fürsten an den jungen König Ramses II. (1300-1234) heisst es: « Du bist das auf Erden lebende Abbild deines Vaters Atum von Heliopolis » ([2]). In einem Lied, geschrieben unter Merenptah, dem Nachfolger Ramses II., wird der König ganz ähnlich angeredet: « Du Kind, du Ebenbild des Stiers von Heliopolis » ([3]).

Im Lichte dieser Parallelen, etwa aus der Zeit des Moses ([4]), ist es schwer, jede Beziehung ägyptischer Ideen zur Idee des Gottesbildes in der Genesis zu leugnen. Aber sicher sehr zutreffend und durch unsere obigen Analysen der Texte aus Gen. 1 und 5 durchaus bestätigt ist, was YAHUDA (137 f.) bemerkt, dass nämlich die Auffassung von Gen. 1 sich zwar an ägyptische Vorstellungen anlehnt, aber « trotz ihres anthropomorphen Hintergrundes von den sensualisti-

---

([1]) Leipzig 1914, 126 f.
([2]) ERMAN-RANKE, *Ägypten und ägyptisches Leben im Altertum*, Tübingen 1923, 83.
([3]) ERMAN, *Die Literatur der Ägypter*, Leipzig 1923, 339.
([4]) Aus noch älterer Zeit stammt ein ähnlicher Ausspruch in der « Lehre für König Merikarê » : « Er hat den Lebenshauch für ihre Nasen geschaffen; seine Ebenbilder sind sie, hervorgegangen aus seinem Leibe » (Zl. 131 f.). Vgl. A. SCHARFF, *Der historische Abschnitt der Lehre für Kön. Merikarê*, München 1936, S. 60 f. SCHARFF setzt mit Rücksicht auf Inhalt und Sprache den Text in den « Anfang des mittleren Reiches, etwa 2100 v. Chr. » (S. 6).

schen und polytheistischen Motiven der ägyptischen Theogonie gereinigt ist ».

Das Ergebnis des Vergleiches mit ägyptischen Texten liesse sich vielleicht so zusammenfassen. Sicher ist es eine ägyptische Idee in der 2. Hälfte des 2. Jahrtausends, die auch Exodus und Leben des Moses einschloss, dass der Sohn Abbild des Vaters, das Geschöpf Bild des Gottes ist. Sicher heissen die Menschen in der Genesis « Abbilder Gottes » (1, 27 usw.). Sicher sind es Menschen, die hier « Söhne Gottes » genannt werden (6, 2). Was liegt also näher, als dass diese Menschen deswegen « Söhne Gottes » genannt werden, weil sie nach Gottes Ebenbild von Gott geschaffen sind? Damit wäre aber der Gedanke Schumanns glänzend bestätigt, den er genau 100 Jahre vor dem Buche Yahudas als zaghafte Vermutung vorsichtig ausgesprochen: « Malim equidem בני־האלהים intelligere de *filiis Dei,* quales ii dicantur, *quos Deus* ex sententia auctoris *ad similitudinem suam creaverat* » (121).

Wenn wir uns im letzten Teil in etwa an die von Yahuda gebotenen Anregungen angeschlossen haben, so ist damit in keiner Weise gesagt, dass wir uns alle seine diesbezüglichen Aufstellungen zu eigen machen. Er will z. B. aus jenen Gedankenkreisen heraus nachweisen (271 ff.), dass in Gen. 6, 1-4 unter « Götter-Kindern » Götter zu verstehen seien, und zwar « die aus dem Leibe des als Schöpfer von Göttern und Menschen gedachten Urgottes hervorgegangenen Götter sowie auch deren Kinder und Kindeskinder, aus denen sich die Göttergeschlechter bildeten ». — Dabei ist aber eben der Sinn der ägyptischen Parallelen vollkommen übersehen. Ebenbildlichkeit und Sohnschaft sind synonym. Als Gottesbilder kennt aber die Genesis nur Menschen, wie aus Gen. 1 ff. evident ist. Also kennt die Genesis auch nur Menschen, die Gottes Söhne sind. Eine andere Idee passt gerade im Licht der ägyptischen Paralleltexte in die Urgeschichte überhaupt nicht hinein.

So interessant und lehrreich nun auch die Parallelen aus dem Ägyptischen sind, für unsere Argumentation genügt vollkommen das in der Genesis selbst, zumal 5, 1 ff., gebotene Material. « Sohn sein » und « Bild des Erzeugers sein » ist dasselbe; darum sind die « Söhne Gottes » aus Gen. 6, 1-4 die « Menschen, die Gott nach seinem Bild und Gleichnis schuf ».

Diese Deutung scheint auch die einzige, die die Gefahr jeder Einzelklassentheorie letztlich überwindet und damit alle die Dunkelheiten und Ungereimtheiten ausschliesst, die mit jeder Einzelklassendeutung immer wieder gegeben sind. Denn das ist sicher das grösste Verdienst von G. A. Schumann, dass er als Grund des Namens « Gottessöhne » etwas angab, was nicht nur in der subjektiven Sphäre persönlicher Tugend und Vollkommenheit, sondern in der objektiven der Würde der Natur selber liegt. Erst dadurch ist ja eine wahrhaft « universale » Deutung ermöglicht und grundgelegt. Freilich hat er seinen Gedanken keineswegs eindeutig und konsequent durchgeführt. Auch er deutet gleich darauf Dinge an, die wieder auf die « Theorie der Frommen » hinauszugehen scheinen, wie er ja nicht einmal die Engeldeutung entschieden abgelehnt hat. Aber das Grundprinzip der richtigen Deutung hat er doch wenigstens einmal als Vorschlag ausgesprochen: die objektive Beziehung der Gottebenbildlichkeit eines jeden Menschen als Grund der Bezeichnung « Sohn Gottes ».

Sollte es aber « zu weit hergeholt » oder gar zu kühn erscheinen, in den « Söhnen Gottes » von Gen. 6, 1-4 eine innere gedankliche Beziehung zu den Texten vom « Ebenbild Gottes » in Gen. 1 usw. zu sehen, so möge zum Abschluss dieser Darlegung auf einen anderen ähnlichen Text hingewiesen sein, nämlich Ps. 8, 6. Auch in diesem Liede findet sich ein Ausdruck von staunenswerter Kühnheit über die Gottesnähe des Menschen. Mit ausdrücklichen Worten ist nichts davon gesagt, dass die Gottesebenbildlichkeit der innere Grund für diese Bezeichnung ist. Und doch sind die Exegeten der allerverschiedensten Einstellung und Richtung sich darin einig, dass der hier ausgesprochene Gottesadel des Menschen das Gottesbild meint, das in Gen. 1 beschrieben wird.

> « Quid est homunculus, ut eius recorderis,
> et filius hominis, ut eum visites
> *eumque feceris paulo tantum Deo minorem!* » (¹)

Mit seltener Einmütigkeit stimmen die allermeisten Exegeten heute darin überein, dass dies וַתְּחַסְּרֵהוּ מְּעַט מֵאֱלֹהִים den angegebenen Sinn hat: « Der Mensch ist beinahe Gott. ».

(¹) Zorell, *Psalterium*, Romae, 1928.

Baethgen: « Du liessest ihn nur wenig zurückstehn hinter Gott » (¹).

Duhm: « Und doch liessest du ihm wenig fehlen zu einem Gott » (²).

Vaccari S. I.: « Eppure l'hai fatto poco meno che un dio » (³).

König: « Du liessest ihn nur ein weniges Gott gegenüber entbehren » (⁴).

Die eigentümliche Rolle des מִן wird gewöhnlich erklärt mit Beispielen wie 1 Sam. 15, 23: וַיִּמְאָסְךָ מִמֶּלֶךְ « er verschmäht dich, *so dass du nicht* König bist ». Das ergibt für Ps. 8, 6 wörtlich die Deutung: « Er hat ihm wenig fehlen lassen, dass er nicht Gott ist ».

Was nun den tieferen Sinn dieser auffallend kühnen Aussage über die Adelshöhe des Menschen angeht, so kommentiert Baethgen folgendermassen: « V. 5 ist die erstaunte Frage, wie kommt es doch, dass du dich um dieses schwache Wesen kümmerst und für es sorgst? ». In V. 6 werde dann dieser Begriff der Fürsorge weiter entfaltet und « an dem in der Vergangenheit liegenden wichtigsten Beispiel der göttlichen Fürsorge für den Menschen erläutert, nämlich seiner Erschaffung nach dem Ebenbilde Gottes. *Der Dichter blickt hier augenscheinlich auf Gen. 1 zurück* ».

Duhm bemerkt in seinen Anmerkungen zu Ps. 8, 6: « 6-7 *von Gen. 1 abhängig,* eine Ausführung des Gedankens von der Gottebenbildlichkeit des Menschen und der Aufforderung an ihn, sich die Erde zu unterwerfen ».

Wie kommt es, dass diese Autoren in dem « nur wenig tiefer als Gott selbst gestellt sein » ein Zurückgreifen auf das « Bild Gottes » aus Gen. 1 sehen? Die Gründe sind einleuchtender literarischer Art. Ps. 8 denkt in V. 4-9 an drei Dinge: die Schaffung der ganzen Welt, Ehre und Würde des Menschen, Verleihung der Herrschaft über die ganze Welt an den Menschen. Themen und Reihenfolge entsprechen ganz dem

---

(¹) *Die Psalmen*, Göttingen 1904, 21.
(²) *Die Ps.,* Tübingen 1922, 36.
(³) *I libri poetici,* Romae 1925, 72.
(⁴) *Die Ps.,* Gütersloh 1927, 151 f.

Inhalt von Gen. 1. Darum ist hier gewiss mit dem « fast Gott sein » die Ehre und Würde des Menschen gemeint, die auch Gen. 1 nach der Weltschöpfung und vor der Übertragung der Weltherrschaft an den Menschen beschreibt, und eben das ist die Ebenbildschaft Gottes. Also das « paululum derogasti ei ne esset Deus »([1]) erinnert daran, dass der Mensch nichts weniger ist als ein Ebenbild Gottes, sein lebendiges Denkmal auf Erden.

Dieser kühne Text des Psalmisten (8, 6) und seine so weitgehend übereinstimmende Deutung bei den Exegeten hat für die Interpretation von Gen. 6, 1-4 indirekt grosse Bedeutung. Wenn BAETHGEN, DUHM und KÖNIG Ps. 8, 6 keinen Anstand nehmen, aus literarischen Gründen in diesem einzigartigen Text über die Gottesnähe des Menschen eine Beziehung zum « Gottesbild » in der Genesis anzuerkennen, dann ist nicht zu sehen, warum ein ähnlicher Schluss von dem auffallenden Wort der « Söhne Gottes » in Gen. 6 her nicht möglich sein soll ([2]). Hier stehen wir im selben Zusammenhang der einen Urgeschichte. Gen. 5, 1 ff. baut die Zwischenstufe der Explikation, schafft die Gedankenverbindung « Sohn » = « Abbild ». Warum soll also der Schluss unbegründet sein, den Sinn des Titels « Söhne Elohims » im « Bilde Elohims, von Elohim geschaffen » zu finden?

Noch unmittelbarer lässt sich sagen: wenn das A. T. fähig ist, das Wort vom Menschen zu prägen, dem nur wenig fehlt, dass er Gott wäre, dann ist das A. T. auch fähig, den Menschen als « Sohn Gottes » zu bezeichnen, zumal da so viele gedankliche und sprachliche Hinweise der Urgeschichte geradezu auf diesen Ausdruck hindrängen.

Wo nun einmal die gedankliche Verbindung zwischen Ps. 8 und den Ideen der Urgeschichte soweit hergestellt ist, dürfen wir vielleicht noch weiter gehen. Wenn wir eine Formulierung suchen, in die wir kurz und prägnant die Bedeutung des Wortes « Söhne Gottes » aus Gen. 6, 1-4 zusammenfassen können, dann gibt es wohl keine bessere als eben Ps. 8, 6 f. Was ist mit dem « Sohn Elohims » in Gen. 6, 1-4 gemeint? Der Mensch, von dem das Wort gilt:

([1]) FRANZ DELITZSCH, *Die Psalmen*, Leipzig 1894, 111.
([2]) Über die Beziehung dieses Gedankens zur « Quellenzugehörigkeit » vgl. III. Teil, 2. Kap.

« Du hast ihn nur wenig unter Gott gestellt
und hast ihn mit Ehre und Herrlichkeit gekrönt.
Du hast ihn zum Herrscher gemacht über die Werke
Deiner Hände » (¹).

« Menschentöchter »

Wesentlich einfacher kann sich die Untersuchung über den zweiten der zur Frage stehenden Einzelausdrücke gestalten. Was ist der Sinn des בְּנוֹת? Zweifellos soll die Rücksicht des Ursprungs hervorgehoben werden. Der Ausdruck ist ja gerade im ersten Vers durch das « es wurden ihnen Töchter *geboren* », vorbereitet worden. So erschöpft sich dies בְּנוֹת in V. 2 sicher nicht in dem unbestimmten Begriff einer allgemeinen Zugehörigkeit zur Klasse Mensch, so sehr auch dieser mit eingeschlossen sein mag. Es sind wirklich auch die « Töchter » gemeint, von deren Zeugung und Geburt im vorigen Verse die Rede war.

Aber warum heissen sie die « Töchter des Menschen » בְּנוֹת הָאָדָם? Es ist offenbar ein Hinweis darauf, dass diese Frauen hier erwähnt sind, eben insofern sie Menschen sind, die menschliche Natur in ihnen verwirklicht ist. Was eine solche Benennung besagen kann, lässt sich vielleicht am leichtesten zeigen an dem Beispiel des gleichen Psalmtextes, der oben zur Erläuterung der « Söhne Gottes » und des « Bildes Gottes » so viel beitrug, Ps. 8, 5 f. (²).

In V. 4 hatte der Psalmist die Grösse und überwältigende Pracht der Schöpfung Gottes bewundert, und zwar gerade an dem Bild, das im Orient unübertrefflich die Majestät Gottes kündet, am Anblick des strahlenden Sternenhimmels. So gross ist ihm diese Schöpfung, dass der Mensch ganz darin verschwindet, absolut unbedeutend und nichtig erscheint. Daher spontan der Ausruf: « Was ist der Mensch (אֱנוֹשׁ), dass du seiner gedachtest, und des Menschen Sohn (בֶּן־אָדָם), dass

---

(¹) Über die Bedeutung des « Sohn Gottes » an anderen Stellen des A. T. vgl. besonders S. 83 f.

(²) Vgl. auch den Gebrauch von בְּנֵי הָאָדָם in Gen. 11, 5.

du ihn heimsuchest!». Also mit אֱנוֹשׁ gleichgestellt erscheint hier der « Menschensohn » als der Mensch, der in der Pracht der Gotteswelt verschwindet, absolut bedeutungslos erscheint, also der arme, der nur « menschliche » Mensch! Dann aber die plötzliche Peripetie der Gedanken: « Und du hast ihn nur wenig unter Gott gestellt ». Auf einmal etwas ganz anderes: der gottgleiche Mensch! Vorher der Mensch, der verschwindet in der Welt. Jetzt der Mensch, der fast soviel bedeutet wie der Schöpfergott, dessen « Name herrlich ist auf der ganzen Erde ». Zwei Welten im selben Menschen: eine « menschliche », erdnahe, armselige; eine göttliche, gottnahe, den Menschen fast gottgleich machende: das « Ebenbild Gottes », zu dem ihn der Schöpfergott erschaffen. Beide Welten im Menschen haben ihren Namen. Die menschliche ist gemeint mit dem « Sohn », der « Tochter des Menschen », die göttliche mit dem « fast Gott » des Ps. 8 oder mit dem « Sohne Gottes » der Urgeschichte.

Es ist ein ganz ähnliches Beispiel in Ps. 82, 6-7: « Ich habe gesagt: ihr seid Elohim, und ihr alle seid Söhne des Allerhöchsten. — Fürwahr, wie Menschen werdet ihr sterben ». Wieder ein Beweis, wie zwei Welten im Menschen zur Geltung kommen können, die göttliche und die menschlich armselige. Der Titel Elohim meint hier nicht Gottesebenbildlichkeit, sondern Anteilnahme an göttlicher Richtergewalt. Aber dann dieselbe Peripetie der Gedanken wie in Ps. 8, nur hier die Dekadenz. Wie ganz gewöhnliche, ganz « menschliche » Menschen werden sie sterben, als wenn nie irgend ein Funke einer höheren Gotteswelt in ihnen gelebt hätte.

Durch solche Belege scheint der Sinn des Wortes « Menschentochter » gerade neben dem Ehrentitel « Söhne Gottes » genügend geklärt, soweit es bei einer Erwägung geschehen kann, in der noch der einzelne Ausdruck mehr im Vordergrunde steht. Die « Menschentochter » ist das Mädchen, die Frau, insofern das Irdische, Arme ihrer « menschlichen » Natur in ihr zur Geltung kommt.

II. – *Sinn der Gegenüberstellung von « Söhnen Gottes » und « Menschentöchtern »*

Je mehr die gedankliche und exegetische Ungereimtheit einer mythologischen Deutung für Gen. 6, 1-4 erwiesen wird, desto drängender wird die Frage, warum denn Menschen und zwar gerade Männer hier « Gottes Söhne » heissen, während im unmittelbarsten Zusammenhang die Frauen « Menschentöchter » genannt werden. Der Sinn der einzelnen Ausdrücke ist schon geklärt. « Sohn Gottes » ist in der Urgeschichte der Mensch, insofern er von Gott nach Gottes Bild und Gleichnis geschaffen wurde, insofern dieses « Bild Gottes sein » ihm als kostbarstes Erbe vom Vater in der Zeugung weitergereicht wurde. Die « Tochter des Menschen » ist das Mädchen, die Frau, insofern sie « Mensch » ist, vom Boden der Erde genommen, bestimmt, zum Staube der Erde zurückzukehren; « Mensch », schon belastet mit all den Erinnerungen, die seit Gen. 3 am Namen « Menschen » haften; kurz « Mensch », nicht als das Gottverwandte, sondern das Erdnahe.

Wenn wir nur diese einzelnen Ausdrücke hätten, wären sie verhältnismässig leicht erklärt. Aber das Problem ist nicht so sehr der einzelne Ausdruck, die Schwierigkeit ist ihre gegensatzartige Gegenüberstellung in unmittelbarstem Zusammenhang. Das klingt ja fast, als wenn diese « Söhne Gottes » keine « Kinder des Menschen » und diese « Menschentöchter » keine « Kinder Gottes » wären. Oder wenn das nicht der Sinn dieser Gegenüberstellung ist, welcher soll es dann sein? So möge denn die Bedeutung dieser Gegenüberstellung der Gegenstand der nächstfolgenden kleinen Untersuchung sein. Dabei können wir den allgemeinen Sinn der einzelnen Ausdrücke dem obigen entnehmen; jedoch ist selbstverständlich, wie schon vorher gesagt, dass auch die Erkenntnis der Bedeutung der einzelnen Worte erst durch die Gegenüberstellung ihre letzte Klärung und Vervollständigung erfährt.

Rasch und evident begründet ist der Sinn dieser Gegenüberstellung in der mythologischen Deutung. Die « Söhne Gottes » sind hier eben keine Menschen. Darum kein Wunder, wenn sie nicht « Menschensöhne » heissen und wenn die Frauen im Gegensatz zu ihnen « Töchter des Menschen » genannt werden.

Eine zunächst scheinbar genügende Begründung dieses auffallenden Sprachgebrauches geben auch alle jene Theorien, die in diesen « Göttlichen » eine Sondergruppe von Menschen sehen. Dann wird eben die erste Klasse als gottverwandt und gottnahe angenommen, die zweite als « gottlos ». Wiederum kein Wunder, dass man die Männer der ersten Gruppe « Söhne Gottes » und die Frauen der zweiten nur « Menschentöchter » nennt. Wie aber soll ein genügender Grund für jenen terminologischen Gegensatz sich finden lassen, wenn Männer und Frauen des Menschengeschlechtes ganz allgemein in Frage stehen?

Und zwar liegt die Aporie gerade darin, dass sowohl die Rücksicht des Bildes Gottes wie auch die des Menschenwesens in der Urgeschichte etwas ontologisch-allgemein Menschliches ist, in der Schöpfung von Gott Mann und Frau verliehen, in der Zeugung den Nachkommen weitergereicht. Wie lassen sich da Gegensätze formen, als wenn beide Rücksichten nur je einem Geschlechte zukämen? Wenn wir die Frage auf ihren allgemein begrifflichen Inhalt zurückführen, ergibt sich das Problem: kennt auch die Sprache des A. T. Gegenüberstellungen von zwei Begriffen, die sich inhaltlich auszuschliessen scheinen, tatsächlich aber doch — wenigstens teilweise — sich wieder überdecken?

Eine Reihe von lehrreichen Fällen dieser Art bietet KEIL in seinem Kommentar (102 f.): Richt. 16, 7; 20, 3; 1 Sam. 13, 6; Is. 43, 4; Jer. 32, 20; Ps. 73, 5. Die Fragestellung des Verfassers ist freilich nicht ganz die gleiche. Seine Untersuchung steht ganz im Dienst einer Abweisung der Engeltheorie und einer Begründung der Sethitendeutung. Er will beweisen: « Gottes Söhne » können Sethiten und « Töchter des Menschen » Kainitinnen sein, ohne dass die Gegenüberstellung behaupten wolle, die Söhne Elohims seien keine Menschen. Tatsächlich lässt sich wenigstens aus einigen dieser Texte mehr zeigen: dass nämlich bei solcher Gegenüberstellung zwei Gruppen *durch verschiedene Betrachtungsweise* geschieden werden, während sie sich in Wirklichkeit *gegenseitig* einschliessen.

II. Teil: 3. Kap. Die « allgemein-menschliche » Deutung

Wie stark solche « Betrachtungsweisen » auf die Formung von Gegenüberstellungen in der hebräischen Schriftsprache — wie übrigens wohl in der menschlichen Sprache überhaupt — einwirken können, möge eine kurze Besprechung der einzelnen von Keil angeführten Beispiele zeigen.

Richt. 16,7: Samson erzählt Dalila, wie man ihn binden müsse, damit er überwältigt werden könne. Wenn man nach diesen Anweisungen verführe: וְחָלִיתִי וְהָיִיתִי כְּאַחַד הָאָדָם « dann würde ich schwach werden und ich würde sein *wie einer von den Menschen* ». Samson ist in jedem Falle ein Mensch. Er hat wohl nicht die Absicht zu sagen, im nichtgebundenen Zustand sei er k e i n Mensch. Aber gebunden würde er nichts anderes sein als nur noch ein « schwacher, hilfloser Mensch wie alle andern ». Es ist die neue Rücksicht einer ganz bestimmten Betrachtungsweise, die in dem Worte ihren Ausdruck finden soll.

Richt. 20,3: « Da erfuhren die Söhne Benjamins, dass die Söhne Israels nach Maspha hinaufgezogen seien ». Diese Gegenüberstellung könnte auf den ersten Blick vielleicht ein wenig seltsam erscheinen. Sind denn die Benjaminiten keine Israeliten? Schliesst denn der zweite Begriff den ersten nicht ein? Oder soll sogar das hier ausgesagt werden, dass Benjamin nicht zu Israel gehört? Doch wohl kaum! Die ganze Entwicklung der Erzählung zeigt ja das Gegenteil. Und doch liegt ein psychologisch-literarischer Grund für diese Gegenüberstellung vor. Die Benjaminiten waren durch ihre Schandtat an der Frau des Leviten für den Augenblick gleichsam ausgeschieden aus der Reihe der wahren Israeliten. Sie werden dem eigentlichen Israel gegenübergestellt wie der Sünder dem strafenden Rächer. Dieser Gedanke ist nicht ausdrücklich ausgesprochen oder entfaltet, aber er scheint hier fast angedeutet zu sein, wenn mit solcher Selbstverständlichkeit « Benjaminiten » und « Israeliten » einander gegenüberstehen. Dann läge der Grund in einer Betrachtungsweise der Lage von seiten der Beteiligten, sowie in der Absicht der literarischen Darstellung beim Berichterstatter. Vielleicht wird man einwenden, diese Erklärung sei zu gekünstelt. Es handele sich hier um nichts anderes als eine abgekürzte, volkstümliche

Redeweise. Das ist gewiss richtig. Aber eben darin liegt die Frage, wie eine solch abgekürzte volkstümliche Redeweise zustandekommen konnte, wie und warum sie sinnvoll und berechtigt ist. Gekünstelt wäre es zu behaupten, die hier entwickelte Darlegung sei im Text ausdrücklich ausgesprochen. Aber es geht hier ja nur um das Aufweisen von Gedanken, die keimhaft und einschlussweise in solchen Paralleltexten enthalten sind.

Richt. 20, 3 lässt sich — über die Absicht KEILS hinaus — auch im Sinn einer allgemein-menschlichen Deutung *auf Gen. 6, 1-4 anwenden*. Auch hier wäre dann der Gegensatz zwischen « Söhnen Gottes » und « Menschentöchtern » ähnlich begründet in der psychologischen Anschauungsweise der Beteiligten und in der literarischen Absicht des Schriftstellers. Es wird nicht angezweifelt, dass auch die « Menschentöchter » « Gottes Kinder » sind, ebensowenig wie Ri. 20, 3 behaupten will, die Benjaminiten seien in Wirklichkeit gar keine Israeliten. Es wird nicht geleugnet, dass der Begriff der Gotteskindschaft beide Geschlechter umfasst, ebensowenig wie Ri. 20, 3 in Zweifel zieht, ob der Begriff Israel die Benjaminiten mit einschliesst. Nur werden diese in Ri. 20, 3 eigens genannt, insofern sie durch ihre Untat eine Sondergruppe bilden, die sich der Gesamtmacht des « Gottesvolkes » gegenübergestellt sieht. Ähnlich wäre in Gen. 6, 1-4 der Grund des terminologischen Gegensatzes folgender: die Rede ist von den Männern, insofern sie « Söhne Elohims » sind, offenbar auch als solche hätten handeln sollen; und dann von den Frauen so, wie sie von den Männern gesehen wurden, nicht gewertet nach dem Gottesadel, der auch in ihnen lebte, sondern nur insofern sie « Menschentöchter » waren, טֹבֹת für das Begehren des Mannes.

1 Sam. 13, 6 : וְאִישׁ יִשְׂרָאֵל רָאוּ - - - כִּי נִגַּשׂ הָעָם ‹ Als die Israeliten sahen, dass das Volk hart bedrängt wurde » (¹). —

(¹) LXX liest statt des כִּי נִגַּשׂ הָעָם : μὴ προσάγειν αὐτόν. Wie sonst oft, war auch hier das προσάγειν als Übersetzung einer Form von נגשׁ gemeint. Aber dieses gab hier, wo es um eine Niederlage geht, nur einen Sinn, wenn es negiert ist. Hat darum der griechische Übersetzer die Negation sinngemäss ergänzen wollen? Las er vorher לֹא statt לוֹ [צַר]? Die Massorah verdient wohl den Vorzug. Vgl. Vulg.: « adflictus enim erat populus ». Auch

Der Text stellt also « die Männer Israels » und das « Volk » einander gegenüber. Dabei ist aus dem Zusammenhang klar, dass auch das Volk « Männer Israels » darstellt und dass die « Männer Israels » zum « Volke » gehören. Ist « Männer Israels » vielleicht gesagt im Gedanken an eine obere Schicht führender Männer, die die Kraft des Volkes der « Gotteskämpfer » darstellt? Dann stände dazu im Gegensatz das « Volk », gesehen als die Masse des gemeinen Mannes, das armselige Soldatenvolk, das gleich darauf « sich in Höhlen, Erdlöchern, Felsspalten, Gräbern und Zisternen » versteckt (ebd.). Es würden also von dem « Volke der Israeliten » in diesem Satz zwei Gruppen einander gegenübergestellt, von denen die eine « Israel », die andere « Volk » genannt wird. Dabei scheint in keiner Weise geleugnet, dass auch die erste zum « Volke » gehört und auch die Vertreter der zweiten « Israeliten » sind. Es handelt sich wohl nur darum, dass die beiden Klassen in dieser Situation unter einer besonderen Rücksicht von den Beteiligten gesehen und von dem Berichterstatter geschildert werden sollen. Bei der ersten Gruppe wird leise angedeutet, dass es sich bei ihr um die « Gottes-Streiter » handelt, die mit dem letzten Einsatz aller Kraft die Schlachten des Herrn hätten schlagen müssen. Bei der zweiten ist nur noch vom « Volk » die Rede. Diese Leute sind und zeigen sich nur als gemeiner Haufe des Volkes; davon, dass sie « Israel » sind, ist nichts mehr zu sehen. — Vielleicht beweist dies Beispiel sogar noch mehr, als wir für die Parallele mit Gen. 6, 1-4 brauchen. Denn es ist in etwa fraglich, ob in 1 Sam. 13, 6 « Israel » und « Volk » überhaupt als verschiedene Individuen aufgefasst sind oder ob der Einfluss der Betrachtungsweise so weit geht, dass in Wirklichkeit identische Individuen in der Form der literarischen Darstellung wie zwei sich gegenüberstehende Gruppen auftreten. Das ist Gen. 6, 1-4 nicht der Fall. Die Individuen sind da verschieden, wie schon aus der Scheidung der Geschlechter klar wird. Gen. 6, 1-4 handelt es sich nur darum, dass *verschiedene* Individuen in

---

v. Hummelauer verteidigt die Echtheit des « *quoniam comprimebatur populus* » (Paris 1886, 136). — Auf jeden Fall ist das zweite הָעָם des Verses echt, das sich nur auf die Israeliten und nicht auf die Philister beziehen kann, wie Budde (*KHK* 86) für das erste annimmt.

zwei Gruppen getrennt werden nach Rücksichten, die in Wirklichkeit beiden zukommen, aber in verschiedener Weise an beiden hier beachtet werden oder nicht.

Keil (103) sieht seiner Absicht entsprechend in 1 Sam. 13, 6 lediglich einen Beweis dafür, dass auch die « Söhne Gottes » Menschen sein können, genau so wie auch die « Männer Israels » zum « Volke » gehören. Den für eine universale Deutung wichtigeren Gedanken, dass auch das « Volk » « Männer Israels » ist, dass also auch die « Menschentöchter » von Gen. 6,2 « Gottes Kinder » sind, arbeitet er nicht heraus.

Bei den Texten Ri. 20, 3 und 1 Sam. 13, 6 ist übrigens auch die syntaktische Form recht ähnlich mit Gen. 6, 1-4. Es folgt in jedem Falle auf ein « verbum sentiendi » eine Konstruktion mit כִּי. Es scheint also, dass eine solche Einführung im Hebräischen besonders leicht als eine Einleitung zu den « Betrachtungsweisen » dienen kann, von denen hier die Rede ist ([1]).

Is. 43, 4: Worte des Herrn an Israel: « Weil ich dich liebgewonnen habe, deshalb gebe ich Menschen als Lösegeld für dich hin ». Sicher soll damit nicht gesagt sein, die Israeliten seien Engel und keine Menschen. Freilich ist hier keine gegenseitige Auswechselbarkeit der Begriffe; denn die Menschen, die als Lösegeld gegeben werden, können nicht zu Israel gerechnet werden. Aber das Wertvollste an diesem Text ist uns die Beobachtung, dass auch das אָדָם dazu dient, durch eine besondere Betrachtungsweise qualifiziert einem edleren und reicheren Begriffe — in diesem Fall Israel — gegenübergestellt zu werden. Sollte אָדָם in אֲדָמוֹת zu verbessern sein, so bliebe die Gegenüberstellung Israels mit dem folgenden לְאֻמִּים, was freilich unseren Gedanken nicht so gut illustrieren würde. — Gesichert im Textbestand ist die Gegenüberstellung von אָדָם und Israel im folgenden Text.

Jer. 32, 20: Im Gebet spricht Jeremias zu Gott: « Du hast Zeichen und Wunder gewirkt: וּבְיִשְׂרָאֵל וּבָאָדָם « an Israel und den Menschen ». Selbstverständlich sind auch die Israeliten

---

([1]) Vgl. ausserdem noch das הָעִבְרִים und יִשְׂרָאֵל in 1 Sam. 14,21.

12. — Closen, *Die Sünde der « Söhne Gottes ».*

Menschen. Aber sie stehen hier den Menschen gegenüber als «Volk Gottes». Sie werden hier nicht betrachtet, insofern sie auch Menschen sind, sondern nach der Gottverbundenheit ihrer Stammesgemeinschaft. — Auch hier fehlt, wie aus dem Zusammenhang klar ist, die gegenseitige Auswechselbarkeit der Begriffe; denn diese אָדָם sind ja tatsächlich keine Israeliten. Mehr von dieser wechselseitigen Umtauschbarkeit scheint im nächsten Text zu liegen:

Ps. 73, 5: Der Psalmist betrachtet das Wohlergehen der Gottlosen: שְׁלוֹם רְשָׁעִים אֶרְאֶה (V. 3). Bei dieser Erwägung spricht er die Worte von Vers 5: בַּעֲמַל אֱנוֹשׁ אֵינֵמוֹ וְעִם־אָדָם לֹא יְנֻגָּעוּ

«Mit Menschenmühsal haben sie nichts zu tun;
Und mit den Menschen werden sie nicht von Unglück betroffen».

Es ist nicht die Absicht des Psalmisten zu behaupten, die «Gottlosen» seien keine Menschen. Im Gegenteil, das ist sein Problem, wie unter Menschen solche Schicksalsunterschiede sein können. Vielleicht ist seine Absicht auch nicht zu behaupten, unter den «Menschen», von denen er an zweiter Stelle redet, seien gar keine «Gottlosen». Sein Gedanke ist eben der: die Gottlosen scheinen sich gerade kraft ihrer Bosheit über das allgemein menschliche Schicksal eines leidbedrückten und von Not eingeengten Lebens emporzuheben. Die «Gottlosen» sind hier die, die es verstehen, sich durch Unrecht und Gewalttat zu einer Art Übermenschentum emporzuschwingen. Die «Menschen» sind die «gewöhnlichen» Menschen, die leidgedrückten, allgemein menschlichem Elend verhafteten. Zwei Menschenklassen werden nach Rücksichten geschieden, die irgendwie beiden zukommen oder zukommen könnten, die aber nicht in gleicher Weise an beiden beachtet werden.

Schliesslich können vielleicht alle diejenigen Beispiele irgendwie hierhin gezählt werden, wo «*Volk und Priester*», «*Volk und Könige*», «*Volk und Älteste*» usw. einander gegenüberstehen. Gewiss kann man hier übersetzen: «die Priester und das *übrige* Volk» oder «die Könige und das *einfache* Volk». Aber das steht nicht immer im Text; da steht: «Das Volk und die Priester ». Dabei gehören die Priester zum Volk, das Volk schliesst die Priester ein. Gleichwohl werden zwei Gruppen geschieden, an der ersten das Allgemeine hervorgehoben, die Volkszugehörigkeit, die allen gemeinsam ist, an der zweiten die Sonderstellung des Priestertums. — Freilich ist beim Worte « Volk » diese Betrachtungsweise schon so durch den Sprachgebrauch gefestigt, dass es zur stehenden Bedeutung der Vokabel geworden ist, das « einfache Volk » zu bezeichnen im Gegensatz zu einer höheren Klasse. Aber dieser Umstand entwertet diese Beispiele für unsere Frage nicht ganz. Er zeigt vielmehr, wie überaus natürlich und selbstverständlich es der menschlichen Sprache ist, psychologische Betrachtungsweisen auf die Gestaltung der Wortbedeutung Einfluss gewinnen zu lassen.

Es ist klar, dass nicht jedes der obigen Beispiele sich unmittelbar im vollen Ausmass aller Beziehungen auf Gen. 6, 1-4 übertragen lässt. Aber sie zeigen doch, dass sich auch im Hebräischen der Sprachgebrauch findet, der gerne nach bestimmten Rücksichten Klassen unterscheidet, auch wenn diese Rücksichten sich vielleicht in beiden Gruppen finden. Der Grund ist eben eine besondere Blickrichtung bei den Beteiligten oder auch die literarische Absicht des Berichterstatters.

Auf Gen. 6, 1-4 übertragen ergibt sich folgendes. Die « Söhne Gottes » sind Menschen, auch wo sie den Menschentöchtern gegenüberstehen. Sie werden hier nur in besonderer Weise gesehen, insofern sie « Söhne Elohims » sind. Genau so sind auch die « Menschentöchter » nach Gottes Bild von Gott geschaffen, « Kinder Gottes » auch hier, wo sie von den « Söhnen Gottes » getrennt erscheinen. Aber sie werden hier nicht nach ihrem Gottesadel gewertet, sondern nur in ihrem Menschentum beachtet, insofern es dem Manne « gut », begehrenswert erscheinen musste.

Das gäbe für die Psychologie von Gen. 6, 2 folgendes Bild. Die Rede ist von den « Söhnen Elohims », d. h. von den Männern, insofern sie gottnahe, gottverbundene Wesen sind. Darin liegt in der Urgeschichte notwendig eine Erinnerung an die Gottebenbildlichkeit, die nach Gen. 1 Krone und höchsten Adel des von Gott geschaffenen Menschentums ausmacht. Zugleich ist es eine Mahnung, wie vornehm adeliges Tun eigentlich von diesem Gottesbild zu erwarten gewesen wäre, wenn es der Höhe seiner Natur entsprechend hätte handeln wollen.

Von diesen « Söhnen Gottes » heisst es, sie hätten die Mädchen und Frauen ihres Geschlechtes gesehen, betrachtet. Warum heissen diese Frauen jetzt auf einmal in schroffem Gegensatz zum Adelstitel der « Gottes Söhne » nur « Töchter des אָדָם »? Soll ihnen damit der Adel der Gottebenbildlichkeit abgesprochen werden? Keineswegs! Aber « diese Söhne des Herrn » sehen eben hier in der Frau nicht das adelige, Elohim nahestehende Wesen, sondern nur das Weib, insofern es dem Begehren des Mannes entspricht. Und in eben dieser Anschauungsweise und Wertung der Frau liegt die erste Sünde. Man könnte fast an das Christuswort erinnert werden, wer eine Frau begehrlich anschaue, der habe in seinem Herzen schon die Sünde begangen (Mt. 5, 28). Jedenfalls wird auch in Gen. 6, 2 dieser Blick als Anlass und Quelle all der ungeordneten, masslosen Leidenschaft hingestellt, um derentwillen sogleich das ganze Menschengeschlecht zum Tode verurteilt wird. Die Männer sahen in der Frau nichts mehr als das allernatürlichste Menschentum, das Geschlechtswesen, σὰρξ καὶ αἷμα würde das N. T. vielleicht sagen; die Frauen liessen sich so betrachten und werten — das scheint wenigstens einschlussweise angedeutet —; so war die Folge massloseste Polygamie, « sie nahmen sich zu Frauen alle, die ihnen nur irgendwie gefielen ». Damit aber ist der Sinn dessen, was Jahweh gewollt, als er sagte: « Wachset und mehret euch », nicht mehr getroffen. Denn durch die sinnlose Herrschaft der Begierde und Leidenschaft ist der Mensch überhaupt nicht mehr das im vollen Sinne, was er nach Jahwehs Absicht sein sollte, « Sohn Elohims », nein « selbst er », d. h. sogar der, der so hoch gestellt und erhoben war, ist « Fleisch », gleichsam sonst nichts mehr.

In dieser Auffassung ist also *der eigentliche Sinn der Gegenüberstellung* von « Söhnen Gottes » und « Menschentöchtern » der, *das innere Werden der Sünde anzudeuten*. Die von der Leidenschaft gewollte Wertung der Frau nach ihrer niederen Natur wird durch jenen Gegensatz angedeutet und zugleich als erste Quelle der « Flut der Sünden » hingestellt, auf die Gott die « Sündflut » folgen lässt, um eine Menschheit auszurotten, die des Adels ihrer Gottesnähe vergessend durch sinnlose Hingabe an die materiellste Lust « Fleisch » geworden war.

Sehr interessant zu beobachten ist, dass diese Auffassung vom Sinn des Gegensatzes zwischen « Söhnen Gottes » und « Menschentöchtern » schon gelegentlich von Exegeten angedeutet wurde, wenngleich sie, soweit ich in der Literatur bisher sah, noch nicht konsequent durchgeführt worden ist. Über den Gegensatz der Namen in Gen. 6, 2 schreibt Augustinus: « Spiritu Dei fuerant facti angeli Dei et filii Dei; sed declinando ad inferiora homines dicuntur *nomine naturae non gratiae* » ([1]). Augustinus hält noch daran fest, dass die Männer, von denen hier die Rede ist, nur aus der Linie Seths stammen, die Frauen nur aus der Familie Kains, aber bezüglich des Inhaltes der Namen bietet er das schönste Material für die psychologische Durchführung einer universaleren Deutung. Der Name « Sohn Elohims » ist das « nomen gratiae », erinnert an den Gottesadel des Menschen, der in ihm durch den von Gott verliehenen Lebensgeist grundgelegt war. Der Name « homo » ist hier das « nomen naturae ». Ein « declinare ad inferiora » ist Vorbedingung, dass das « Kind Gottes » dazu werden und so gesehen und bewertet werden konnte. Augustinus bringt nicht die universale Deutung. Aber die psychologische Erklärung des Namengegensatzes, die in dieser Deutung so wichtig ist, lässt sich nicht besser als in seinen Worten zusammenfassen.

Fast noch weiter ist der Gedanke bei Augustinus an anderer Stelle entfaltet: « Dilectionis et amoris ordine perturbato, Deum filii Dei neglexerunt, et filias hominum dilexerunt. Quibus duobus nominibus satis civitas utraque discernitur. *Neque enim et illi non erant filii hominum per naturam; sed aliud nomen coeperant habere per gratiam* » ([2]). Dieser Gedanke lässt sich noch weiter fortführen und ausgestalten: « Neque enim et illae non erant filiae Dei per gratiam, sed aliud nomen coeperant habere per libidinem terrenae civitatis ». — Diese Erweiterung der Idee scheint der Exegese des Textes von Gen. 6, 1-4 besser zu entsprechen und der Metaphysik von der « civitas caelestis et terrena » nicht entgegenzustehen. Denn diese beiden « civitates » sind doch schliesslich nicht in erster

---

[1] *De civ. Dei* 15, 23; *CSEL* 40 b, 112; *PL* 41, 470.
[2] 15, 22; *CSEL* 40 b, 109; *PL* 41, 468.

Linie verschiedene Heerlager, die voneinander grundverschiedene Menschenklassen trennen, sondern vor allem Machtbereiche, die im Innern ein und desselben Menschen um die Vorherrschaft ringen. Die Männer, die als Bürger des Reiches Gottes hätten handeln sollen, sahen in der Frau nur das Wesen der « civitas terrena ». Und eben darin liegt der Grund, warum beide Geschlechter aufhörten, Glieder der « civitas Dei » zu sein.

Mit grosser psychologischer Feinheit ist der Sinn der Namen in Gen. 6, 2 herausgearbeitet bei BASILIUS SELEUCENSIS: Οἱ μὲν οὖν υἱοὶ Θεοῦ χρηματίζουσιν οἱ υἱοὶ τοῦ Σήθ, σύμβολον τῆς πρὸς Θεὸν οἰκειότητος τὴν προσηγορίαν ἐπιφερόμενοι. Οἱ δὲ τοῦ Κάϊν τὴν τῶν ἀνθρώπων ἔφερον κλῆσιν, γυμνὸν ἀξίας τὸ τῆς φύσεως ὄνομα φέροντες ([1]). Wenn es auch aus exegetischen Gründen nicht angeht, diese Namen und ihren tiefen metaphysischen Sinn auf zwei verschiedene Generationslinien ausschliesslich zu verteilen, so ist doch hier der Inhalt dieser Bezeichnungen meisterhaft gekennzeichnet. Wenn man ihn als Ergebnis einer bestimmten Betrachtungsweise nimmt, die aus psychologischen, literarischen Gründen einzelne Rücksichten hervorhebt, so ist der tiefe Sinn von Gen. 6, 2 adäquat wiedergegeben. Die Männer tragen hier einen Namen, eine προσηγορία, die ein σύμβολον ist für ihre πρὸς Θεὸν οἰκειότης. Der Verfasser nennt sie « Söhne Elohims », um an die Gottverwandtschaft und Gottesnähe ihrer Natur zu mahnen. Sie betrachten an der Frau nur das τῆς φύσεως ὄνομα, die blosse Natur, γυμνὸν ἀξίας, eigentlich « der Würde entblösst ». Sie sehen in ihr nicht die πρὸς Θεὸν οἰκειότης, sondern nur das γυμνὸν ἀξίας τὸ τῆς φύσεως ὄνομα. Und eben das ist die Wurzel der Sünde.

Ein weiterer Gedanke lässt sich hier vielleicht noch hinzunehmen. In Gen. 1, 27-28 ist die Tatsache, dass der Mensch Gottes Ebenbild ist, in innigsten Zusammenhang gestellt mit dem Befehl zur Fortpflanzung des Menschengeschlechtes. Das gleiche geschieht in verstärktem Masse in Gen. 5, 1-3. Ja, hier wird ausdrücklich gesagt, dass der Vater in der Zeugung den Sohn als sein eigenes Bild zeugt; damit ist der Sohn natürlich zugleich Bild Gottes, eben weil er als Ebenbild eines Gottesbildes erzeugt wird. So scheint in der Urgeschichte das

---

[1] *Or.* 6, 2; *PG* 85, 89.

Gottesbild das kostbarste Erbe zu sein, was der Vater seinen Kindern weiterzureichen hat. Und das ist hier der Sinn der Zeugung und des Lebens eines Menschen, dass das Bild Gottes erhalten werde, weiterlebe und sich fortpflanze. In Gen. 6, 1-4 stehen wir aber sicher in einem Zusammenhang, wo von Ehe und Zeugung die Rede ist. Hier wird der Mann « Sohn Elohims » genannt; ein Ausdruck, der in der Urgeschichte für den Menschen nur dann einen Sinn hat, wenn er die Erinnerung an die Schaffung des Gottesbildes mit einschliesst. Sollte nicht hier einschlussweise auch darauf eine leise Anspielung liegen, dass er als Gottesbild bei der Zeugung das Gottesbild weiterreichen sollte? Was tut er statt dessen? Er sieht in der Frau nur das niedere Menschenwesen, das seinem Begehren entspricht; also nicht das « Kind Gottes », nicht das « Ebenbild Gottes ». Darum ist er sich dessen nicht mehr bewusst, was nach der Anschauung der Urgeschichte der eigentliche Sinn von Leben, Ehe und Zeugung war. So verliert auch seine Handlung der Zeugung ihre ethische Legitimation. Ja, ein Weiterbestehen des ganzen Menschengeschlechtes wird eigentlich zwecklos. Sein Leben und seine Fortpflanzung sollte als tiefsten Sinn den haben, Licht und Schönheit des Gottesbildes zu erhalten und zu verbreiten. Der Sinn ist nicht mehr genügend erfüllt. Der « gottähnliche Sohn Elohims » sieht in der Frau nur noch die Natur als Objekt materiellen Begehrens. Damit ist der beste Sinn der Fortpflanzung der Menschheit verfehlt. Auch wenn die Nachkommen noch materiell ein Gottesbild an sich tragen, ihre Eltern haben dies Gottesbild bei der Erzeugung neuen Lebens nicht mehr gesucht, wie Gott es wollte. Damit hat das Menschengeschlecht eigentlich sein Recht auf Fortpflanzung und Dasein schon verloren. Es muss als Ganzes zum Tode verurteilt werden. Das Strafurteil aus Gen. 6, 3 ist nicht nur ein tatsächlich erlassenes Dekret, sondern etwas, was aus der inneren Natur der Ereignisse von 6, 2 folgt.

Solche Gedanken schliesst AUGUSTINUS nun freilich an einen Ausdruck des Textes an, der diesen Sinn sicher nicht hat. Er liest eine Übersetzung, die das וַיֵּלְדוּ לָהֶם aus dem 4. Vers wiedergibt mit « et generabant sibi ». Dazu bemerkt er: « Quod autem ait, et generabant sibi, satis ostendit quod prius, antequam sic caderent filii Dei, Deo generabant, non sibi, id est, non dominante libidine coeundi, sed serviente officio propagandi; non familiam fastus sui, sed cives civitatis Dei » (¹). BENEDICTUS FERNANDIUS bemerkt den Fehler bei AUGUSTINUS, er liest in V. 4 das « illaeque genuerunt » der Vulgata, aber den Gedanken will er nicht aufgeben; darum schliesst er sich mit derselben Erwägung an das « sie nahmen *sich* Frauen » aus dem zweiten Vers an: « Acceperunt sibi uxores, sibi nimirum, non Deo; dominante libidine coeundi, non serviente officio propagandi; quare iam turpitudine vitiata erant illa conubia filiorum Dei cum filiabus hominum; et fortasse non singuli singulas, sed unusquisque plures, non ad prolis multiplicandae studium, sed ad insaturabilem explendam libidinem uxores ducebat » (²).

In beiden Fällen wird allerdings bei der Deutung des לָהֶם im Sinne von « aus Egoismus = nicht im Interesse Gottes » in diesem Pronomen eine Fülle prägnanter Bedeutung vermutet, die dem Verfasser bei diesem kleinen Wort gewiss fernlag. Aber die Gesamtschau des Textes ist in beiden Fällen im wesentlichen richtig. Ja, selbst das « generabant sibi », nicht mehr « cives civitatis Dei », des hl. AUGUSTINUS trifft den Sinn des Textes, den dieser freilich nicht ausdrücklich ausspricht und dessen Andeutung weniger in jenen Pronomina zu suchen ist als darin, dass die « Söhne Gottes » da, wo es um Ehe und Zeugung geht, in den Frauen nur noch die « Menschentöchter » sahen.

(¹) *De civ. Dei* 15, 23, 2 ; *CSEL* 40 b, 112 ; *PL* 41, 469.
(²) *Commentarii in Genesim,* Lugduni 1618, 740.

4. Kapitel

DER SINN DER 120 JAHRE

« Und es sollen seine Tage 120 Jahre betragen » (Gen. 6, 3 c). Was ist der Sinn dieses Zusatzes zum Strafdekret, dass Gottes Geist nicht im Menschen verbleiben solle? Fast könnte man diese Frage darauf konzentrieren zu untersuchen, auf wen sich das Possessivpronomen « seine » (Tage) beziehe. Ist die Rede von der Lebenszeit des einzelnen Menschen? Dann würde diese hier auf 120 Jahre eingeschränkt. Ein höheres Alter soll in Zukunft kein einziger Mensch mehr erreichen. Man könnte diese Auffassung die « individuelle » Deutung der 120 Jahre nennen.

Oder sind sie « kollektiv » zu deuten? Ist « der Mensch », von dessen Lebenszeit hier die Rede ist, « der Mensch = das Menschengeschlecht überhaupt »? Dann wäre eine Gnadenfrist bis zur Urteilsvollstreckung gewährt, ähnlich wie in der Drohung gegen Ninive: « Noch 40 Tage, dann ist Ninive zerstört » (Jon. 3, 4).

1. Beide Ansichten haben in alter und neuer Zeit ihre überzeugten Vertreter gefunden. Individuell fasst z. B. LAKTANZ diese Bestimmung auf: « Ne rursus longitudo vitae causa esset excogitandorum malorum, paulatim per singulas progenies diminuit hominis aetatem, atque in centum et viginti annis metam collocavit, quam transgredi non liceret » ([1]). Das gleiche noch in den Kommentaren jüngster Zeit. So GUNKEL (58): « Nach dem Zusammenhang nur von den Lebenstagen der einzelnen Menschen zu verstehen; darnach sind 120 Jahre ein Maximum menschlicher Lebenszeit ».

---

[1] *Div. Instit.*, lib. 2, cap. 13; CSEL 19, 160; PL 6, 326.

Man wird gegen diese Interpretation kaum ernstlich den Einwand urgieren können, den König (339) vorbringt: « Viele von den späteren Menschen lebten länger ». Dagegen steht schon die äusserst geschickte Formulierung bei Laktanz: « Paulatim diminuit, metam collocavit ». Mit anderen Worten, der Sinn eines solchen Satzes ist keine Feststellung einer absolut unverrückbaren Grenze, sondern Angabe eines Höchstalters, das *für gewöhnlich* nicht überschritten werden soll. Über die Gründe, die tatsächlich die individuelle Deutung ausschliessen, weiter unten.

Eine seltsam schwankende Stellung nimmt Ephräm in seinem Genesiskommentar ein. Zuerst scheint es, als wenn er von einer Lebensverkürzung für den einzelnen spräche: « Non haec ad novem saecula vitam producet aetas, quod praeteritorum temporum hominibus concessum fuit ». Dann aber tritt der Gedanke an die den Menschen gewährte Gnadenfrist stark hervor: « Ad agendam ergo poenitentiam centum et viginti annorum spatium gratia indulsit illis » ([1]).

Ganz entschieden tritt Hieronymus für die **kollektive** Auffassung ein: « Porro ne videretur in eo esse crudelis, quod peccantibus locum paenitentiae non dedisset, adiecit: Sed erunt dies eorum centum viginti anni. Hoc est, habebunt centum viginti annos ad agendam poenitentiam. Non igitur humana vita, *ut multi errant*, in centum viginti annos contracta est: sed generationi illi centum viginti anni ad paenitentiam dati sunt » ([2]).

Augustinus widmet allein dieser Frage ein ganzes Kapitel: « Quomodo intelligendum sit, quod de eis qui diluvio perdendi erant, Dominus dixit, erunt dies eorum centum viginti anni » ([3]). Er entscheidet die Frage: « Non sic accipiendum est, quasi praenuntiatum sit, post haec homines centum viginti annos vivendo non transgredi...; centum viginti anni praedicti sunt vitae hominum periturorum, *quibus transactis diluvio delerentur* ». Das gleiche spricht aus den Worten des Chrysostomus: Ἡ τοσαύτη τοῦ χρόνου μαρκοθυμία, ἣν εἰς μετάνοιαν αὐτοῖς δέδωκεν ([4]).

([1]) *Opera omnia*, Romae 1737, S. 49 (die lateinische Übersetzung ist an diesen Stellen hinreichend exakt).
([2]) *Hebraicae quaestiones in Genesim*; PL 23, 996 f.
([3]) *De civitate Dei*, 15, 24; CSEL 40 b, 114 f.; PL 41, 471.
([4]) *In Genes.*, Hom. 22, 4; PG 53, 191.

Gerade diese Darlegungen der patristischen Zeit haben auch in späteren Jahrhunderten noch manchen Einfluss ausgeübt. Vgl. z. B. die Art, wie BENEDICTUS FERNANDIUS S. J. (« BORBENSIS ») sich in seinen *Commentarii atque observationes morales in Genesim* (¹) zu obigen Texten aus HIERONYMUS und CHRYSOSTOMUS äussert. Er selbst fasst seine Deutung (742) dahin zusammen: « Minatur Deus mortem, sed non statim infert; dicit se multos post annos excidio ablaturum de terra homines ».

2. So sehr aber auch die obigen Texte dartun, dass die « kollektive », d. h. unmittelbar auf das ganze Menschengeschlecht gehende Deutung der 120 Jahre zu allen Zeiten in recht begründeter Weise vorgetragen wurde, die sachliche Entscheidung hat zunächst vor allem *aus inneren exegetischen Gründen* zu geschehen. Doch braucht hier kein neues Material beigebracht zu werden. Der Beweis ist mit drei Prämissen gegeben, die schon früher im einzelnen begründet wurden:

1) לֹא־לְעוֹלָם ist emphatische Negation;

2) רוּחַ ist « Lebensgeist »;

3) יָדוֹן heisst « bleiben ».

Dann ist der Sinn des in 3a ausgesprochenen Urteils eine Entscheidung, die das Menschengeschlecht als ganzes vernichten will (vgl. V. 7-8). Wenn aber das Todesurteil über alle Menschen gefällt ist, ist es sinnlos eine Höchstgrenze des Lebens festsetzen zu wollen, die auch in der fernsten Zukunft von keinem Menschen mehr überschritten werden soll. Wenn das Vernichtungsdekret gegen alle einzelnen Menschen ausgesprochen ist, kann es — auch im unmittelbaren Zusammenhang — einen Sinn haben, eine Gnadenfrist zu gewähren, aber nie und nimmer die Bemessung und Begrenzung eines Lebens zu überlegen, dessen Existenz im gleichen Vers für alle Zukunft überhaupt geleugnet wird.

Verstärkt wird dieser Gedanke dadurch, dass nicht einzusehen ist, warum הָאָדָם ausgerechnet im dritten Vers einen individuelleren Sinn haben soll als unmittelbar vorher, wo es das ganze Menschengeschlecht bezeichnet; ist aber auch in

---

(¹) Lugduni 1618; 742, 749.

V. 3 הָאָדָם « das Menschengeschlecht », dann bezieht sich auch das Pronomen « seine » (Tage) auf die Menschheit und nicht auf den einzelnen Menschen. So ist der Sinn des Satzes eindeutig: « Doch soll *die Lebenszeit der Menschheit* 120 Jahre währen ».

Gegen diese ganz universale Auffassung des Strafdekretes macht *die Ausnahme Noes* nur scheinbar eine Schwierigkeit. Oder, wenn es eine wäre, würde sie die gleiche sein wie im Verhältnis von Vers 7 und 8. V. 7 bringt ein sehr ausdrückliches, absolut universales Strafdekret gegen alle Lebewesen auf der Erde. Vers 8 berichtet eine Ausnahme: « Aber Noe fand Gnade ». Wenn also die Ausnahme Noes in V. 8 nicht hindert, dass V. 7 zunächst ein durchaus allgemein gehaltenes Vernichtungsurteil ausspricht, dann hebt sie auch nicht die Allgemeinheit des Todesurteils in V. 3a auf. Freilich wird in V. 3 die Ausnahme Noes noch nicht erwähnt; das bleibt einer späteren Erklärung überlassen. V. 3c fügt nur ein Gnadenprivileg an, das sogar den *sündigen* Menschen gewährt wird, einen Aufschub des Strafvollzugs um 120 Jahre. So ist gerade die stark parallele, gleichartige Gliederung in dem Dekret von V. 3 und dem weiter entfalteten in 7-8 ein guter Beweis dafür, dass der dritte Teil in V. 3 ebenfalls irgendeinen Gnadenerlass oder dergleichen enthält.

3. Einen sehr beachtlichen *sprachlichen Einwand* macht Jacob gegen die Deutung von 3c als Aufschub des Strafvollzuges (175). Wenn der Sinn wäre: « noch » 120 Jahre, müsste entweder der « terminus a quo » oder der « terminus ad quem » angegeben werden. Richtig ist, dass z. B. bei der Strafandrohung gegen Ninive eigentlich beide termini angegeben sind (Jon. 3, 4): « Noch 40 Tage ». Das gibt klar an, dass diese Frist vom gegenwärtigen Augenblick an gerechnet werden soll. « Und Ninive ist zerstört ». Das wird der Endpunkt dieser Gnadenfrist sein. So würde man auch Gen. 6, 3 zum wenigsten ein עוֹד oder dergleichen erwarten.

Aber zu beachten ist ein bedeutender Unterschied zwischen dem Vernichtungsdekret gegen Ninive und dem gegen die Menschheit in Gen. 6, 3. In Jon. 3, 4 sind die angeführten Worte das erste, was von dem Inhalt der Predigt des Propheten berichtet wird. « Und er rief die Worte: noch 40 Tage » usw. Es ist sogar der ganze Inhalt der Predigt, der bei dieser

Gelegenheit ausdrücklich wiedergegeben wird. Hier ist es natürlich unerlässlich, Anfangs- und Endpunkt der Busszeit ausdrücklich zu nennen, damit die Worte für Hörer und Leser irgendeinen verständlichen Sinn gewinnen. Anders liegt der Fall in Gen. 6, 3 c. Der Endpunkt der Frist, der allein in Frage kommt, ist in 3 a ausdrücklich und klar genannt. Es wird der Augenblick sein, in dem der von Jahweh gegebene Lebensgeist das Menschengeschlecht verlässt. Es ist die in 3a angekündete Stunde der Vernichtung der Menschheit. Wenn jetzt im gleichen Urteil von einer auf ein bestimmtes Zeitmass beschränkten Lebenszeit der Menschheit die Rede ist, kann nur die Gnadenfrist bis zur Vollstreckung des Urteils gemeint sein. Man kann Jacob zugeben, Anfangs- oder Endpunkt einer solchen Frist müsse genannt sein. Aber eben diese Bedingung ist hier erfüllt. Im selben Satz ist der Endpunkt klar angegeben.

Freilich das eine bleibt wahr, ein eingefügtes עוֹד würde den Satz stilistisch glatter machen. Die Angabe des Endpunktes der Bussfrist am Ende des Satzes wie in Jon. 3, 4 würde dem Verständnis helfen. Die blossen Worte: « Doch seien seine Tage 120 Jahre », sind gar lapidar an den Schluss des Urteils gestellt. Die Frage, die hier liegt, findet ihre letzte Klärung erst, wenn die literarische Form des Textes als eines Ganzen gewürdigt werden kann. Es wird sich aus anderen objektiven Gründen heraus dartun lassen, dass Wortwahl und Wortstellung in Gen. 6, 1-4 auch beeinflusst waren von einem gebundenen literarischen Schema, dem die Akzentzahl als Ordnungsprinzip nicht fremd war. Darum liegt die Vermutung nahe, dass solche Gründe einer irgendwie gebundenen literarischen Form vielleicht die Auslassung des עוֹד und überhaupt die äusserst knappe, lapidare Form von 3 c mitbedingt haben ([1]).

Dass Jacob die 120 Jahre nicht als Gnadenfrist auffassen will, hat zudem nicht nur stilistische Gründe der oben angegebenen Art. Es hängt dies vielmehr mit seiner *ganzen Auffassung der Strafurteils von Gen. 6, 3* zusammen. Er übersetzt: « Mein Geist soll nimmermehr stark sein im Menschen » (173). Die רוּחַ ist ihm hier eine Geistgabe besonderer

---

([1]) Vgl. III. Teil, 1. Kap.

Eigenart und Stärke. Sie ist die רוּחַ יְהֹוָה, die zu « stürmischen, ungleichmässigen Erregungen » führt, im Gegensatz zur רוּחַ אֱלֹהִים, die « höhere Begabung in Weisheit, Kunst und Wissenschaft» besagt. Der « Geist Jahwehs « macht den אִישׁ הָאֱלֹהִים, Pl.: בְּנֵי־הָאֱלֹהִים. Von solchen mit « Jahwehs Geist » begabten « Gottesmännern » sei in Gen. 6, 1-4 die Rede. In ihnen hatte die überlange Lebenszeit zu einer Emanzipation ihres Übermenschentums, zu einem Überschäumen ihres Hoheitsbewusstseins geführt. Darum wird jetzt als Strafe festgesetzt, dass « Jahwehs Geist » in solchen « Männern Gottes » künftighin keine Gelegenheit mehr haben soll, seine Kraft zu entfalten (יָדוֹן = danânu!). Darum, um weitere Exzesse dieser Art zu vermeiden, wird diesen geistbegabten Menschen die Lebenszeit auf 120 Jahre zurückgesetzt.

Diese Hypothese führt bei J. zu folgenden Gedankengängen, die zugleich seine Aufstellung stützen und erläutern sollen. Ist einer אִישׁ הָאֱלֹהִים, d. h. lebt und wirkt die רוּחַ יְהֹוָה in ihm, dann wird er genau 120 Jahre alt. So z. B. Moses! Hat aber einer רוּחַ אֱלֹהִים, erreicht er kein solches Alter, z. B. Joseph. Er wird nur 110 Jahre alt (über seine Geistgabe vgl. Gen. 41, 38). Abraham wird 175 Jahre alt (25, 7). Aber er heisst zwar נָבִיא, war aber kein אִישׁ אֱלֹהִים, in dem die רוּחַ יְהֹוָה gewesen wäre ([1]).

Hier werden offenbar zufällige Äusserlichkeiten für tiefere Zusammenhänge verantwortlich gemacht, ohne dass dies irgendwie der Absicht des Verfassers der Genesis entsprochen haben kann. Moses heisst נָבִיא (Dt. 18, 15), auch Abraham heisst so (Gen. 20, 7). Wie will man jetzt noch einen grundlegenden Unterschied finden, der eine sei אִישׁ אֱלֹהִים gewesen mit רוּחַ יְהֹוָה, der andere nicht! Darum sei der erste nur 120 Jahre alt geworden, der andere mehr. Hier geht es doch um rein äussere Unterschiede, um nichtssagende Zufälligkeiten des Textes, in denen man nur den Schein einer Begründung suchen kann. Bei den wenigen Beispielen der Thora mag die Statistik noch ungefähr stimmen, wenngleich schon hier zwei Beispiele sich der Kontrolle entziehen; denn von Bezalel (Ex. 31, 3; 35, 31) und Bileam (Num. 24, 2), die beide den

---

[1] Jacob 176 f.

« Geist Elohims » hatten, « wird das Alter nicht gemeldet » (J. 177). Sobald man aber den engeren Kreis der Thora verlässt und z. B. die Samuel-Bücher betrachtet, lässt sich positiv beweisen, dass nicht die geringste Absicht besteht, einen inhaltlich bedeutenden Unterschied zwichen « Geist Jahwehs » und « Geist Elohims » zu machen, jedenfalls nicht mit der Regelmässigkeit, wie J.'s Argumentation voraussetzt.

1 Sam. 10, 6: Samuel weissagt dem Saul, es werde ihm eine Schar von Propheten begegnen; bei der Gelegenheit werde über ihn kommen: « der Geist *Jahwehs* ». V. 10 will die Erfüllung dieser Prophezeiung berichten; und über Saul kommt: « der Geist *Elohims* ». Die Wirkung dieser Geistgabe wird in beiden Fällen gleich beschrieben durch das Hithpa. von נבא ! Also handelt es sich hier im Wechsel von « Geist Jahwehs » und « Geist Elohims » um rein stilistische Unterschiede, auf denen keine weitreichende Beweisführung wie die obige aufgebaut werden kann.

1 Sam. 18, 10 und *19, 9* ist von zwei ganz ähnlichen Gelegenheiten die Rede. Beide Male versucht Saul in einem Zustand, wo « der böse Geist des Herrn » über ihn gekommen, David mit dem Speere an die Wand zu spiessen. Beide Male weicht David ihm aus. Wo ist hier ein sachlicher Unterschied? Und doch heisst es 18, 10 « der böse Geist *Elohims* », 19, 9 « der böse Geist *Jahwehs* ».

So viel Geistvolles also auch der Versuch JACOBS, das Strafdekret von Gen. 6, 3 zu deuten, enthalten mag, im ganzen führt er zu exegetisch unannehmbaren Konsequenzen, und die treffendste Deutung scheint nach wie vor, dass 3c eine Bussfrist für die sündigen Menschen verleiht, als eine τοσαύτη τοῦ χρόνου μακροθυμία (CHRYS.).

4. Waren aber die 120 Jahre für die Menschen eine Gnadenzeit, « quibus transactis diluvio delerentur » (AUG.), dann lässt sich mit Recht fragen, *ob* nach der Darstellung der Genesis *diese Frist auch eingehalten wurde*. Die letzte Nachricht aus dem Leben Noes vor der Flut, dass er Vater von Sem, Cham und Japhet wurde, legt die Genesis in die Zeit, als Noe 500 Jahre alt war (5, 32). 7, 11 heisst es, Noe sei 600 Jahre alt gewesen, als die Wasserflut über die Erde kam. Also scheint die Zwischenzeit zwischen Kap. 5 Ende, bezw. Kap. 6 Anfang

und dem Eintreten der Flut keine 120, sondern nur 100 Jahre gewesen zu sein.

Hieronymus und Augustinus setzen sich in verschiedener Weise mit dieser Schwierigkeit auseinander. Hieronymus meint, die Gnadenfrist sei nachträglich verkürzt worden. « Quia vero poenitentiam agere contempserunt, noluit Deus tempus exspectare decretum: sed viginti annorum spatiis amputatis induxit diluvium anno centesimo agendae paenitentiae destinato » ([1]). — Augustinus meint, das Dekret sei gefällt worden, als Noe 480 Jahre alt war. Das habe die Schrift rund gerechnet und 5, 32 mit 500 bezeichnet. So sei dann die Sündflut wirklich gekommen, als Noe 600 Jahre alt war; d. h. 120 Jahre nach dem Strafdekret ([2]).

Gesetzt den Fall, dass man an der unmittelbaren zeitlichen Aufeinanderfolge von Gen. 5, 32 und 6, 1-4 festhalten will, ebenso daran, dass 120 in dem mathematisch exakten Sinn gemeint sei, den wir heute mit der Zahl verbinden, so ist die Lösung bei Hieronymus entschieden vorzuziehen. Denn Gen. 11, 10 berichtet, Sem sei 2 Jahre nach der Flut 100 Jahre alt gewesen; und gerade seine Geburt war, als der Vater 500 Jahre alt war (5, 32). Also die Darstellung der Genesis will zwischen 5, 32 und dem Ende der Flut keinen Abstand von 120, sondern nur von kaum mehr als 100 Jahren. Das hat Hieronymus sicher richtig gesehen.

Im übrigen kann man aber die beiden soeben gemachten Voraussetzungen mit Recht bezweifeln. Woher soll es denn feststehen, dass die Ereignisse von Gen. 6, 1-4, vor allem der Augenblick des Strafdekretes erst da liegen, wo die im Stammbaum der Sethiten berichtete Generationsreihe voll verwirklicht, d. h. der Inhalt von 5, 32 schon erfüllt war? Liegen die Ereignisse von Gen. 6, 1-4 aber nur während des letzten Abschnittes der vorher berichteten Generationsreihe, d. h. vielleicht eine Reihe von Jahren vor 5, 32, dann schwindet jeder Anschein einer Schwierigkeit. Dann mag man sogar am mathematisch exakten Sinn nach moderner Auffassung der Zahl 120 festhalten, und es ist kein Widerspruch mehr da. Dann läge

---

([1]) *Hebr. quaest. in Gen.; PL.* 23, 997.
([2]) *De civ. Dei* 15, 24; *CSEL* 40 b, 115.

nach der Absicht der Darstellung der Augenblick des Strafdekretes tatsächlich im 480. Jahr des Noe, in das Augustinus zugleich den Inhalt von 5, 32 versetzen wollte. Aber das ist nirgends gesagt, dass dies Dekret notwendig *nach* der Geburt der drei Söhne Noes liegt. Lag es nur allgemein während des letzten Abschnittes von Kap. 5, dann sind die Söhne Noes vielleicht erst geboren, nachdem schon 20 Jahre der in 6, 3 angekündigten Gnadenfrist verstrichen waren. Dann ist der Schwierigkeit, mit der Augustinus und Hieronymus sich auseinandersetzten, der Boden entzogen. Denn es liegt kein literarischer Grund vor anzunehmen, dass der ganze Inhalt von 6, 1-4 notwendig erst *nach* 5, 32 sich ereignet habe.

Zudem ist auch die andere der oben gemachten Voraussetzungen mit Recht zu bezweifeln. Was Augustinus von der 500 in 5, 32 sagt, es sei eine « runde Zahl », d. h. exakt nach unserer Ausdrucksweise seien es 480 gewesen, das lässt sich mit dem gleichen Recht auf die 120 von Gen. 6, 3 anwenden. Auch sie kann als « runde » Zahl aufgefasst werden. Dann wäre sie eine Angabe, die nach der Aussageabsicht des hebräischen Sprachbewusstseins nicht minder erfüllt ist, wenn es auch nach der Ausdrucksweise, die wir im modernen Sinne exakt nennen würden, nur etwa 100 sind ([1]). Aber warum wird dann nicht 100 gesagt? Die Zahl ist doch sonst in der Genesis gebraucht (z. B. 11, 10). 120 sagen, um « rund 100 » anzugeben, setzt voraus, dass der Sprecher mehr im Sechsersystem als nach Dezimalsystem denkt und redet. Ist so etwas im alten Orient möglich?

Die *Fara-Texte* ([2]) kennen Zahlzeichen für 10, 60, 600, 3600 usw., aber nicht für 100. « Rund 100 » ist hier also am einfachsten und raschesten geschrieben, wenn man zweimal das Zeichen für 60 schreibt. Genau so, wie ein deutscher Bauersmann, der seine Eier auch heute noch nach « Schock » (= 60) berechnet, nicht bequemer von « rund 100 Eiern » sprechen kann, als wenn er sagt « etwa 2 Schock »; also eigentlich: 120 = rund 100.

([1]) Vgl. A. Bea S. J., *De Script. Sacr. Inspiratione*², Romae 1935, n. 91 c.

([2]) A. Deimel, *Liste der archaischen Keilschriftzeichen von Fara*, Leipzig 1922, 71.

13. — Closen, *Die Sünde der « Söhne Gottes »*.

A. Deimel bringt in seiner *Šumerischen Grammatik* ([1]) ein Beispiel, wo geschrieben ist $3 \times 600 - 15$, um 1785 auszudrücken. Vergleiche die altšumerische Königsliste, wo zur Angabe der phantastischen Regierungszeiten der ältesten Herrscher von Eridu, Larak, Kiš usw. die durch 12 teilbaren Zahlen bei weitem bevorzugt werden ([2]). Wo gesagt sein soll, dass Gudea — modern gesprochen — « über rund 200 000 Menschen » herrschte, heisst es: « über 3600×60 » $(= 216\,000)$ ([3]).

Diese Beobachtungen würden für unseren Text folgendes bedeuten. Es wurde zwar oben nachgewiesen, dass nach der literarischen Absicht nicht notwendig ausgeschlossen sei, dass Gen. 6, 3 schon vor 5, 32 liege. Aber immerhin bleibt wahr, dass der erste Eindruck dafür sprechen könnte, dass die Söhne Noes schon als geboren angenommen werden, wo das Strafdekret von Gen. 6, 3 einsetzt. Dann läge also der kuriose Fall vor, dass Gen. 6, 3 einen Zeitabschnitt mit (« rund ») 120 Jahren angibt, den die übrige Darstellung (vgl. 5, 32 : 7, 6) als 100-jährig voraussetzt. Mit andern Worten, wir hätten den Gebrauch von 120 für « rund 100 », eine Zählweise, wie sie im šumerischen Kulturkreis nicht verwundern liesse. Bei der Beobachtung der literarischen Form wird sich eine ähnliche, nur noch viel auffallendere Verwandtschaft mit literarischen Gebilden des Šumerischen erweisen. Wohl sicher liegen hier Hinweise darauf, dass der Abschnitt Gen. 6, 1-4 in sehr frühe Zeiten orientalischer Literaturgeschichte zurückzudatieren ist, vielleicht sogar aus Elementen geformt wurde, die älter sind als umliegende Partien der Genesis, und wohl sicher unter dem Einfluss altmesopotamischer Denk- und Redeweise entstand.

([1]) Roma 1924, 186.
([2]) A. Deimel in *Verb. Dom.* 4 (1924) 218-222.
([3]) Thureau-Dangin, *Die sum. und akk. Königsinschriften*, Leipzig 1907, S. 68; B 3, 8-11.

5. Kapitel

DIE NEPHILIM

I. - *Die Giganten in der hl. Schrift*

Bezüglich der Riesensagen müssen wir zwei Fragen voneinander unterscheiden, die allgemeine Vorstellung von gewaltig grossen Menschen aus alten Zeiten und spezifische Sonderauffassungen, die den einzelnen Riesensagen ihr besonderes Gepräge geben. Die allgemeine Vorstellung von irgendwelchen Giganten früherer Tage findet sich bei allen Völkern (¹). So sehr die Tatsache dieser allgemeinen Verbreitung von Erzählungen über Giganten in sich ein sehr interessantes wissenschaftliches Problem ist, so schwer ist es, hier gegenseitige Parallelen und Abhängigkeiten festzustellen, eben weil die allgemeinsten Vorstellungen so universale Verbreitung haben. Darum kann diese Frage hier auch nicht in ihrer ganzen Weite entwickelt werden. Was spezifische Sondervorstellungen über solche Titanen angeht, so wurde darüber schon oben bei Prüfung der religionsgeschichtlichen Argumente für die « Engeltheorie » gehandelt (²). So bleibt an dieser Stelle nichts zu tun übrig, als die Vorstellungen von Riesen in der israelitischen Literatur kurz noch etwas näher zu kennzeichnen. So können wir nachher an die Überlegung herantreten, in welchem Sinn die Giganten im Prolog zum Sündflutbericht erwähnt werden.

(¹) Vgl. Karge, *Rephaim*, 616 ff. — *Die Religion in Geschichte und Gegenwart* IV², Tübingen 1930, 2034.

(²) Vgl. S. 100 ff.

Die klassische Beschreibung dessen, was für einen Israeliten ein « Riese » war, findet sich noch immer *Bar*. *3, 26*. Es wird hier nicht ausdrücklich gesagt, dass der Verfasser an Gen. 6, 1-4 denkt. Aber die Anspielung auf unsern Text ist gleichwohl nicht zu verkennen. Es ist zu deutlich von den « Männern des berühmten Namens, aus der Vorzeit, die zu Grunde gingen », die Rede. Nach Baruch gehören zu den γίγαντες wesentlich vier Dinge. Sie müssen sein: οἱ ὀνομαστοί, ἀπ' ἀρχῆς γενόμενοι, εὐμεγέθεις, ἐπιστάμενοι πόλεμον. Also « berühmte, hochgewachsene Männer der Vorzeit, die in Kriegen und Kämpfen Gewaltiges geleistet ». Wenn man diesen Text von der Vorstellung aus beurteilt, dass auch in Israel für Fabeln und Sagen aller Nachbarvölker Tür und Tor offen standen, so ist es absolut unerklärlich, wie in der israelitischen Literatur eine so durchaus unmythologische, ja denkbar nüchterne Vorstellung von den Giganten vorkommt. Für den gewaltigen inneren Widerstand, den die religiöse Seele des israelitischen Volkes fremden Sagenwelten entgegenstellte, ist jedenfalls Bar. 3, 26 ein schlagender Beweis. Wir finden überhaupt keinen Text im israelitischen Gedankengut der hl. Schrift, wo eine beachtlich verschiedene Auffassung von Nephilim und Giganten vertreten würde, wenn wir sie mit Bar. 3, 26 vergleichen.

Die einzige Stelle im A. T., wo ausser Gen. 6, 4 die Riesen mit נְפִלִים bezeichnet werden, ist der bekannte *Bericht der Kundschafter* über ihre im Lande der Verheissung empfangenen Eindrücke. « Auch Riesen haben wir dort gesehen, die Enakssöhne vom Geschlecht der Riesen; wir kamen uns selbst gegen sie wie Heuschrecken vor, und ebenso erschienen wir ihnen » ([1]). Das Wort נְפִלִים steht hier zweimal. Freilich will KITTEL den Zusatz « die Enakssöhne vom Geschlecht der Riesen » und damit die zweite Erwähnung der Nephilim streichen. Auch die LXX lässt sie aus. Selbst wenn dieser Zusatz spätere Glosse ist, so gibt er doch zum wenigsten einen ausgezeichneten Kommentar zu dem, was Nephilim sind. Die Enakssöhne, mit denen die Nephilim hier gleichgestellt sind, gelten als עַם גָּדוֹל וָרָב וָרָם : « ein grosses, zahlrei-

---

[1] Num. 13, 33.

ches, hochgewachsenes Volk » (Dt. 2, 10. 21). Es ist eines der Völker, das « grösser und stärker ist als Israel », das Städte hat « gross und himmelhoch befestigt », von dem das Wort gesagt wird: « Wer kann vor den Enakitern standhalten? » (Dt. 9, 1 f.; 1, 28). Auch Jos. 14, 12 werden « Enakiter und grosse befestigte Städte » zusammen genannt. — Wir sind also auch hier im wesentlichen in der gleichen Atmosphäre höchst unmythologischer, ja nüchterner Vorstellungen von Giganten. Diese gelten als ein hochgewachsenes Volk von gewaltigen Helden und furchtbaren Gegnern im Kriege.

Sollte die Glosse in Num. 13, 33 unecht sein, so trifft der Vergleich mit den Enakssöhnen doch gewiss den hier im Kundschafterbericht gemeinten Sinn der « Nephilim ». Das ist ganz sicher aus dem zweiten Teil des Verses: « Wir waren ihnen gegenüber wie die Heuschrecken ». Also das waren Nephilim: Gegner, denen gegenüber der gewöhnliche Israelit sich wie eine Heuschrecke vorkam, wie ein ohnmächtiges, viel kleineres und schwächeres Wesen. Dass auf jeden Fall eine starke Übertreibung in diesen Worten lag, ist klar aus den späteren Josue-Berichten über die Eroberung des verheissenen Landes. Wenn auch die Bewohner dieser Gegenden furchtbare Feinde waren, wir gewahren doch nichts bei ihnen, was in phantastische, absolut übermenschliche Ausmasse hineingegangen wäre. Dabei ist für uns noch besonders wertvoll zu beachten, dass Nephilim als geschichtlich gegenwärtige Wirklichkeit gelten zur Zeit, wo die Israeliten Kanaan erobern. Diese Riesen sind also zur Zeit der Entstehung von Gen. 6 ([1]) keine rein sagenhafte, legendäre Grösse, sondern eine Menschenart, mit der Israel bei seinen Kriegen zu rechnen hat, von deren Dasein in früheren Zeiten noch manches berichtet wurde.

Wenn auch *Gen. 10, 8 ff.* beim Bericht über Nemrod der Ausdruck Nephilim nicht vorkommt, so gehen wir wohl doch nicht fehl in der Annahme, dass auch er zu diesen Persönlichkeiten gehört, an die der Verfasser von Gen. 6, 1-4 denkt. Nemrod heisst גִּבּוֹר, eine Bezeichnung, die die LXX öfter, im ganzen 16-mal, wohl nicht ungeschickt mit γίγας wiedergibt. Nemrod ist der « gewaltige Jäger vor Jahweh », der Er-

---

([1]) Vgl. III. Teil, 2. Kap.

bauer der הָעִיר הַגְּדֹלָה (V. 12). Solche oder ähnliche Gestalten scheinen dem Blick des Verfassers von Gen. 6, 1-4 vorgeschwebt zu haben, grosse, kraftvolle Menschen, gewaltige Herrscher ihrer Zeit. Bei der Bestimmung dessen, was Nephilim sind, darf ja auch vor allem die Definition nicht vergessen werden, die Gen. 6, 4 selber gibt. Da steht gleich als erster Titel derselbe, den Nemrod Gen. 10 erhält : גִּבֹּרִים ! Lobend wird dabei hervorgehoben, dass hier, Gen. 6, von den Helden der ältesten Zeit die Rede ist, die schon durch ihr hohes Alter eine ganz hervorragende Stellung einnehmen. Hinzugefügt wird noch das « Männer des (berühmten) Namens » ; und so stehen wir schon im ältesten Dokument vor derselben Vorstellung von Giganten, wie auch Bar. 3, 26 sie bietet.

Die alten Exegeten haben also durchaus Recht gehabt, wenn sie in den Giganten von Gen. 6, 1-4 zwar aussergewöhnliche, grosse und starke, aber doch echt menschliche Wesen gesehen haben. « De gigantibus, id est *nimium grandibus atque fortibus,* puto non esse mirandum, quod ex hominibus nasci potuerunt ; quia et post diluvium quidam tales fuisse reperiuntur ; et quaedam corpora hominum in incredibilem modum ingentia, nostris quoque temporibus exstiterunt, non solum virorum, verum etiam feminarum » ([1]). Ἡγοῦμαι γεγενῆσθαι τινὰς παμμεγέθεις ἀνθρώπους ([2]).

II. - *Die Giganten und die Ehen der Söhne Elohims*

Die Frage, ob die Giganten im Prolog des Sündflutberichtes als Nachkommen aus den Ehen der Söhne Elohims gedacht sind oder nicht, ist wesentlich die Frage nach der Deutung des אֲשֶׁר in Gen. 6, 4, das dem יָבֹאוּ voraufgeht. Heisst das אֲשֶׁר « weil » oder « sooft als » o. ä., kurz schliesst es irgendeine Kausalbeziehung zwischen jenen Ehen und dem Dasein von Riesen ein, so sind diese klar als die Sprösslinge

---

([1]) Augustinus, *Quaest. in Heptat.* 1, 3; *CSEL* 28 b, 5; *PL* 34, 549.
([2]) Theodoret, *Quaestio in Genesim* 48; *PG* 80, 152.

jener Verbindungen gedacht. Damit ist natürlich die mythologische Auffassung des ganzen Abschnittes wieder sehr nahegelegt. Besagt das אֲשֶׁר keine kausale Beziehung irgendwelcher Art, so wird die Frage akut, warum denn diese Giganten hier überhaupt erwähnt werden, wenn sie nicht als Nachkommen aus jenen Ehen gelten.

Der methodischen Einteilung halber können wir so vorangehen, dass zunächst gezeigt wird, אֲשֶׁר schliesse keine kausale Beziehung ein; dann positiv: es hat rein « relative » Bedeutung. Damit ist die Frage geklärt, in welchem Verhältnis die Giganten zu den Ehen der Gottessöhne stehen, nämlich in keinem; sie gelten nicht als Sprösslinge jener Verbindungen, wenn sie auch « in jenen Tagen » lebten. Über den Grund ihrer Erwähnung dann im nächsten Kapitel.

Aus dieser methodischen Abgrenzung der Fragen ist schon klar, dass das Ergebnis des gegenwärtigen Abschnittes unbefriedigend bleiben muss. Die ganze Überlegung ist vorbereitend, die Antwort negativ. Die Lösung des Problems, was die Giganten hier sollen, liegt erst im späteren positiven Teil. Gleichwohl sind die voraufgehenden Erwägungen im Interesse des Ganzen unerlässlich.

1. אֲשֶׁר *hat hier keinen kausalen Sinn*

Der begründende Gedankengang ist sehr einfach. Die « Söhne Elohims » sind, wie gezeigt wurde, gewöhnliche Menschen, die Männer des Menschengeschlechtes überhaupt. Also ist es sinnlos, die allgemeine Behauptung aufzustellen, es wurden Riesen geboren, « sooft als » Menschen geschlechtlich mit Frauen verkehrten oder « weil » sie das taten. Das wäre heute sicher gegen jede Erfahrung, und es fehlt uns jede Spur einer Begründung, warum wir annehmen sollten, dass vor der Sündflut allen Ehen regelmässig Giganten entstammten. Also bei einer allgemein-menschlichen Deutung der Söhne Elohims hat es keinen Sinn, im Sondercharakter dieser Ehen den Grund für die Zeugung von Giganten zu suchen. Ein solcher Sondercharakter existiert eben nicht. Und so richtig es ist anzunehmen, dass einigen dieser Ehen gelegentlich auch riesenhafte Söhne entstammten, so wenig sinnvoll wäre es, einen allgemeinen Satz aufzustellen: dies geschah « jedesmal wenn ».

Sehr interessant ist es übrigens zu sehen, wie eine ganz ähnliche Schwierigkeit auch dann vorliegt, wenn man die Gottessöhne im mythologischen Sinne als Engel deutet. Man vergleiche z. B. einmal folgende drei Sätze im Kommentar von König miteinander:

341: « Ohne ausdrückliche Erwähnung » (die offenbar nicht vorliegt!) « kann ein so exorbitanter Vorgang, der da, wo er erwähnt ist, die Langmut Gottes abgeschnitten hat, nicht als nach der Flut sich wiederholend angenommen werden ». Das soll doch wohl heissen, dass nach der Auffassung der Schrift diese Ereignisse mit den Engeln nur einmal vorgekommen sind.

340: « In jenen vorflutlichen Tagen existierten nicht alle Nephilim, sondern solche sind auch in derjenigen Gruppe von Kriegern Kanaans gesehen worden, der gegenüber sich die Kundschafter wie Heuschrecken vorkamen (Num. 13, 33) ». Also mit anderen Worten: Giganten gab es nicht nur bei Gelegenheit von Gen. 6, 1-4.

Aus diesen beiden ersten Sätzen möchte man die Schlussfolgerung ziehen: also brauchen Giganten nicht notwendig Engelehen zu entstammen. Denn Giganten gab es oft, Engelehen nur einmal. Statt dessen liest man:

341: « Die Nephilim waren vorhanden, *nur* nachdem und weil die Gottessöhne zu den Menschentöchtern eingingen ».

Wenn das der Fall war, hat es nach der Flut nie Giganten gegeben, oder die Engelehen haben sich in späteren Jahrhunderten mehrfach wiederholt; oder: vor der Flut waren zur Erzeugung von Giganten Engelehen notwendig, nachher nicht mehr.

Die beiden ersten Sätze von König sind zweifellos richtig. Eine Wiederholung der Mythologie ist ganz sicher nicht im Sinne der Schrift, und doch ist die Tatsache von Giganten in späteren Perioden der Geschichte nicht zu leugnen. Die Bücher Israels wissen mehrfach von solch riesenhaften Menschen zu berichten. Also erweist sich der dritte Satz als unhaltbar, dass nämlich die Nephilim nur durch die Engelehen ins Dasein traten. So kann man nicht einmal unter Voraussetzung der mythologischen Deutung von V. 2 das Dasein der Riesen in kausale Beziehung zu den Ehen der Söhne Gottes setzen. Bei einer allgemein-menschlichen Deutung der Söhne Elohims hat das erst recht keinen Sinn, wie oben gezeigt wurde.

2. אֲשֶׁר *ist hier nur « nota relationis »*

Schliesst אֲשֶׁר keinen kausalen Sinn ein, bleibt ihm nur eine « rein relative » Bedeutung. Es würde sich dann auf « in jenen Tagen » beziehen, und es ergäbe sich die Aussage : « Die Riesen waren auf Erden in jenen Tagen, in denen = als » usw. Dass der Versuch dieser Deutung nicht so ganz ungewöhnlich ist, ergibt sich wohl am klarsten daraus, dass selbst GUNKEL (58) sich dafür einsetzt. Er übersetzt (57): « Die Riesen waren auf Erden in jenen Zeiten und auch hernachmals, da sich die Gottessöhne zu den Menschentöchtern gesellten, und sie ihnen Kinder gebaren ». Dazu bemerkt G. : « Der Verfasser, ängstlich bemüht, das Bedenkliche zu mildern, erzählt nur die Gleichzeitigkeit jener Engelehen und der Riesen; aber man muss sehr naiv sein, um hier nicht zwischen den Zeilen zu lesen, dass nach der ursprünglichen Tradition, die der Verfasser aber wiederzugeben sich scheut, die Riesen eben jene Engelkinder gewesen sind ». Sicher macht G. hier ein äusserst wertvolles Zugeständnis. Auch nach ihm behauptet der vorliegende Text, um dessen Deutung es doch zunächst einmal geht, blosse Gleichzeitigkeit, also keine kausale Beziehung zwischen dem Dasein der Riesen und den Ehen der Gottessöhne. Selbst darin hat G. Recht, dass man « sehr naiv sein müsse, um hier nicht zwischen den Zeilen zu lesen ». Die Frage nach dem einschlussweise angedeuteten Grund, weswegen die Riesen hier genannt sind, soll voll und ganz zu ihrem Rechte kommen.

Um zunächst die Auffassung des אֲשֶׁר als reiner Relationspartikel möglichst allseitig zu begründen und zu erläutern, mögen die einzelnen sprachlichen und stilistischen Rücksichten, die hier in Frage kommen, kurz besprochen werden.

a) וְגַם אַחֲרֵי־כֵן *und das* אֲשֶׁר

Als Schwierigkeit für die rein relative Auffassung des אֲשֶׁר könnte vielleicht erscheinen, dass in diesem Fall die Relativpartikel nicht unmittelbar auf das Beziehungswort folgt. Ja, das אֲשֶׁר wäre durch das ganze « und auch später (noch) » von « in jenen Tagen » getrennt.

Diese Schwierigkeit berührt nun nicht eigentlich den relativen Charakter des אֲשֶׁר; denn, wie schon oben gezeigt wurde, ist dieses « und auch später noch » in jedem Falle eine « Zwischenbemerkung ». Vielleicht hat sie der Verfasser selbst eingeschaltet, um ein Missverständnis bezüglich der Riesen auszuschliessen, vielleicht tat dies ein späterer Glossator. Mit diesem Charakter des « und auch nachher » ist bei jeder Interpretation zu rechnen. Die Worte dieser Zwischenbemerkung befürworten weder die eine Deutung des אֲשֶׁר, noch schliessen sie die andere aus. Sie tragen in jedem Fall klar alle Anzeichen einer beabsichtigten « Einschaltung ».

Es lassen sich auch andere Beispiele geben, wo אֲשֶׁר durch mehrere Worte von seinem Beziehungswort getrennt steht. So z. B. Jer. 19, 3: « Ich werde ein Unglück über diesen Ort kommen lassen, das [אֲשֶׁר] jedem, der davon hört, die Ohren gellen lässt ». Über die nähere Analyse dieses אֲשֶׁר mag man verschiedener Ansicht sein ([1]); sicher bezieht es sich auf Unglück und nicht auf « über diesen Ort », trotzdem dieses ihm viel näher steht. Es ist auch hier durch drei Worte von seinem Beziehungswort getrennt und nur der Zusammenhang des Satzes macht eindeutig, dass der Satz mit אֲשֶׁר eine Ergänzung zu רָעָה ist und nicht zu מָקוֹם.

Jedenfalls ist kein Grund zu sehen, wenn solche Konstruktionen wie Jer. 19, 3 möglich sind, warum in Gen. 6, 4 das אֲשֶׁר nicht auf « jene Tage » bezogen werden kann, auch wenn eine Zwischenbemerkung von drei kleinen Partikeln Beziehungswort und Relativpartikel trennt ([2]).

([1]) Giesebrecht, Göttingen (1907) 110, fasst es stark relativ: « Ein Unheil..., *bei welchem* jedem, der es hört, die Ohren gellen sollen ».

([2]) Vgl. Gen. 41, 50, wo sogar v i e r Worte zwischen אֲשֶׁר und seinem Beziehungswort stehen.

b) Das Fehlen des « Pronomen retrospectivum »

Soll das אֲשֶׁר in Gen. 6, 4 einen blossen Relativsatz einleiten, so scheint ein für den echten hebräischen Relativsatz sehr wichtiger Bestandteil zu fehlen, das « rückbezügliche Pronomen ». Esth. 9, 22 heisst es von Tagen, die als Festtage zu begehen sind: בָּהֶם + אֲשֶׁר ‧ כַּיָּמִים אֲשֶׁר־נָחוּ בָהֶם הַיְּהוּדִים מֵאֹיְבֵיהֶם ergibt erst unser Relativpronomen « dies, quibus ». — Aber hier liegt auch die Schwierigkeit für Gen. 6, 4; dieses בָּהֶם fehlt. Wie kann hier ein Relativsatz vorliegen?

Joüon meint, das « *mot rétrospectif* » werde nach Zeitbestimmungen bezüglich der Zeitangabe regelmässig ausgelassen([1]). Das wäre für Gen. 6, 4 eine leichte Lösung der Frage, ist aber in seiner Allgemeinheit sicher nicht richtig, wie gerade das eben zitierte Beispiel aus Esth. 9, 22 beweist, wo auf den Begriff « Tage » das rückbezügliche Pronomen folgt. Immerhin beweisen die von Joüon beigebrachten Texte, dass gerade bei Zeitangaben das *mot rétrospectif* sehr häufig ausgelassen wird; und das genügt ja zur Beantwortung der obigen Schwierigkeit vollkommen. Ez. 22, 14: לַיָּמִים אֲשֶׁר « zur Zeit da »; es geht um den « Tagesbegriff » im allgemeineren Sinn wie Gen. 6, 4, ohne dass ein בָּהֶם folgte. Das gleiche in der Genesis bezüglich שָׁנִים (45, 6). Recht lehrreich ist ein Beispiel aus Jeremias (20, 14), wo in der ersten Vershälfte auf יוֹם אֲשֶׁר ein בּוֹ folgt, in der zweiten Hälfte des Verses nicht.

Mit diesen Beispielen ist sicher erwiesen, dass gerade bei Zeitangaben allergrösste Freiheit herrscht, das rückbezügliche Pronomen zu setzen oder nicht. Wenn es in diesem Punkte überhaupt eine Regel gibt, dann ist es eher die, dass dies Pronomen bei Zeitbestimmungen für gewöhnlich wegfällt. Und zu dieser Regel passt der Fall von Gen. 6, 4 vollkommen.

([1]) 158 k.

c) אֲשֶׁר *und das vorhergehende Demonstrativ*

Mehr der Allseitigkeit der Erklärung halber, als um einer realen Schwierigkeit zu begegnen, sei noch kurz die Beziehung des אֲשֶׁר auf das vorhergehende Demonstrativ הָהֵם betrachtet. Ist vielleicht diese Beziehung des אֲשֶׁר auf ein Demonstrativpronomen ungewöhnlich? Als Normalfall könnten Sätze erscheinen wie זֹאת בְּרִיתִי אֲשֶׁר תִּשְׁמְרוּ (Gen. 17, 10). Hier ist ja die « nota relationis » nicht unmittelbar an das Demonstrativ angeschlossen, sondern an ein Substantiv. — Aber der wahre Grund dieser Wortstellung ist nicht eine Unmöglichkeit, ein אֲשֶׁר an ein Demonstrativ anzuschliessen. Der Grund ist einfach der, dass das Demonstrativ hier selbständiges Subjekt eines Nominalsatzes ist und als solches vorsteht. Wo das Demonstrativpronomen die Stelle eines attributiven Adjektivs einnimmt, das nachsteht, ist gar keine Schwierigkeit, das אֲשֶׁר mit dem Demonstrativ zu verbinden. So z. B. Gen. 37, 6: הַחֲלוֹם הַזֶּה אֲשֶׁר. Ganz ähnliche Fälle sind auch in der Genesis häufig: 33, 8; 37, 10. 22; 44, 15; 49, 28; Ex. 18, 18 usw. — Gen. 28, 20 steht אֲשֶׁר unmittelbar beim Demonstrativ; auch das rückbezügliche Pronomen fehlt.

Die Wortverbindung הָהֵם אֲשֶׁר ist also für die Genesis durchaus normal.

d) לָקַח אִשָּׁה *und* בּוֹא אֶל־

Wenn אֲשֶׁר rein die Stelle unseres Relativpronomen vertritt, dann ist der betreffende Satz in V. 4 der äusseren Form nach eine blosse Zeitangabe. « Die Giganten waren da, *als* die Söhne Elohims zu den Menschentöchtern gingen ». Der Satz mit אֲשֶׁר brächte eine kurze zusammenfassende Wiederaufnahme der Ereignisse von V. 2. Wozu aber dann der Unterschied in den Ausdrücken? Die Handlung der Gottessöhne heisst in V. 2 « sich ein Weib nehmen ». Das bezeichnet auch nach hebräischer Ausdrucksweise zunächst den juridischen Abschluss der Ehe. V. 4 wird gesagt « gehen zu »; das bezieht sich nach hebräischem Sprachgebrauch auf den Zeugungsakt selbst. Warum zuerst der eine, dann der andere Ausdruck? Sollte der Wechsel in der Darstellung nicht auch einen sachlichen Unterschied meinen? Wenn in V. 4 der Zeugungsakt als solcher betont wird, ist die Absicht wohl doch, die Giganten in Beziehung zu setzen zur Zeugung aus den « Söhnen Gottes ». Dann wären die Riesen in V. 4 hingestellt als die Sprösslinge aus den Ehen der « Söhne Elohims », und אֲשֶׁר würde durchaus einen kausalen Sinn einschliessen, wie immer man es im einzelnen übersetzen mag. — Verstärkt wird diese Schwierigkeit noch dadurch, dass in V. 4 eigens von den Menschentöchtern hinzugefügt wird: « und sie gebaren ihnen ». Auch davon ist V. 2 nicht ausdrücklich die Rede. Wieder scheint es ein Hinweis darauf, dass in V. 4 nicht blosse Wiederanspielung auf schon in V. 2 genannte Ereignisse gewollt ist. Hier will der Verfasser von etwas Neuem reden, davon, wer den Ehen der Söhne Elohims entstammte; und das sind offenbar die Riesen.

Auf diese Darlegung kann wohl folgendes geantwortet werden. Gewiss ist es richtig, dass לָקַח אִשָּׁה und בּוֹא אֶל־ aus sich heraus keine Synonyme sind. Aber andrerseits darf man auch den juridischen Sinn des לקח אשה nicht übertreiben. Der Verfasser hat in V. 2 ganz sicher nicht die Absicht, von einem ruhigen, juridisch geregelten Verlauf der Ereignisse und wohlgeordneten Verhältnissen zu reden. Sonst hätte er nicht den im Hebräischen ganz ungewöhnlichen Ausdruck בָּחַר אִשָּׁה gewählt und nicht eigens dies hier so seltsame מִכֹּל אֲשֶׁר hinzugefügt. Es ist V. 2 von irgend etwas Masslosem und Ungeregelten die Rede und nicht nur vom « juridischen Abschluss von Ehen ».

Ausserdem ist fraglos, dass eben dies « sich zum Weibe nehmen » des V. 2 mit allem, was es unter diesen konkreten Umständen enthält und andeutet, für Jahweh der Grund ist, warum er über die Menschheit als Strafe ein Todesurteil fällt, das einen eigenen Gnadenerlass braucht, um nicht zu sofortiger Vollstreckung zu kommen. Wenn das aber so ist, dann meint dies « ein Weib nehmen » hier nicht nur wohlgeordneten juridischen Abschluss von Ehen, sondern masslose

Polygamie und Sinnlichkeit, kurz all das, um dessentwillen der Mensch in V. 3 « Fleisch » genannt wird.

Mag also sonst ein genauer Bedeutungsunterschied zwischen den beiden in Frage stehenden Ausdrücken gewahrt sein, in diesem Zusammenhang gehen beide konkret auf denselben Komplex von Ereignissen. Dass V. 4 בֹּא אֶל־ gesagt wird, ist ein rein literarischer Wechsel im Ausdruck. Zudem liess sich an dieser Stelle dies « gehen zu » auch leichter schreiben. Es gab einen ruhigeren, eleganteren Satzbau als zu sagen « als die Gottessöhne die Menschentöchter sich zu Frauen nahmen ». Das wäre im Hebräischen wie im Deutschen schwerfälliger geworden als das blosse « als die Gottessöhne zu den Menschentöchtern gingen ». Nachdem das aber einmal gesagt war, lag es für den Semiten bei seiner Vorliebe für parallele Setzung gleichartiger Begriffspaare nahe, hinzuzufügen « und diese ihnen gebaren ». Das gab für den Hebräer den rhythmischen Abschluss von Satz und Gedanken, ohne dass er die Absicht gehabt hätte, dem Voraufgegangenen etwas inhaltlich Neues hinzuzufügen. — So scheint der Wechsel im Ausdruck aus stilistischen Gründen hinreichend erklärt, ohne dass an der einmal gewonnenen Erkenntnis, dass אֲשֶׁר hier keine kausale Beziehung einschliessen kann, dass es somit rein « relativ » ist, deswegen etwas geändert werden müsste.

Es darf eben doch auch die eine Tatsache nie übersehen werden, dass die Genesis sich stets in ganz anderen Formen ausdrückt, wenn sie von Geburt und Zeugung neuer Nachkommenschaft redet. Gen. 4, 1 ff. hätte es nie heissen hönnen: « Und Kain war auf Erden in jenen Tagen, als Adam hinging zu Eva und diese ihm gebar ». Das wäre für das Sprachempfinden der Genesis eine unsinnige Ausdrucksweise gewesen, wenn sie irgendwo die Absicht hatte, über die Zeugung von Nachkommen zu reden. Gen. 6, 4 wendet sie diese Formen an; also offenbar in anderer Absicht. Es ist hier nicht von der Art die Rede, wie diese Giganten in die Welt traten. Sie werden als schon existierend eingeführt (הַנְּפִלִים הָיוּ, nicht וַיִּהְיוּ, vgl. S. 67 f.). Der Grund ihrer Erwähnung muss anderswo liegen.

***

Zusammenfassend lässt sich das Ergebnis dieser vorbereitenden und mehr negativen Überlegungen so darstellen. Es hat keinen Sinn, den allgemeinen Satz aufzustellen, dass riesenhafte Menschen auf der Erde waren, « weil » oder « jedesmal wenn » die Söhne Elohims zu den Menchentöchtern gingen. Darum kann das אֲשֶׁר hier keinen kausalen Sinn haben. Einer rein zeitlich-relativen Auffassung « in jenen Tagen als » stehen keine sprachlichen oder stilistischen Bedenken entgegen.

Im Gegenteil, die ganze Ausdrucksweise gibt zu erkennen, dass hier nicht von der Zeugung der Nephilim die Rede ist, sondern dass diese als schon vorhanden vorausgesetzt werden.

Eine ganz andere Frage wäre die, ob man einen kausalen Sinn des אֲשֶׁר annehmen könnte, wenn die Nephilim ausschliesslich die masslos leidenschaftlichen und sündigen Menschen meinten. Dann liesse sich ja vielleicht verstehen, dass ihr ungezügeltes Wesen als das Erbe der Leidenschaft ihrer Eltern aufgefasst würde. Aber eine solche Annahme scheint doch mit den Nephilim-Vorstellungen des A. T. wenig zusammenzustimmen. Mögen diese Giganten vielleicht tatsächlich grosse Sünder sein, der unmittelbare Inhalt ihres Namens spricht zunächst von etwas anderem, ihrem riesenhaften Körperwuchs und ihrer Heldenstärke. Das gilt vor allem für Gen. 6, 4, wo die Nephilim besonders in ihrer Stärke und Berühmtheit geschildert werden. Solange aber der Begriff der Nephilim auch den riesenhaften Wuchs miteinschliesst, treffen die in obigen Argumenten gegen den kausalen Sinn des אֲשֶׁר gegebenen Gründe zu. Solche Giganten können nicht in besonderer Weise auf die Polygamie von Gen. 6, 2 zurückgeführt werden. Darum bleibt eine andere Erklärung dafür zu suchen, warum ihr Dasein in Beziehung gesetzt wird zur *Zeit* der Ehen der Söhne Elohims mit den Menschentöchtern.

III. – *Warum ist im Prolog zum Sündflutbericht die Rede von den Giganten?*

Je mehr wir betonten, dass die Giganten hier nicht deswegen erwähnt sind, weil der Verfasser in ihnen die Sprösslinge aus den Ehen der Gottessöhne sieht, desto drängender wird die Frage, warum sie dann hier überhaupt genannt sind. Diese Frage scheint in jeder Mythologie oder Engeltheorie leicht beantwortet. Hier werden eben die Riesen als die Söhne überirdischer Wesen aufgefasst. Die Heiden erblickten darin einen Vorzug der Halbgötter und Heroen; Sulpicius Severus sieht darin mehr eine Schande. Er beschreibt die Sünde der Engel von Gen. 6 und fügt hinzu: « Ex quorum coitu Gigantes editi esse dicuntur, cum diversae inter se naturae permixtio *monstra* gigneret » (¹). Aber immerhin, ein gewisser literarischer Grund ihrer Erwähnung ist auch hier gefunden. Selbst für Jacob ist diese Erklärung nicht schwer. Sind ihm die Gottessöhne « Übermenschen », so werden die Riesen zu « Erben des Übermutes ihrer Väter ». Cyrillus von Alexandrien sieht in den Gottessöhnen die Nachkommen Henochs, und die Riesen sind ihm die τέρατα, deren unwürdige Gestalt eine Strafe Gottes für die sinnlose Leidenschaft der Eltern war (²). Kurzum, wo immer die Giganten als Kinder der Söhne Elohims gelten, wird rasch dieser oder jener Grund ihrer Erwähnung gefunden sein. Wie aber, wenn אֲשֶׁר gar keine kausale Beziehung besagt?

Ceuppens (240 f.) versucht unter dieser Voraussetzung eine etwas eigenartige Lösung. Er will nicht nur die äussere Form der Zeitangabe beibehalten « in den Tagen, als », sondern auch die Absicht des Verfassers auf eine reine Zeitangabe beschränken (³). Dann wäre der Sinn dieser: « Die Riesen waren *schon* auf der Erde, als diese Ereignisse geschahen ». Aber das ist doch eine recht seltsame Zeitbestimmung. Wann war denn je das Dasein von Riesen eine chronologisch so exakt festgelegte

---

(¹) *Historia Sacra*, 1, 2; *CSEL* 1, 5; *PL* 20, 97.
(²) *Glaph. in Gen.* 2, 2; *PG* 69, 56; *Contra Iul.* 9; *PG* 76, 956 f.
(³) Auch Heinisch (162) meint: der Verf. « will eine Zeitangabe » machen.

Zeit, dass man mit ihrer Hilfe den Zeitpunkt anderer Ereignisse hätte bestimmen können? Es ist wohl nicht zu leugnen, dass diese Auffassung wenig befriedigt. Sie wird dem literarischen Zusammenhang des Textes nicht gerecht. Die wirklichen Gründe der Gigantenerwähnung scheinen auf ganz anderem Gebiet gesucht werden zu müssen.

Zur Erklärung mag von einem anderen Bericht des A. T. ausgegangen werden, wo auch ein furchtbares Strafgericht über sündige Menschen verhängt und vorher angekündigt wird, der Unheilspredigt des Propheten Jonas über Ninive. Ist es in dieser Erzählung nicht auffallend, wie oft bei der Vorbereitung der Hauptereignisse betont wird, Ninive sei gewesen הָעִיר הַגְּדוֹלָה « *die* grosse Stadt », Jon. 1, 2; 3, 2; besonders aber 3, 3 f., Ninive sei gewesen « eine bei Elohim grosse », d. h. eine ganz aussergewöhnlich grosse Stadt, « drei Tagewege gross »? Warum wird das so oft und stark betont? Welchen Eindruck muss das in einem Zusammenhang machen, wo der Untergang dieser Stadt vom Propheten verkündet wird: « Noch 40 Tage, und Ninive ist zerstört »?

Die Wirkung dessen, dass die Aufmerksamkeit des Lesers so sehr auf die gewaltige Grösse der sündigen Stadt gelenkt wird, ist sicher die, dass die ganze Tragik des Verderbens, das bevorsteht, scharf herausgearbeitet wird. Wenn irgendeine elende Ansiedlung armseliger, verkommener Menschen zu Grunde geht, ist gewiss auch das ein Menschenschicksal und darum immer erschütternd und gross. Aber es ist doch « alltäglich », eigentlich zu erwarten; keine ungeheuren Proportionen von Licht und Schatten, Heldengrösse, Kulturherrlichkeit und Untergang erheben ein solches Geschehen zu einer wahren Tragik menschlicher Grösse. Anders bei Ninive; es ist die gewaltig grosse, auf die Kraft ihrer Türme, die Weite ihrer Mauern, die Pracht ihrer Kultur stolze Stadt. In ihr tritt der Prophet auf: « Noch 40 Tage, und diese Stadt ist zerstört ». Drei Gedanken werden hier nahegelegt. Welch *furchtbares* Strafgericht, das so viel Herrlichkeit zerstört! Welch *gewaltiger* Gott, dem nicht einmal solche Titanenstärke widersteht! Und schliesslich noch eins: « Gottes Reich ist in euch », wird später das Evangelium sagen ([1]). Nicht die Herrlichkeit und

---

([1]) Lc. 17, 21.

Pracht seiner Kultur, nicht die Stärke seiner Türme und
Mauern hat Ninive vor dem Zorne Jahwehs gerettet, sondern
nur die Tatsache, dass « ein jeder sich bekehrte von seinem
bösen Wege und von der Sünde, die an ihren Händen war »
(Jon. 3, 8). Mit anderen Worten, welch *heiliger* Gott! Keine
äussere Pracht und Grösse macht vor ihm wertvoll und rein,
sondern nur die innere Einkehr des Herzens zu Gott.

Also das ist die unmittelbare literarische Wirkung, wenn
bei der Schilderung eines göttlichen Strafgerichtes Kraft und
Grösse des Sünders hervorgehoben wird. Die Furchtbarkeit
der Strafe, Macht und Heiligkeit des strafenden Gottes werden dadurch in das hellste Licht gerückt.

Den gleichen literarischen Kunstgriff sehen wir in Gen. 6, 4.
Die « Söhne Gottes » sind « Fleisch » geworden. Jahwehs Zorn
hat ihre Vernichtung beschlossen. Noch 120 Jahre, dann ist
« das Ende alles Fleisches » gekommen (6, 13). Bevor nun der
Verfasser beginnt, die Schrecken der Sündflut zu schildern,
hält er für einen Augenblick inne und betrachtet, wie viel
Kraft und Grösse in diesem Menschengeschlecht neben und
trotz all seiner Sünde noch lebt, in diesem Geschlecht, das
dem sicheren Tode geweiht ist. Welch ein Strafgericht, das all
diese Lebensherrlichkeit vernichtet! Welch gewaltiger Gott,
dem nicht einmal dies Geschlecht von Giganten widersteht!
Und in dieser Reflexion schreibt der Verfasser dieses Prologs
die Worte nieder: « Gewaltige Menschen lebten auf Erden in
jenen Tagen », als die Flut der Sünden die Sündflut herauszufordern begann. Und in dieser Überlegung verweilt er eine
Zeitlang: « Das sind die starken Recken, die in der Vorzeit
lebten, die weitberühmten Helden ». Aber all diese physische
Kraft, all dies gewaltige Übermenschentum kann dies Geschlecht nicht retten. « Das Reich Gottes ist in euch ». Und
« Jahweh sah, dass alle Gedanken *ihres Herzens* auf das Böse
gerichtet waren immerdar » (Gen. 6, 5). Also das einzige, was
die Niniviten hatte retten können, fehlte. So musste das Strafdekret zur Ausführung kommen.

In diesem Zusammenhang klärt sich auch noch mehr das וְ,
mit dem 6, 5 das « es sah Jahweh » angefügt wird. Das ist
nicht nur ein rein koordinierender Übergang zum folgenden.
Es besagt auch einen Gegensatz. Gerade der letzte Abschnitt

von V. 4 sprach von der Herrlichkeit, Kraft und Berühmtheit der vorflutlichen Menschen. Fast hätte man meinen können, darüber müsse doch Jahweh seinen Grimm vergessen, von dem in V. 3 die Rede war. « *Aber* » nein; Jahweh schaut auf das Herz, sieht die Bosheit allenthalben und bleibt bei seinem furchterregenden Entschluss. Nur einer wird Gnade finden.

Wenn also zwischen dem Bericht über die Sünde und der Erzählung der Sündflut von den Giganten gesprochen wird, so ist das kein fremdes Element in der Erzählung. Im Gegenteil, es handelt sich um einen Kunstgriff literarischer Darstellung, der dann sehr naheliegt, wenn ein göttliches Strafgericht erfolgt wegen der Sünden besonders mächtiger oder hochgestellter Menschen. Man vergleiche dazu das Spottlied auf den König von Babylon in Is. 14. Warum wird hier (besonders V. 13 f.) das ganze Übermenschentum dieses Fürsten so stark ausgeführt? Weil die ganze Furchtbarkeit des Strafgerichtes umso klarer hervortritt. Auch den übrigen Teilen der Genesis ist diese Darstellung der Grösse und Herrlichkeit dessen, der wegen seiner inneren Bosheit gestraft wird, durchaus nicht fremd. In der Beschreibung des Gerichtes über den Hochmut der Turmbauer von Babel haben wir einen zu Gen. 6, 4 ganz parallelen Text. Vor der Sündflut heissen die Giganten « die Männer des Namens ». Beim Turmbau in Gen. 11, 4 sagen die Menschen: « wir wollen uns einen Namen (¹) machen ». — « Der Sinn wird sein, dass die Herrlichkeit und der Ruhm ihrer Gründung die Menschen zu einem gewaltigen Volk zusammenhalten soll » (HOLZINGER 110). Also

---

(¹) KÖNIG (432) übersetzt « Denkmal ». Aber diese Bedeutung von שֵׁם « kann nicht als belegt gelten » (HOLZINGER 110). *2 Sam. 8, 13* wird von KÖNIG und JACOB (298) in diesem Sinne zitiert. Aber HENNE übersetzt hier sehr richtig: « Er erwarb sich neuen *Ruhm* ». Es ist in 13 f. nicht die Rede von einer Denkmalerrichtung wegen eines früheren Sieges, sondern von einem neuen Sieg über 18 000 Edomiter. *Is. 55, 13* (vgl. KÖNIG a. a. O.) ist zwar שֵׁם parallel zu אוֹת gebraucht. Aber dieses hat hier metaphorischen Sinn; deswegen braucht man nicht aus Gründen der Angleichung שֵׁם einen physisch-konkreten Sinn zu geben. *Is. 56, 5* (JACOB 298) besteht für eine Übersetzung « Denkmal » überhaupt kein Grund. — Für das « sich einen Namen machen = bei der Nachwelt Bewunderung erwecken » bringt JACOB folgende Belege: 2 Sam. 7, 23; Is. 63, 12. 14; Jer. 32, 20; Soph. 3, 19; Neh. 9, 10.

bevor das göttliche Strafgericht hereinbricht, ist auch hier Grösse und Herrlichkeit der damaligen Menschheit und ihr gigantisches Streben eigens hervorgehoben. Umso klarer tritt die ganze Gewalt des hereinbrechenden Gerichtes hervor. Wir stehen also mit der gegebenen Deutung, warum in Gen. 6, 4 die Giganten erwähnt sind, durchaus in Gedankenkreisen, die der biblischen Urgeschichte auch sonst vertraut sind.

Eine ähnliche Auffassung finden wir bei Augustinus « *De civ. Dei* » 15, 23. Er fragt, warum Gott diese Giganten geschaffen habe, und antwortet: « Gigantes... propterea creare placuit Creatori, ut etiam hinc ostenderetur non solum pulchritudines, verum etiam et magnitudines et fortitudines corporum non magnipendendas esse sapienti, qui spiritualibus atque immortalibus... beatificatur bonis » (¹). Augustinus spricht zunächst von den Gründen, warum Giganten erschaffen wurden und da sind. Aber er meint sicher auch den Grund, warum sie im Prolog zum Sündflutbericht genannt werden; denn er beruft sich unmittelbar nach obigem Text auf Bar. 3, 26-28, wo von den Giganten die Rede ist, die in der Flut umkamen.

Augustinus meint also, die Giganten seien deswegen da, dass man sehe, « dass der Weise nicht nur die Schönheiten (wohl eine Anspielung auf das טבת in Gen. 6, 2), sondern auch Kraft und Stärke in seiner Einschätzung an niedere Stelle setzen solle »; offenbar deswegen, weil Gen. 6 zeigt, dass Kraft und Stärke vor Gott nicht legitimieren und so auch nicht vor den Strafgerichten Gottes bewahren. Weder die Schönheit der Frauen, von denen 6, 2 sprach, noch die Kraft der Giganten (6, 4) hat die Menschheit vor Schuld und Strafe bewahrt. Die erste hat sie nur tiefer zur Materie herniedergezogen, die zweite nur höher in ihrem Stolze erhoben. Ihr Herz (6, 5) war auf das Böse gerichtet. So musste die Sündflut kommen.

Mit der oben entwickelten Auffassung von den Giganten im Prolog zum Sündflutbericht ist sicher der Hauptgrund ihrer Nennung angegeben. *Die Tragik des gefallenen und zum Tode verurteilten Geschlechtes* soll hervorgehoben werden. Aber schon die Darlegung bei Augustinus weist zugleich noch in eine andere Richtung. Sind die Giganten unter den Menschen vielleicht auch persönlich die Hauptschuldigen, die Hauptan-

---

(¹) *CSEL* 40 b, 114; *PL* 41, 471.

stifter des grossen Unheils? Aus dem Genesistext lässt sich das kaum schliessen. Freilich zu den Sündern gehören sie sicher. Denn sie gingen in der Flut unter. Aber über die in dieser Tatsache enthaltene Andeutung wird der Genesistext kaum hinausführen. Einige spätere Paralleltexte greifen hier ergänzend ein und zeigen jedenfalls die Anschauung der späteren Zeit über die Lasterhaftigkeit gerade des Gigantengeschlechtes.

Bar. 3, 26-28: Es handelt sich um Mahnungen zur Umkehr zur wahren Weisheit; und in diesem Zusammenhang wird gesagt: « Die Riesen, die berühmten, die uralten, die hochgewachsenen, kriegskundigen; nicht diese hat Gott erkoren, nicht ihnen den Weg zur Weisheit gezeigt; nein, sie kamen um, weil sie keine Erkenntnis besassen; sie kamen um durch ihre Torheit ». Fast mit voller Ausdrücklichkeit ist hier der Gedanke ausgesprochen, dass nicht Kraft und Stärke vor Gott legitimieren, sondern nur die innere Weisheit, die Güte des Herzens. Damit ist sicher ein äusserst wertvoller Kommentar zur Gigantennennung in Gen. 6, 4 gegeben. Eigens hinzugefügt ist das, was aus dem Genesistext allein nur indirekt zu erschliessen ist, dass nämlich diese Giganten selber die grossen Toren und Sünder waren.

Sir. 16, 7 (8): Es soll gezeigt werden, dass eine Menge von Kindern kein Glück bringt, wenn sie gottlos sind. « Denn durch einen Gottesfürchtigen wird eine Stadt bevölkert, aber durch ein Geschlecht von Gottlosen verödet sie » (V. 4). In V. 7 wird dann ein Beispiel namhaft gemacht für ein solches « Geschlecht der Gottlosen » : « Er verzieh nicht den Riesen der Vorzeit, die im Gefühl ihrer Kraft sich empörten ». Demnach wäre in Gen. 6, 4 die Stärke der Giganten auch deshalb genannt, um darin einen Anlass für Sünde und Verderben zu finden.

Sap. 14, 6: Der Grundgedanke der Perikope steht in V. 7: « Gesegnet ist das Holz, durch welches Gerechtigkeit gewirkt wird ». Es soll der Nachweis gebracht werden, was das Holz Gutes wirken kann, wenn es im Dienste der Sache Gottes steht, während es fluchwürdig ist, wenn z. B. Götzen daraus verfertigt werden. In diesem Zusammenhang ist V. 6 die Arche erwähnt, aber in einer Weise, dass zugleich äusserst tief und packend das Grundmotiv der Urgeschichte der

Sünde genannt ist und begründet wird, in welchem Sinn im Prolog zur Sündflut von Giganten die Rede ist. « In der Vorzeit, als die übermütigen Riesen umkamen, ist auch die Hoffnung der Welt in der Arche glücklich entronnen und hat der Folgezeit den Samen eines neuen Geschlechtes hinterlassen, da deine Hand die Fahrt lenkte » (MENGE).

Hier wird in ergreifender und geistvoller Weise der Grundgedanke hervorgehoben, der der « Urgeschichte der menschlichen Sünde » in der Genesis eigen ist. Die Überhebung des auf seine natürliche Kraft und Hoheit vertrauenden Geschlechtes wird gestraft, aber so, dass nicht alle Hoffnung auf eine bessere Menschheit der Zukunft schwindet. Ἡ ἐλπὶς τοῦ κόσμου — und das war eben nicht die Kraft eines Volkes von Giganten, sondern die Frömmigkeit eines einzigen Mannes — diese « Hoffnung der Welt » wurde durch Gottes wunderbare Vorsehung gerettet. — Das Buch der Weisheit sieht also die Erwähnung der Riesen bei Gelegenheit der Sündflut im engsten Zusammenhang mit dem, was tatsächlich zu den Grundgedanken der Urgeschichte gehört. Und darin liegt zweifellos die beste tiefere Ausdeutung, die man für Gen. 6, 4 geben kann.

Der Gedanke, in den Riesen die Hauptursache der Sündflut zu sehen, ist in der späteren Exegese gelegentlich zu einseitig und übertrieben dargestellt worden. Man vergleiche z. B. die Ansicht, die CORNELIUS A LAPIDE vertritt: « Certum est, gigantes fuisse homines monstrosa statura, robore, latrociniis et tyrannide insignes; ... per sua scelera fuerunt *maxima et potissima causa diluvii*...; idem insinuat hic Moses: ea enim de causa descripturus diluvium gigantes, quasi diluvii causam praemittit: ita passim docent interpretes » ([1]). Hier scheint nun doch der Gedanke von den Riesen als « der » Ursache der Flut in einer Weise in den Vordergrund gerückt zu sein, wie es durch den Text der Genesis nicht nahegelegt ist. Auch die späteren Schriftstellen fordern nicht diese Darstellung. Sicher hat bei der Erwähnung der Giganten die Absicht nicht gefehlt, die objektive Tragik des zum Tode verurteilten Geschlechtes zu schildern. Ausserdem sind, wie Bar. 3 usw. zeigen, die Gi-

---

([1]) *In Genesim commentarium*, in: *Scripturae Sacrae Cursus completus* V, Parisiis 1837, 329.

ganten zugleich Sünder und Gottlose gewesen, die wegen
ihrer Bosheit, wie die übrigen Menschen, in der Flut ihren
Untergang fanden. — Wer *nur* den Gedanken an die Bosheit
dieser Giganten betont, kommt an der Schwierigkeit nicht
vorbei, warum sie dann Gen. 6, 4 als Helden, Recken und
berühmte Männer bezeichnet werden. Das ist nur erklärt in
dem Sinne, wie oben gezeigt wurde. Tatsächlich werden beide
Gedanken der Tragik und der Sünde zu verbinden sein.

Dass man die Riesen überhaupt als Sünder betrachtet,
wie es Sap. 14, 6 verlangt, scheint nun im Widerspruch zu
stehen mit *Ez. 32, 27*. In einem Klagelied und Grabgesang
auf den Pharao wird das Unglück des Fürsten in der Unterwelt, im Totenreich geschildert, vor allem die Gemeinschaft
mit all den verächtlichen Unbeschnittenen, die vor ihm ins
Grab gesunken. Diese « Unbeschnittenen » als Gegenstand
und Grund der Schmach und Verachtung werden 24-26 dreimal erwähnt. Dann heisst es: « Sie liegen nicht bei den in
der Vorzeit gefallenen Helden, die mit ihrer Kriegswehr in
das Totenreich hinabgefahren sind und denen man ihre Schwer-
ter unter ihre Häupter gelegt hat » (MENGE). Nimmt man für
den stark umstrittenen Text die Korrektur von CORNILL und
GUNKEL (58) an: אֶת־גִּבּוֹרִים נֹפְלִים מֵעוֹלָם, dann hat man eine
schlagende Parallele zu Gen. 6, 4: « Sie ruhen nicht bei den
starken Helden, den Riesen der Vorzeit » ([1]). Aber eben das
wäre die Schwierigkeit, dass hier die sündigen Giganten aus
Gen. 6 diejenigen wären, die im Totenreich den Ehrenplatz
einnehmen, so dass es eine besondere Schmach ist, nicht bei
ihnen zu ruhen.

Was den Text selbst angeht, ist es vielleicht schwer, zu
einer Entscheidung zu kommen. Die Vulgata hält das נֹפְלִים
מֵעֲרֵלִים der Massorah bei und übersetzt: « Apud heroes, qui
ceciderunt per incircumcisos ». Die LXX hat für אֶת־גִּבּוֹרִים
μετὰ τῶν γιγάντων und fährt fort τῶν πεπτωκότων ἀπ' αἰῶνος ([2]).

([1]) Vgl. HERRMANN (196): « Nicht bei den Helden liegen sie, den
Riesen von Urzeit her ».

([2]) Vgl. HEINISCH (154): « Sie liegen nicht bei den Helden, den vor
Urzeiten gefallenen ». H. lehnt die Verbesserung des נֹפְלִים in נְפִלִים als
« nicht sicher » ab.

Ähnlich Rothstein in der Bibel von Kautzsch: « Sie liegen nicht bei den Helden, den in grauer Vorzeit Gefallenen ». — Aber selbst wenn die doppelte Verbesserung von Cornill und Gunkel, מֵעוֹלָם statt מֵעֲרֵלִים (gerade das ist nicht unwahrscheinlich) und נְפִלִים statt נֹפְלִים, wenn beides auch richtig ist, so ist wohl doch im Ezechieltext nicht notwendig eine Anspielung auf Gen. 6, 4. Wir stehen in Ezechiel in einem Milieu, wo die Unterscheidung von Beschnittenen und Unbeschnittenen eine grosse Rolle spielt. Aber damit berührt der Vorstellungskreis offenbar Zeiten, die weit nach der Sündflut zu suchen sind. Da konnte noch von vielen « starken Helden und Riesen der Vorzeit » die Rede sein, ohne damit auf Gen. 6 anzuspielen. Ausserdem sind z. B. Sap. 14 die Riesen klar solche, die *durch die Flut umkamen*. Ez. 32, 27 will von Helden sprechen, die einen ruhmvollen *Tod in der Schlacht* fanden. Also ist sicher, dass Ez. 32 nicht von den gottlosen Riesen sprechen will, die bei der Vorbereitung der Sündflut eine Rolle spielen. So stehen sich die beiden Auffassungen von den « edlen Helden » bei Ezechiel, die noch in der Unterwelt den Ehrenplatz einnehmen, und den gottfeindlichen Giganten aus Gen. 6 in keiner Weise gegenüber. Die Rede ist von verschiedenen Personen und Gelegenheiten. Darum ist auch von dieser Seite nicht die mindeste Schwierigkeit, zur Erklärung der Gigantenerwähnung in Gen. 6 den Gedanken von deren Gottlosigkeit hinzunehmen.

DRITTER TEIL

ABSCHLIESSENDE LITERARISCHE UND THEOLOGISCHE FRAGEN

1. Kapitel

DIE LITERARISCHE FORM VON GEN. 6, 1-4

Wenn die Frage nach der literarischen Form des vorliegenden Textes gestellt wird, so soll bei der Gliederung des Textes der Inhalt, das objektivste aller Kriterien, durchaus im Vordergrund stehen. Aber eben dieser gedankliche Inhalt ist es, der den Text in drei auffallende, rhythmisch geformte Sinnabschnitte zerlegt ([1]). Ihr Inhalt lässt sich kurz so angeben:

I (= Vers 1 + 2) *Die Sünde der Menschen*; ihre masslose Leidenschaft;
II (= Vers 3) *Das Todesurteil von seiten Gottes* über diese Menschheit;
III (= Vers 4) *Die Herrlichkeit und Grösse des sündigen* und nun zum Tode verurteilten *Geschlechtes*.

Will man noch weiter gehen und nach der inhaltlichen Struktur der einzelnen drei « Strophen » (hier im weitesten Sinne gebraucht!) fragen, so ergibt sich für jede eine weitere Dreiteilung ([2]):

I. Die Sünde:

    1 - Entfernte Voraussetzungen, die Vermehrung der Menschheit;
    2 - nähere Vorbereitung, das « Sehen » der Menschentöchter;
    3 - sündiges Handeln.

([1]) Vgl. die « *Rhythmische Schreibung* » von Text und Übersetzung: S. 224 und 225.
([2]) Vgl. ebd.

II. Das Urteil:

1 – Das Todesurteil;
2 – seine Begründung;
3 – die Gnadenfrist.

III. Die Tragik des gefallenen Geschlechtes:

1 – Allgemeiner Hinweis auf die Grösse damaliger Menschen;
2 – Erinnerung an die Sünde von I;
3 – nähere Beschreibung der herrlichen Helden jener Zeiten.

Mit dieser Überlegung dürfte schon ein beachtenswertes Ergebnis für die Frage nach der literarischen Form gewonnen sein. Irgendein innerer gedanklicher Aufbau in freier rhythmischer Abfolge ist in Gen. 6, 1-4 enthalten. Es braucht nicht eigens gesagt zu werden, dass diese Ordnung im Texte nicht mit der Präzision und Explikation ausgesprochen ist, wie das in obiger, theoretisch geformter Disposition geschah. Aber die versuchte Gliederung ist auch keine reine Phantasie; im Texte liegt ein lebendiges Gefüge, das sich mit solcher oder ähnlicher Formel wiedergeben lässt.

Eine weitere Frage wäre die, ob dem gedanklichen ein *sprachlicher Rhythmus* entspricht. Die dem hebräischen Text in seiner rhythmischen Schreibung ([1]) eingefügten Zahlen geben die Summen der gesprochenen Akzente. Das meiste ergibt sich zwangsläufig; die ganz wenigen Fälle, wo man zweifeln könnte, die sich vielleicht auch anders lesen lassen, fügen sich ungezwungen in den folgenden Zahlenrhythmus ein. Selbstverständlich ist hierbei, dass dies Schema für den Rhythmus in Gen. 6, 1-4 nur als Hypothese mit der Relativität vorgelegt sein soll, die bei diesen Fragen nie zu vermeiden ist. Aber es scheint doch eine zu grosse Zahl einzelner rhythmischer Akzentfolgen in dieser Perikope sicher vorzuliegen, als dass man nicht einmal den Versuch wagen sollte, ein rhythmisches Schema für den ganzen Text aufzuweisen. Ein solcher Versuch ergäbe etwa folgendes Bild:

([1]) S. 224.

Der sprachliche Rhythmus

```
       3    3    3
       3    2    3
          3    3
          2    3   [ויאמר יהוה]
               3
          3    2
       3    2    3
   2   2    2    2
       2    2    2
```

Fraglich ist an diesem Schema vor allem die Akzentordnung der zweiten Strophe. Der Grund ist die Unklarheit, ob ויאמר יהוה in den sprachlichen Rhythmus einbezogen werden soll oder nicht. P. Maurus Witzel O. F. M. machte in mündlicher Mitteilung darauf aufmerksam, dass die chiastische Form

```
       2    3
          3
       3    2
```

ihm bisher bei seinen Untersuchungen über die frei-rhythmische Strophe im Šumerischen noch nicht begegnet sei. Will man das ויאמר יהוה einbeziehen, so ergäbe sich als Struktur des zweiten Abschnittes:

```
       2    3    2
       3    2    3
```

eine Form, die sich in das Gesamtbild vorzüglich einreiht. Da aber auch noch in späterer Zeit, z. B. bei Jeremias, ähnliche Einleitungsformeln gewöhnlich nicht zum Rhythmus der poetischen Zwischentexte gerechnet werden, und da die Gedankenordnung des zweiten Abschnittes eher eine Dreiteilung verlangt, so wurde es als wahrscheinlicher vorgezogen, das « doch Jahweh sprach » nicht in den Rhythmus der Strophen einzureihen.

Zwei Dinge, die die literarische Form von Gen, 6, 1-4 über die reine Prosa erheben, sind damit aufgewiesen, nämlich eine gewisse rhythmische Folge der Gedanken, eine freie, aber doch symmetrische Ordnung der gesprochenen Akzente. Ein drittes Element wären bestimmte *Parallelismen einzelner Ausdrücke*.

Bei genauer Betrachtung des rhythmisch geschriebenen hebräischen Textes beobachtet man folgendes. In der ersten Strophe starker Parallelismus zwischen האדם – ובנות in der ersten, und בני־האלהים – בנות האדם in der zweiten Zeile. Gerade aus diesem Parallelismus liesse sich ein neuer Beweis dafür machen, dass diese « Söhne Elohims » die Männer des Menschengeschlechtes sind.

Der Ausdruck von den « Söhnen Elohims » und den « Töchtern der Menschen » steht in erster und letzter Strophe jeweils in der mittleren Zeile.

Das Wort « er sogar ist Fleisch » steht im Zentrum des ganzen Schemas. Soll das also auch nach der literarischen Form der Kerngedanke dieses Prologs zum Sündflutbericht sein?

Betrachtet man die erste und dritte Zeile der zweiten Strophe: am Anfang ein Begriff des Lebens oder der Lebenszeit, am Schluss eine Zeitangabe.

Dritte Strophe: erste und letze Zeile beginnen mit parallelen Begriffen, lassen eine Zeitangabe folgen. — Die Mittelzeile ist stark chiastisch gebaut:

בני האלהים ╳ אשר יבאו
וילדו להם ╱ אל־בנות האדם

Die Verben, die den Zeugungs-, bezw. Geburtsakt bezeichnen, stehen aussen, « Söhne Elohims » und « Menschentöchter » innen.

Soll das alles blosser Zufall sein? Aber wenn wir vor einer gehobenen Sprache stehen, *welche literarische Form* haben wir dann vor uns? Der strenge Rhythmus so mancher Psalmen ist es nicht. Dazu ist der Parallelismus nicht regelmässig genug; auch die Akzentfolge ist zu frei. Und doch ist etwas da, was Gen. 6, 1-4 nicht reine Prosa sein lässt, was es zu einem Hymnus primitiver poetischer Form macht, in dem der Verfasser dieses Kapitels als Prolog zum Sündflutbericht erhabene und erschütternde Gedanken vorlegt zu dem grossen Thema « Mensch, Sünde und Gott ».

P. Maurus Witzel O. F. M. veröffentlichte 1932 ([1]) eine Studie zum *Sumerischen Strophenbau*. Er unterscheidet hier

---

([1]) *Orientalia* (N. S.) II, 224-231.

den « regelmässigen Strophenbau » von einem freieren, wie er sich in den Gudea-Zylindern nachweisen lässt. Zu jenem gehört es, « dass die einmal gewählte Strophenform durch die ganze Dichtung beibehalten » wird, während in dem Strophenbau der Gudea-Zylinder « immer in symmetrischer Form die verschiedensten Strophenarten miteinander abwechseln » ([1]). Daraufhin legte ich das oben aufgezeigte Schema für Gen. 6, 1-4 P. Witzel vor, der sogleich darin das von ihm in den Gudea-Zylindern entdeckte freie symmetrische Strophensystem wiedererkannte. Gleichzeitig machte er darauf aufmerksam, dass er diese freien rhythmischen Strophen bisher noch an keinem anderen šumerischen Dokument festgestellt habe.

Damit wäre also eine Parallele für die in Gen. 6, 1-4 nachgewiesene literarische Form gefunden, die šumerischen Gudea-Texte, entstanden etwa 2400 v. Chr. Natürlich wäre es zu kühn, auf Grund dieser einen Parallele weitgehende Rückschlüsse auf Alter und Entstehung von Gen. 6, 1-4 zu machen. Immerhin ist jene Ähnlichkeit mit einem der ältesten Dokumente menschlicher Literatur überhaupt eine neue Bestätigung, dass wir im Prolog zum Sündflutbericht vor einem in ältester Zeit entstandenen Stück orientalischer Sprachkunst stehen. Die literarische Einheit des Textes ist durch diese Betrachtung seiner Form neu erhärtet; ja, gewisse stilistische Eigentümlichkeiten, wie z. B. die lapidare Form, in der die noch gewährte Gnadenfrist angekündet wird, finden vielleicht in dem literarischen System ihre letzte Erklärung ([2]).

Natürlich lässt sich fragen, ob dieser Hymnus auf « Mensch, Sünde und Gott », in dieser Form vom Verfasser der Genesis vorgefunden und übernommen oder neu gestaltet worden ist. Die Reinheit und Höhe des theologischen Gedankens, sowie die vollkommene Einpassung in die innere Lehrentwicklung des Buches legen zweifellos die Auffassung näher, dass dieser Text vom Verfasser als feierlicher Prolog zum Sündflutbericht neu geformt worden ist. Wie weit dabei schon vorliegendes Material mitverwandt wurde, dürfte eine Frage sein, zu deren Entscheidung vorläufig die Dokumente fehlen. — Doch sind dies Überlegungen, die schon zum folgenden Kapitel über-

---

[1] A. a O. 224.
[2] Vgl. S. 189.

leiten, wo die Frage nach den « Quellen » unserer Perikope im Zusammenhang untersucht werden soll.

Rhythmische Schreibung von Gen. 6, 1-4

Rhythmische Schreibung der deutschen Übersetzung von Gen. 6, 1-4

I

Da geschah es, als die Menschen begonnen, sich zu mehren auf dem Antlitz der Erde, und ihnen Töchter geboren waren,

Da sahen die Söhne Elohims die Töchter der Menschen, wie brauchbar sie waren,

Und sie nahmen sich zu Frauen alle, an denen sie Gefallen fanden;

Doch Jahweh sprach:

II

Nimmer soll mein Lebensgeist im Menschen verbleiben;

Er sogar ist ja Fleisch!

Doch sei seine Lebenszeit einhundertundzwanzig Jahre.

III

Gewaltige Menschen lebten auf Erden in jenen Zeiten – wie auch später noch –

Als hingingen die Söhne Elohims zu den Töchtern der Menschen und diese ihnen gebaren;

Es sind die starken Recken, die in der Vorzeit lebten, die weitberühmten Helden.

15. — CLOSEN, *Die Sünde der « Söhne Gottes »*.

2. Kapitel

DIE QUELLEN VON GEN. 6, 1-4

Die Frage nach den «Quellen» von Gen. 6, 1-4 kann einen doppelten Sinn haben. Zunächst ist es das Problem der «Quellenscheidung» im Sinne der Pentateuchkritik. Aber selbst wenn das Bemühen auf diesem Wege ein Zusammenlaufen verschiedener Quellen in diesem Text oder eine Zugehörigkeit des Ganzen zu einer bestimmten Pentateuchquelle festzustellen, vergeblich sein sollte, so bleibt noch immer die Frage, ob sich über die Herkunft dieses Prologs zum Sündflutbericht nicht doch noch einige Vermutungen aufstellen lassen.

I. – *Gen. 6, 1-4 und die Pentateuchkritik*

Es ist klar, dass im Rahmen dieser Arbeit das Problem der Pentateuchkritik als ganzes nicht aufgerollt werden kann. Es möge nur in einem ganz beschränkten Sinne hier behandelt sein. Zeigt Gen. 6, 1-4 Merkmale, die entweder eine Unterscheidung mehrerer Quellen innerhalb dieses Textes erfordern oder doch wenigstens beweisen, dass er einer der bekannten Pentateuchquellen im Gegensatz zu andern zuzuteilen ist?

Fast alle Autoren betrachten Gen. 6, 1-4 als einen in sich einheitlichen Text, wenigstens in dem Sinne, dass sie innerhalb dieser vier Verse keine Quellenverschiedenheit annehmen. Eine Ausnahme macht z. B. Budde ([1]). Er glaubt nicht, dass Vers 3 ursprünglich hier gestanden habe. Er habe zunächst die Stelle von 3, 22 eingenommen. Beachtenswert ist an dieser

---

([1]) *Die biblische Urgeschichte,* Giessen 1883, 29 ff.; ausführlich besprochen bei Ceuppens 242 f. Vgl. König 345.

Beobachtung zweifellos, dass dadurch auf die starke literarische Verwandtschaft zwischen der Todesstrafe in Gen. 3 und 6 aufmerksam gemacht wird, über die vor allem da zu handeln sein wird, wo Gen. 6, 1-4 im Lichte der Theologie der Sünde des ganzen Buches betrachtet wird. Aber die Behauptung, dass 6, 3 nicht an seiner Stelle sei, geht zu weit. Widerlegt wird sie wohl kaum besser als dadurch, dass in einer positiven Deutung der innere literarische Zusammenhang nach Einheitlichkeit von Idee und Form gezeigt wird. Ist damit die Einheit des Textes erwiesen, so ist jedem Versuch, einen Teil der Perikope als nicht ursprünglich zu zeigen, der Boden entzogen. Denn der Beweis für die Unechtheit könnte ja in diesem Falle nur vom Fehlen der Einheitlichkeit, dem inneren Widerspruch, ausgehen.

In der älteren Exegese ist bei Gen. 6, 1-4 gelegentlich auch die Scheidung in einen elohistischen und einen jahwistischen Teil versucht worden. SCHUMANN (119) will mit Berufung auf EICHHORN V. 1. 2. 4 wegen des Elohim dem vorigen Kapitel 5 zuteilen, V. 3 wegen des Namens Jahweh dem folgenden. Die Einschaltung von V. 3 sei geschehen, um 1. 2. 4 mit der Sündfluterzählung zu einer literarischen Einheit zu verbinden, damit so durch 1-4 die Sündfluterzählung vorbereitet und eingeleitet würde. — Was es in diesem Falle um den Wechsel der Gottesnamen ist, konnte schon oben bei der ersten philologischen Erklärung gezeigt werden ([1]). Bei diesem Text liegt sicher darin kein Grund, der zur Unterscheidung mehrerer Quellen nötigte.

Für gewöhnlich wurde Gen. 6, 1-4 einheitlich als ganzes entweder dieser oder jener Quelle des Pentateuch zugeschrieben. KÖNIG bringt (344) recht interessante Einzelheiten aus der Geschichte dieser Quellenzuteilung. ED. BÖHMER gab 1862 den Text dem *Redaktor*, ebenso SCHRADER 1863. Um 1870 stellte KUENEN die Ansicht auf, die sich in der Folgezeit weitestgehend durchsetzte. Er sieht in Gen. 6, 1-4 einen eigentlich « jahwistischen » Text. O. GRUPPE nimmt 1889 die Auffassung von BÖHMER und SCHRADER wieder auf. KÖNIG und die meisten Modernen geben die Perikope J oder sogar J^1; kurz, sie sehen in diesen Versen eines der ältesten jahwistischen Dokumente.

---

[1] Vgl. S. 30 f.

Aber woher kamen die starken Schwankungen in der
Geschichte der Quellenkritik, dass die Zeilen bald dieser,
bald jener Quelle zugeteilt wurden? Tatsächlich ist ja die
Lage des Textes eigentümlich. Er soll jahwistisch sein; dabei
findet sich in ihm nur einmal Jahweh, zweimal Elohim. Gleichwohl, wo König die beiden einzigen Gründe geltend macht
(344), die « positiv für den jahwistischen Standort dieses Abschnittes » sprechen, nennt er als ersten « den Gebrauch des
Namens Jahweh in V. 3 ». Natürlich muss er sich sogleich mit
der auffallenden Schwierigkeit auseinandersetzen, dass im Text
zweimal Elohim steht: « In der Tat kann auch das Elohim
(V. 2. 4) nicht gegen den Jahwisten sprechen, weil der Ausdruck בני־האלהים *im Sprachgebrauch Israels feststand* ». Diese —
auf den ersten Blick so einleuchtende — Begründung verdient
es wohl, Gegenstand einer etwas eingehenderen Reflexion zu
sein. So schlicht und selbstverständlich diese Worte Königs
klingen, so sehr rühren sie an den innersten Kern der ganzen
« Quellenproblematik » des Pentateuch. Das zweimalige Elohim
spricht deswegen nicht gegen den Jahwisten, weil der Ausdruck « Söhne Elohims » im Sprachgebrauch Israels feststand.
Also die Wahl des Gottesnamens Elohim statt Jahweh ist in
diesem Falle nicht dadurch bestimmt, dass die Verse 2 und
4 einer Urkunde entstammen, in der Gott ausschliesslich
Elohim genannt wurde. Wenn ich aber für das zweimalige
Elohim eine psychologisch-literarische Erklärung zulasse, mit
welchem Rechte schliesse ich dann aus dem einmaligen Jahweh auf eine bestimmte « Quelle? ». Vielleicht liegen für die
Wahl des Namens Jahweh genau so gut Gründe vor, die nichts
mit Quellenzugehörigkeit zu tun haben, und deren Existenzmöglichkeit von König zugegeben werden mussten, um das
zweimalige Elohim zu erklären.

Wo diese wahren Gründe für den Gebrauch des Namens
Jahweh liegen, was der wahre Sinne eines jahwistischen Textes
ist, darauf könnte bei konsequentem Durchdenken das zweite
Argument Hinweise geben, das König für den jahwistischen
Charakter von Gen. 6, 1-4 anführt: « Das Streben, das Fortschreiten der Sündhaftigkeit darzulegen ». Als Belege führt
er an 3, 1 ff.; 4, 1 ff.; 6, 1-8; 8, 21; 11, 1-9. Man mag als Antwort darauf hinweisen, dass nicht alle Perikopen über sündhaftes Verhalten von Menschen « jahwistisch » sind. Gen. 35, 22,

wo die Schandtat Rubens erzählt wird, als er sich mit einer
Nebenfrau seines Vaters verging, ist E. Aber durch einzelne
solcher Gegenbeispiele ist das Problem, das König in seinem
zweiten Argument anrührt, nicht gelöst. Im Gegenteil, es ist
noch viel grösser, als König es an dieser Stelle darstellt.
Denn er hätte seine Reihe von jahwistischen Texten über die
wachsende Sündhaftigkeit der Menschen in der Genesis bedeutend verlängern können: 9, 18-29 über die Sünde Chams;
19, 1 - 28 Lasterhaftigkeit und Bestrafung der Sodomiten;
38, 12-23 die Sünde Judas.

Hier wird wirklich ein Problem von weittragender Bedeutung angerührt, das allerdings auch schon den Keim seiner
eigenen Lösung und Überwindung enthält. Warum wird Gott
sooft in den Texten Jahweh genannt, wo ihm die Menschheit
als sündhaft gegenübersteht?

Cassuto (206) spricht ausführlich von einer Frage, die der
unseren sehr ähnlich ist. Warum haben gerade die ältesten
Berichte von Opfern und Opferhandlungen durchweg jahwi-
stische Färbung? Cassuto gibt eine Antwort, die nicht nur
literarkritisch exakt, sondern auch psychologisch und theologisch überaus tief ist. Opferkult setzt eine persönliche Gottesidee voraus. Darum ist es in keiner Weise zu verwundern,
wenn die ältesten Opferberichte Gott mit dem Eigennamen
seiner Person nennen und nicht mit dem abstrakteren der
absolut transzendenten göttlichen Natur. Mit andern Worten,
Opferberichte müssen mit Vorzug jahwistisch und nicht elo-
histisch sein.

Schon vorher (202) hatte Cassuto, auf Grund reichster
Textvergleichung, folgendes nachgewiesen. Der wahre Sinn
des Unterschiedes im Gebrauch der Gottesnamen Jahweh und
Elohim ist in keiner Weise notwendig eine Verschiedenheit
zweier Quellen oder mehrerer Verfasser. Der wahre Unterschied liegt in einer verschiedenen literarischen Absicht auch
beim gleichen Verfasser. Je mehr ein hebräischer Schriftsteller
bei einer bestimmten Erzählung die Absicht hatte, Gott konkret, lebensnah, persönlich darzustellen, desto sicherer findet
sich im Text Gottes persönlicher Eigenname, d. h. Jahweh.
Je mehr aber die Absicht des Schreibenden war, nüchterner,
objektiver, in einer gewissen geistigen Distanzhaltung seinen
Bericht zu geben, desto notwendiger lesen wir den abstrakten

Namen der göttlichen Natur. — Es gibt also tatsächlich einen tiefgehenden sachlichen Unterschied zwischen jahwistischen und elohistischen Texten. Aber dieser Unterschied als solcher gründet sich in keiner Weise notwendig auf einen Ursprung aus verschiedenen Dokumenten oder von verschiedenen Verfassern. Aber notwendig gründet er sich auf eine verschiedene geistige Absicht in der Seele dessen, der schreibt. Dabei hat sich dieser vielleicht an bestimmte Sprachgewohnheiten angelehnt, vielleicht hat er selbst schöpferisch seine Ausdrücke neu gestaltet. Immer aber ist das Entscheidende das geistige Wollen des Verfassers. Diese Auffassung vermeidet also das materialistisch-atomistische einer mechanischen Quellenscheidung, die doch gar zu sehr vom rein Äusseren ausgeht, ohne an die Seele des Menschen, ihren Reichtum und ihre Vielgestaltigkeit zu denken, die auch in der schlichtesten Erzählung sich ausprägen können.

Wenn man diese Erkenntnis vom wahren Sinn des jahwistischen Charakters der Opfertexte auf die Berichte über die wachsende Sündhaftigkeit des Menschen anwendet, so eröffnet sich der Weg zu einer wirklichen Antwort auf das von KÖNIG aufgeworfene Problem.

In den Perikopen über die Sünde steht auffallend oft der persönliche Eigenname Gottes. Diese Berichte haben die ganze unmittelbar konkrete, warm persönlich anschauliche Art des jahwistischen Textes. Soll man daraus sogleich auf die materielle Verschiedenheit von Autoren schliessen? Muss hier notwendig ein anderer gesprochen haben als der, der in ruhig objektiver Weise über Gottes transzendente Natur zu reden vermag? Ist es nicht viel eher so, dass die Eigenart des jahwistischen Textes vor allem durch eine bestimmte geistige Idee von der Sünde gestaltet wurde? Diese Idee konnte auch in einem Menschen lebendig werden, der vielleicht sonst der nüchternste von der Welt war, der aber ein anderer wurde, wenn er auf das Thema « Mensch, Sünde und Gott » kam. Zweifellos liegt diese Auffassung näher, solange literarpsychologische Argumente noch etwas gelten. Die eigentümlich persönliche Färbung kommt notwendig aus der Kraft einer bestimmten Idee. Diesem Verfasser war die Sünde, das Böse, etwas, wodurch der Mensch Gott gegenübergestellt wurde wie das Ich seinem Du und zwar wie das schuldbewusste, Strafe fürchtende, Erbarmen flehende, Verzeihung hoffende Ich dem Du des beleidigten, rächenden Gottes, der durch Sühne und Opfer zu besänftigen war. Hier berührt sich das Problem der jahwistischen Opferberichte mit dem der gleichgearteten Sündenerzählungen. Sünde und Opfer setzen beide eine stark persönliche Gottesidee voraus. Sünde und Opfer hängen sachlich innig miteinander zusammen. Darum werden die Berichte über beides besonders häufig Gott mit seinem Eigennamen nennen. Das ist wohl der wahre Sinn vom « jahwistischen » Charakter dieser Kapitel.

Wenn also der Jahwismus der Sündenberichte etwas beweist, dann ist es eine persönliche Idee Gottes und eine tiefe Auffassung vom Bösen als einer persönlichen Beleidigung dieses höchsten Herrn. Da aber hierin auch literarisch eine vollkommen genügende Erklärung des auffallenden Gebrauchs des Gottesnamens liegt, ist ein weiterer Rückschluss auf Herkunft aus einem bestimmten Dokument nicht mehr begründet. Jedenfalls kann er sich nicht auf die Tatsache des Namens Jahweh als eines seiner Argumente stützen. Was in diesem Namen zum Ausdruck kommt, ist eben weiter nichts als eine sehr lebendig persönlich gefasste Theologie von Sünde, Mensch und Gott, die die ganze Urgeschichte, ja überhaupt die Genesis beherrscht und durchdringt.

Die übrigen Versuche, einen jahwistischen Charakter von Gen. 6, 1-4 im Sinne der Pentateuchkritik zu erweisen, sind nicht von grosser Bedeutung. PROCKSCH meint (57), die Formel וַיְהִי כִּי werde vom Jahwisten bevorzugt. Aber er selbst muss zugeben, dass sie Ex. 1, 21 beim Elohisten steht. Zudem, wollte man sich auf diese Art der Betrachtungsweise einlassen, könnte man die Formel וַיְהִי כִּי zum Beweis verwenden, dass Gen. 6, 1-4 zur Priesterschrift gehört. Gen. 5 ist sicher P. Die genannte Formel findet sich nie an der Naht von Texten aus verschiedenen Quellen. Also ist auch Gen. 6, 1-8 P, zumal das Wort בָּרָא in V. 7 sicher « ausschliessliches Eigengut von P » ist. Hinzu kommt die « unpersönliche und abstrakte » Art, wie Jahweh in 6, 3 sprechend eingeführt wird ([1]), die starke Ideenverbindung des « Sohnes Elohims » mit den P-

---

([1]) Vgl. CASSUTO 198, N. 1.

Texten über die Gottesebenbildlichkeit in Gen. 1. Also! — Ich glaube, dass verhältnismässig wenige Beweise einer Quellenzugehörigkeit so stringent geführt werden können wie dieser, und doch beweist er sicher nichts. Wir befinden uns hier auf dem geistigen Niveau des « Raisonnements », von dem KANT in seiner « Kritik der reinen Vernunft » schreibt. In dieser Sphäre können aber ernste geisteswissenschaftliche Fragen nie entschieden werden.

Was die Ideenverwandtschaft von Gen. 6, 2 mit 1, 26 f. angeht, so wäre es gewiss schlimmer Apriorismus, diese deswegen nicht anerkennen zu wollen, weil Gen. 1 P, 6, 1-8 J ist. Ob und zu welcher Quelle ein Text gehört, kann nicht aus vorgefassten Meinungen entschieden werden, wenn sie auch noch solange überliefert sind. Wenn sich also im Lichte von Gen. 5, 1 ff. herausstellt, dass Menschen deswegen « Gottes Söhne » heissen, weil sie von ihm nach Gottes Bild geschaffen sind, dann ist doch wohl zunächst einmal diese Tatsache anzuerkennen, unbekümmert darum, welche etwaigen Folgen sich vielleicht für die « Quellenzugehörigkeit » ergeben sollten. Die Beziehung von Gen. 6, 2 zu 1, 26 f. ist wohl eher ein neues Beweismoment dafür, dass die Zuteilung von Gen. 6, 1-8 und Gen. 1 an zwei verschiedene Quellen in irgendeinem Sinne unberechtigt sein muss.

Dass das Wort אֲדָמָה, im Gegensatz zu אֶרֶץ, und die Eigentümlichkeiten des מֵאָה וְעֶשְׂרִים שָׁנָה keine « Quellenzugehörigkeit » im Sinne den Pentateuchkritik beweisen können, wurde schon oben ([1]) dargetan.

Diese Betrachtung über die « Quellen » von Gen. 6, 1-4 im Sinne der « Quellenscheidung » hat also einen negativen und einen positiven Erfolg. Der negative Erfolg ist der, dass diese Perikope keine Spuren enthält, die auf eine Quellentrennung innerhalb der Verse schliessen liessen, noch auch solche, die die Zugehörigkeit des ganzen Abschnittes zu einer des « Pentateuchquellen » festlegen würden. Der Text steht als einheitliche literarische Gegebenheit vor uns, die sich in den grossen Zusammenhang weiter Teile der Genesis, besonders Gen. 1 und 5-6, sowie der anderen Perikopen über die Sündhaftigkeit des Menschen vorzüglich einpasst.

([1]) S. 23 f., 65 ff.

Der positive Erfolg war wohl der, dass die Tatsache, wie eine literarische Eigenart vor allem durch die Kraft einer geistigen Idee bestimmt wird, wieder klar hervortrat. Das scheint ja überhaupt Aufgabe einer Überwindung der « Quellenscheidung » zu sein, den geistigen Ideen und Absichten des Verfassers und der ganzen Vielgestaltigkeit und dem Reichtum, der auch in alten Zeiten in der Seele einer starken Persönlichkeit lebendig war, wieder mehr gerecht zu werden. Es scheint ja fast, als wenn die « Pentateuchkritik » geistesgeschichtlich gesehen, gar keine eigenständige Erscheinung war. Sie war der Atomismus einer materialistischen Zeit, angewandt auf ein so feines und lebendiges Gebilde, wie es ein von einem menschlichen Geist geschaffenes literarisches Werk ist. Wenn dem aber so ist, dann ist es sehr verständlich, dass diese Form der Kritik einer Zeit schwer erträglich wird, die es wieder gelernt hat, das Wirken von Idee und Geist zu werten und Einheiten zu sehen selbst da, wo sich Verschiedenartiges beisammen findet. — Es konnte nicht Aufgabe dieser kurzen Überlegungen sein, diese Gedanken in ihrer ganzen Allgemeinheit und Tragweite zu begründen. Aber vielleicht konnte doch an diesem kleinen Beispiel von Gen. 6, 1-4 erneut gezeigt werden, in welcher Richtung die Lösungen der Pentateuchproblematik zu suchen sein werden.

II. - *Vermutungen über die Entstehung von Gen. 6, 1-4*

Wenn auch die Kriterien der üblichen Pentateuchkritik in keiner Weise ausreichen, über die Vorgeschichte von Gen. 6, 1-4 Aufschluss zu geben, so bleibt doch die Frage nach Entstehung und Herkunft eines solchen Textes ein sehr reales Problem. Hat der Verfasser der Genesis die Perikope übernommen oder neu komponiert? Wenn er sie übernahm, geschah das vielleicht unter starker Umgestaltung des Berichtes?

Zwei absolut entgegengesetzte Ansichten über die Vorgeschichte unseres Textes haben ROBERT und ROTHSTEIN ausgebildet. Für ROBERT ist es ausgemachte Sache, dass der Sinn von Gen. 6, 2, wie er heute vorliegt, mythologisch sei.

Doch sei dieser mythologische Charakter Wirkung der Umgestaltung einer ursprünglich reinen Tradition über die Vermischung von Sethiten und Kainiten ([1]). Und zwar scheint nach R. nicht der Hagiograph selbst die mythologische Umgestaltung vorgenommen zu haben. Er übernahm den in den Traditionen des Volkes schon mythologisierten Bericht. Also hier wäre eine ursprünglich reine Tradition, die später zur Mythologie verändert und dann durch den Hagiographen zum Text der Schrift wurde.

Genau das Gegenteil bei ROTHSTEIN ([2]). Er nimmt eine ursprüngliche Mythologie an, die aber von dem priesterlichen Redaktor umgeformt worden sei. R^P meine hier mit Gen. 6, 1-4 eine sündhafte Verbindung von Kainiten und Sethiten und wolle damit neue Motive schaffen gegen die Mischehen seiner Zeit. ROTHSTEIN beschränkt für letztere Auffassung seine These ganz ausdrücklich auf Gen. 6, 1-4 « *in der gegenwärtigen Genesis* ».

Von den beiden Ansichten über die Vorgeschichte von Gen. 6, 1-4 ist die von ROTHSTEIN wissenschaftsmethodisch gesehen die einleuchtendere. Schon ganz abgesehen davon, dass der Text in seiner gegenwärtigen Gestalt sicher nicht mythologisch ist, wie oben von neuem gezeigt wurde, ist die ganze Entwicklungsrichtung, die ROBERT annimmt, äusserst seltsam. Dass die Schrift eine ursprünglich reine Tradition in mythologisiertem Zustand übernommen habe, ist eine schwer erträgliche Vorstellung. Sie ist gegen die ganze geistige Einstellung dieser Bücher. Wo immer wir Berührungspunkte zwischen der israelitischen kanonischen Literatur und mythologischen Vorstellungen haben, ist es die Schrift, die gereinigt, geadelt, erhoben hat. Die Behauptung, die Genesis habe eine blosse Mythologie übernommen, wäre, abstrakt betrachtet, noch leichter verständlich als die hier von ROBERT vertretene Theorie, in der Genesis sei eine ursprünglich reine Auffassung in ihrer mythologisierten Fassung wiedergegeben worden. Und ganz abgesehen von all diesen Überlegungen scheitert eine solche Deutung der Vorgeschichte unseres Textes schon daran, dass

---

[1] *Revue biblique* 4 (1895) 534, 551.
[2] *Beiheft 34 zur ZAW*, Giessen 1920, 150-157.

der Sinn der uns *heute vorliegenden* Perikope ganz sicher nicht mythologisch ist.

Hier liegt das grosse Verdienst von ROTHSTEIN, den Sinn des Abschnittes Gen. 6, 1-4 in seiner *gegenwärtigen* Fassung und seinen *jetzigen* Zusammenhängen klarer herausgestellt zu haben. Gewiss nimmt er an, dass Gen. 6, 1-4 ursprünglich Mythologie war. Aber unbekümmert um all das, was vorher war und hätte sein können, zeigt er mit grosser Klarheit, dass es sich zunächst um die Deutung des gegenwärtigen Textes in seiner jetzigen Gestalt und im Zusammenhang des Buches handelt, in den ihn der gestellt, der an der Komposition der jetzigen Genesis der entscheidende Bearbeiter war. Und da beweist ROTHSTEIN mit grosser Geistesschärfe, dass der Sinn von Gen. 6, 1-4 in der *gegenwärtigen* Genesis auf keinen Fall mythologisch sein kann. Der Verfasser habe eine alte Mythologie umgestaltet und gereinigt, bis sie Form des Gedankens war, den er seiner Gemeinde mitteilen wollte.

Was den letzten Punkt angeht, so ist eine solche Ansicht natürlich schwer zu prüfen und noch schwerer zu widerlegen. Denn ihre Fundamente liegen alle in einer Sphäre, die uns unzugänglich ist, im Bereich dessen, was hätte sein können, und dessen, was einmal war, ohne dass wir Zeugen davon hätten. Immerhin lässt sich das eine sagen. Eine solche Annahme, der Hagiograph habe eine Mythologie gereinigt, ist nur dann wissenschaftlich begründet, wenn ich irgendwelche Spuren habe, die mich darauf hinweisen, dass hier einmal ein derartiger ideeller Reinigungsprozess stattgefunden hat. Wo sollen solche Spuren liegen? Im Ausdruck « Söhne Elohims » ? Der ist ganz erklärt aus theologisch absolut reinem, innerisraelitischem Gedankengut. — In der Erwähnung der Giganten? Sie haben nichts mit Engelehen zu tun. Sie werden genannt in einer Reflexion, die tieftheologisch, aber in keiner Weise mythologisch ist. Sonst aber ist kein Moment in unserer Erzählung, dass eine auch noch so entfernte Beziehung auf mythologische Vorstellungen haben könnte.

Wenn einmal eine « Reinigung » und « Erhebung » einer ursprünglichen Mythologie angenommen wird, so muss immer in den heidnischen Gedanken irgendeine Anlage oder Eignung gelegen haben, die sie einer solchen Adelung zu einem theologisch korrekten Gedanken fähig machte. Wenn Meer und

Wellen oder Jahweh feindliche Völker gelegentlich mit Namen von Ungeheuern der Mythologie bezeichnet wurden, so lag doch irgendeine Vergleichsmöglichkeit vor, irgend ein « tertium comparationis », das sich in beiden Vergleichsobjekten finden liess. Aber das fehlt bei der sexuellen Mythologie von Dämonen und Menschentöchtern vollkommen. Es gab im religiösen israelitischen Gedankengut nichts, was sich mit solchen Vorstellungen hätte vergleichen lassen, und darum auch keine Möglichkeit, wie diese Mythologie in geadeltem Zustand hätte geistiges Eigentum der kanonischen israelitischen Literatur werden können. Denn eine solche « Reinigung » von Ideen setzt immer einen gemeinsamen Grundbestand voraus, unter dessen Rücksicht Mythologie und gereinigte Idee noch verglichen werden könnten. Fehlt selbst das, dann haben wir gar keine Umgestaltung vorliegenden Ideengutes, sondern völlige Neuschaffung.

So scheint also alles, was wir wissen, darauf hinzuweisen, dass Gen. 6, 1-4 nicht einmal aus der Reinigung und Umgestaltung einer alten Mythologie entstanden ist.

Ja, aber wie ist der Text dann entstanden? An drei Stellen der früheren Untersuchung haben wir Dinge berührt, die auf den Ursprung von Gen. 6, 1-4 hinweisen konnten. Die Idee vom « Bild Gottes » als « Sohn Gottes » scheint ägyptischem Milieu zu entsprechen, irgendwie an den ägyptischen Vorstellungskreis sich anzuschliessen. Der Gebrauch der Zahl 120 im Sinne von « rund hundert », ferner die eigentümliche literarische Form weisen auf altmesopotamische Einflüsse hin. Im Anschluss daran sei eine Vermutung gestattet. Ein in seiner literarischen Komposition durchaus einheitlicher Text, der nach Idee und Form ein vollendetes Ganze darstellt, wie unsere Darlegung gezeigt, der in seinen Einzelelementen Einflüsse zweier getrennter Kulturwelten enthält, ist entstanden von einem Verfasser, der unter den Einflüssen beider Kulturen gestanden. Eine solche Persönlichkeit kennen wir in Israel nicht vor der Zeit des Exodus oder wenigstens des Aufenthaltes in Ägypten, wenn wir für einzelne Dokumente ein Schrifttum annehmen wollen, das schon in die ägyptische Zeit selbst zurückgeht. Um solche Zeit konnte unser Text entstehen. Gewisse Erzählungsformen, ja feststehende, besonders vielleicht in feierlicher Redeweise gebrauchte Ausdrücke konnten in Israel aus seiner mesopotamischen Urheimat erhalten sein. Ägyptische Art und Weise, Gedanken und Bilder zu formen und zu verbinden, konnten während des ägyptischen Exils sich Eingang verschaffen. Sollte beides in einer eng geschlossenen literarischen Einheit auftauchen, so brauchte es nur noch eine starke Persönlichkeit, um einen solchen Text wie Gen. 6, 1-4 zu gestalten. Ob diese Moses selbst oder ein vormosaischer Erzähler in Israel war, können wir nach den uns zur Verfügung stehenden literarischen Quellen schwer mit Sicherheit entscheiden. Wie schon oben bei Besprechung der literarischen Form betont wurde, macht die vollkommene Einpassung des Textes, besonders auch nach seinem theologischen Inhalt, die Annahme viel wahrscheinlicher, dass dieser Text nicht fertig vorlag, als dieser Teil der Genesis geschaffen wurde. Es scheint sich vielmehr um eine eigene persönliche Arbeit des Verfassers der Genesis zu handeln. Berichte über masslose Polygamie in den letzten Zeiten vor der Flut mögen ihm dabei vorgelegen haben. Auch alte Erzählungen von Kraft und Herrlichkeit des Geschlechtes, das in der Flut unterging, hat er benutzt. Aus diesem Material schrieb er selbst den Prolog zum Sündflutbericht. Es zeigt sich darin dieselbe literarische Gestaltungskraft, die der gleiche Weise in Israel bewies, als er seinem ganzen Werk als Prolog den grossen Schöpfungshymnus von Gen. 1 vorausschickte ([1]). Mit derselben Kunst der Erzählung schuf er auch die Einführung zum Sündflutbericht, einen Hymnus über « Mensch, Sünde und Gott ».

([1]) Bea, *De Pentateucho*[2], Romae 1933, 71.

3. Kapitel

DIE THEOLOGIE DER SÜNDE IN DER GENESIS

Wenn die hier versuchte Deutung richtig ist, haben wir in Gen. 6, 1-4 eine erstaunlich hohe theologische Idee vom Wesen der Sünde. Es ist nicht mehr die einfache Ungehorsamstat aus Gen. 3, als die auch später noch sooft das Böse charakterisiert wird (z. B. Jer. 7, 13. 30; 18, 10 usw.). Man könnte sagen, in Gen. 6, 1-4 besteht die Sünde in einer *Entwürdigung der eigenen gottnahen Natur*. Richtig ist, dass die Sünde in diesem Text — wie übrigens auch in Gen. 3 — nirgends mit einem ihrer gewohnten Namen פֶּשַׁע, עָוֹן oder חֵטְא ([1]) genannt wird. Aber sie wird konkret geschildert in ihrer Eigenart und ihren Folgen, und zwar Gen. 6, 1-4 besonders die Sünde ungezügelten und masslosen Geschlechtsverkehrs.

Diese Sünde ist hier etwas, was den Zorn des strafenden Gottes und seiner Gerechtigkeit herausfordert; etwas, das — von der grossen Mehrheit der Menschen begangen — das Vernichtungsurteil über das Menschengeschlecht und all seine Herrlichkeit verdient; etwas, was weder durch Frauenschönheit (V. 2) noch durch Gigantenkraft (V. 4) wiedergutgemacht oder vor Jahweh ausgeglichen würde; kurz, um alles in der einen Zentralidee des Abschnittes auszusprechen: diese Sünde ist jene Handlung, die aus den « Söhnen Elohims » « Fleisch » werden lässt und sie als solches der rächenden Strafgewalt der zürnenden Gottheit preisgibt.

([1]) Vgl. König, *Theol. des A. T.*, Stuttgart 1922, 249 f.

Angesichts dieser hohen theologischen Idee vom Wesen der Sünde, drängt sich natürlich die Frage auf, ob eine solche Theologie der Sünde in der Genesis nicht doch gar zu überraschend wirke, ob das nicht doch der literargeschichtlich so überaus unwahrscheinliche « *isolierte Fremdkörper* » sei, den manche Exegeten hier immer wieder zu finden glaubten. Zur Erläuterung dieser Frage kann hier natürlich nicht das Gesamtthema von der « Theologie der Sünde » in der Genesis in seinem ganzen Ausmass betrachtet werden. Darum mögen zum Vergleich nur drei Texte über die Sünde aus der Genesis ausgewählt werden: einer, der vom theologischen Standpunkt aus vor allem aus den historischen Folgen das Wesen der Sünde erklärt, Gen. 3; ein zweiter, der vor allem eine theologische Würdigung der Psychologie der Sünde bietet, 4, 7 ([1]); und schliesslich 50, 20, wo von der letzten heilsgeschichtlichen Überwindung der Sünde die Rede ist, wo die Genesis ihr letztes Wort spricht, das sie zur « Theologie der Sünde » zu sagen hat.

Gen. 3

Dem Zweck dieser Untersuchung entsprechend braucht hier nur gefragt zu werden, welche Idee der Sünde im klaren Wortsinn des Textes offenbar ausgesprochen ist. Damit können hier, da in diesem Kapitel der einfache Wortsinn durchweg klar und eindeutig vorliegt, zahllose kritische und exegetische Fragen, die sonst zu stellen wären, übergangen werden ([2]). Wir fragen hier nur: welches ist die Idee der Sünde, die in dieser Erzählung, wie sie heute vorliegt, *ausgesprochen* wird?

Ihrem Wesen nach wird die Sünde in Gen. 3 vor allem geschildert als Tat des *Ungehorsams* (vgl. 2, 17; 3, 11. 17). Sie geschieht auf den Rat einer lügnerischen Schlange hin (3, 5. 7) und stellt für den Menschen eine völlige Enttäuschung

---

([1]) Ausführlicher über Gen. 4, 7 in *Biblica* 16 (1935) 431-442.

([2]) Vgl. z. B. Hans Schmidt, *Die Erzählung von Paradies und Sündenfall*, Tübingen 1931. — Die beste Überwindung all dieser Unterscheidungen ist wohl noch immer der positive Hinweis auf die tatsächlich vorhandene literarische und theologische Einheit der Erzählung.

dar; die auf sie gesetzte Hoffnung geht nicht in Erfüllung, ja sie hat zahlreiche Übel zur Folge.

Als erste Wirkung wird genannt, dass über den, der « nach Gottes Bild und Ähnlichkeit » geschaffen war, die beschämende und verwirrende Erkenntnis kommt, dass er « nackt » ist (3, 7. 10 f.). Der Parallelismus zwischen dieser Idee und der anderen, dass die « Söhne Elohims » « Fleisch » werden, ist so auffallend ([1]), dass es ein seltsamer Zufall wäre, wenn diese gleichgeformten Bilder der Sünde nicht von der Hand *eines* Künstlers geschaffen wären.

Aber die Folgen der Sünde bleiben nicht bei dieser Beschämung des Menschen stehen. An die erste Ungehorsamstat knüpft sich eine dauernde Feindschaft zwischen dem Samen des Weibes und dem Samen der Schlange (15). Der Urteilsspruch über die Frau fasst in wenige prägnante Ausdrücke die ganze Tragik des Weibes in einem gefallenen Menschengeschlecht zusammen ([2]). Seit der ersten Rebellion des Menschen gegen Gott müssen alle Mütter in Schmerzen ihre Kinder gebären. Also eine Schuld von Menschen wird hier verantwortlich gemacht für den Schmerz der gebärenden Mutter, der im ganzen A. T. als der furchtbarste und grösste Schmerz überhaupt, ja als der Typ eines gewaltigen Schmerzes dargestellt wird ([3]).

Die innere Tragik des Frauenlebens wird als Folge der ersten Schuld dargestellt und kurz in den Worten angedeutet: « Du wirst nach deinem Manne verlangen, der über dich herrschen wird » (16). Wie tief muss der Schreiber dieser Zeilen von der gigantischen Ungeheuerlichkeit dessen überzeugt gewesen sein, was mit der ersten Sünde geschah, dass

---

[1] Vgl. S. 63 f.

[2] Die Ausführungen von Jacob (116 ff.), der hier in vielem gar keine Festsetzung von Strafen sehen will, die noch nicht dagewesenes Leid verhängen, werden weder dem einfachen Wortsinn noch vor allem dem unmittelbaren Zusammenhang gerecht.

[3] In Jer. 30, 6 ist der Schmerz der gebärenden Mutter Symbol für die entsetzlichen Leiden des Exils; in Ps. 48, 7 Symbol für Schrecken und Entsetzen des Königs Rason von Damaskus und des Peḳaḥ von Samaria und ihrer Heere, als sie um 735 vor Jerusalem geschlagen wurden (Vgl. A. Pohl, *Historia populi Israel,* Romae 1933, 120 f.). Vgl., wie häufig die folgenden Worte im gleichen Sinne verwandt werden, חַלְחָלָה, חִילָה, חִיל, חַיִל.

er, der im alten Orient lebte und wusste, wie sehr « der Mann über die Frau herrschte », dass er alles Leidhafte, was darin lag, auf den einen Ungehorsam gegen Jahweh als letzte Quelle zurückführte!

Folge der ersten Schuld ist « die Mühsal, mit der der Mensch für seine Ernährung zu sorgen hat alle Tage seines Lebens » (17 ff.), « der Schweiss seines Angesichtes, in dem er sein Brot verzehrt ». Kurz alle Arbeitslast und alle soziale Not, alles Quälende der Sorge um das tägliche Brot wird auf die eine Schuld als seine erste Quelle zurückgeführt.

Die Sünde ist es, die der Menschheit die Krone der Unsterblichkeit raubt. Jetzt wird dem Menschen die Möglichkeit genommen, vom Baum des Lebens das « Sakrament der Unsterblichkeit » zu geniessen. So ist die Verurteilung des ganzen Menschengeschlechtes zum Tode Folge der Sünde, und damit alle Sterbenot für den, dessen Leben sich auflöst, und für die, die ihm nahe stehen.

Hier ist wieder eine ganz nahe Ideenverwandtschaft zwischen Gen. 3 und 6, 1-4. An beiden Stellen ist Folge der Schuld ein Todesurteil über die Menschen, aber im zweiten Todesurteil liegt eine gewaltige Steigerung. In Gen. 3 bedeutet das Todesurteil um der Sünde willen nur das Schwinden des Privilegs der Unsterblichkeit, in Gen. 6 hingegen die Vernichtung des Menschengeschlechtes schlechthin.

Schliesslich hat die Sünde zur Folge, dass die Menschen aus « dem Garten in Eden » ausgewiesen werden (20-24), sie macht also die Menschen zu Verbannten aus einem verlorenen Paradies.

Das sind einige wenige Ideen, die im unmittelbaren Wortsinn von Gen. 3 offenbar ausgesprochen sind. Alles ist ganz bewusst allgemein-menschlich gesagt. Gar kein Zweifel kann daran bleiben, dass der Verfasser nicht nur von dem Unglück des ersten Menschenpaares spricht; er begreift vielmehr das Schicksal der ganzen Menschheit der kommenden Jahrtausende in diese gigantische Vision von den Folgen des ersten Ungehorsams ein. Und darin begegnen sich wieder Gen. 3 und 6, 1-4; sie sehen im Bösen ein Geschehen, das Strafurteile von ungeheuren Ausmassen herausfordert. Sicher lässt sich das eine sagen: nachdem einmal eine so hohe theologische Auffassung von Sünde und Schuld in der Genesis ausgesprochen ist, wie sie Gen. 3 enthält, brauchen wir uns vom literarischen Standpunkt aus vor keiner Höhe und Tiefe der Sünden- und Gottesidee in der Genesis zu scheuen. Wenn sich also herausgestellt hat, dass in Gen. 6, 1-4 eine hohe Idee von der Sünde, der beleidigenden Herausforderung Jahwehs, vorliegt, so gibt uns der Vergleich mit Gen. 3 die Gewissheit, dass diese hohe Auffassung der Sünde in der Genesis ideengeschichtlich durchaus an ihrem Platze ist.

Gen. 4, 7

Im Gegensatz zu Gen. 3 ist in 4, 7 der einfache Wortsinn stark umstritten, so dass ohne eine eingehende kritische Prüfung nicht an die theologische Würdigung dieses Textes herangegangen werden kann.

Den besten Ausgangspunkt für die Untersuchung bietet wohl die Frage, ob *der hebräische Konsonantentext* im grossen und ganzen vertrauenswürdig ist. Vielfach wird der Text Gen. 4, 7 als « sehr verderbte Stelle » ([1]) bezeichnet. Der erste Eindruck möchte das schon aus der LXX schliessen, in die beim besten Willen kein vernünftiger Sinn hineinzubringen ist. Doch ist eben diese griechische Übersetzung auffallend konstant ohne bemerkenswerte Variante überliefert ([2]). Ja, beim näheren Zusehen ergibt sich, dass die LXX im wesentlichen den heutigen Konsonantentext der Massorah gelesen hat. Man kann Wort für Wort verfolgen, wie die griechischen Übersetzer unserm Text einen Sinn zu geben versuchten, ohne jedoch einen vernünftigen Zusammenhang herstellen zu können. Der Grund war wohl, dass den alexandrinischen Juden die šumerisch-akkadische *râbiṣu*-Vorstellung unzugänglich war, die allein den Schlüssel zum Verständnis des Textes bietet. Hat aber die LXX die heutigen Konsonanten gelesen, so liegt darin ein höchst beachtenswertes Argument für deren Echtheit, zumal auch die Vulgata einen im wesentlichen identischen hebräischen Text voraussetzt.

([1]) So z. B. SCHRADER–ZIMMERN–WINCKLER, *Die Keilinschriften und das A. T.*³, Berlin 1902, 460, Anm. 3.
([2]) RAHLFS, Stuttgart 1926.

Mass.   *LXX*

הלא אם־תיטיב שאת   οὐκ, ἐὰν ὀρθῶς προσενέγκῃς,
ואם לא תטיב לפתח חטאת   ὀρθῶς δὲ μὴ διέλῃς, ἥμαρτες;
רבץ   ἡσύχασον·
ואליך תשוקתו   πρὸς σὲ ἡ ἀποστροφὴ αὐτοῦ,
ואתה תמשל־בו   καὶ σὺ ἄρξεις αὐτοῦ.

Die Verwechslung von תְּשׁוּקָה « Verlangen » und תְּשׁוּבָה « Rückkehr » in der 4. Zeile ist nicht hoch zu veranschlagen. Die LXX liest auch 3, 16: ἡ ἀποστροφή σου, wo kein Zweifel ist, dass hier die Massorah den besseren Text bietet תְּשׁוּקָתֵךְ « dein Verlangen ». Vielleicht handelt es sich um eine Verwechslung von ἀποστροφή und ἐπιστροφή. Mit dem zweiten Ausdruck übersetzt die LXX ja auch in Cant. 7, 11 das תְּשׁוּקָה.

Das διέλῃς der 2. Zeile ist in seinem Ursprung zweifelhaft. Sollte damit ein נִתַּח wie in Lev. 1, 12 wiedergegeben werden? Oder ist es ein Übersetzungsversuch des Stammes פתח? Doch ist gerade das לַפֶּתַח der Massorah durch Symmachus (παρὰ θύραν ἁμαρτία ἐγκάθηται) und Theodotion (ἐπὶ θύρᾳ) glänzend bestätigt (¹).

Im übrigen hat die LXX einige Formen anders vokalisiert; רבץ liest sie als Imperativ und nicht als Partizip, so dass aus dem « Lagernden » ein ἡσύχασον wurde. Aber sonst ist gerade die LXX in ihren verunglückten Versuchen, dem hebräischen Konsonantenbestand irgend eine vernünftige Bedeutung abzugewinnen, für dessen Echtheit eine vorzügliche Bestätigung.

So scheint die Lesung der Massorah in Übereinstimmung mit den alten Übersetzungen genügend gesichert, um einem *Übersetzungsversuch* zu dienen.

Das so ungleich aufgenommene Opfer der beiden Brüder, Kain und Abel, ist vorüber. In der masslosen Verbitterung Kains sieht Jahweh die grösste Gefahr einer bevorstehenden Katastrophe. Um diese zu verhindern, richtet der Herr die Mahnung 4, 7 an Kain:

(¹) Vgl. Field, *Hexapla I,* Oxonii 1875, 18.

הֲלֹא אִם־תֵּיטִיב שְׂאֵת - König(¹) übersetzt: « Nicht wahr, wenn du Gutes tust, dann gibt es Aufnahme, Annahme bei Gott? » Darin läge ein Hinweis auf die Gründe für die « Nicht-Aufnahme » des vorhergegangenen Opfers. Mit dem Sinn des Inf. cs. שְׂאֵת mag diese Deutung vereinbar sein; immerhin ist sie stark umstritten. Kautzsch (²) übersetzt: « Wenn du recht handelst, so kannst du (dein Antlitz frei) erheben ». Jedoch bleibt der allgemeine Sinn klar. Kain wird darauf hingewiesen, dass, wenn er Gutes tut, eben dieses Gute für ihn irgendeine Befreiung, Erlösung seines gequälten Zustandes bringen wird. Beachtenswert scheint die nähere Analyse des הֵיטִיב bei Keil (73): es « bedeutet hier nicht das gute Handeln, das Vollbringen des Guten in Tat und Werk, sondern das Gutmachen der Gesinnung, d. h. die Richtung des Innern auf das Gute ». Keine Frage ist, dass es sich hier um Werke oder Gesinnung sittlicher Gutheit handelt. הֵיטִיב ohne Objekt oder mit einem דְּרָכָיו וּמַעֲלָלָיו spricht ja von moralisch ethischer Gutheit. — Die Mahnung Jahwehs an Kain beginnt also — bei dessen Verbitterung und Erregung tief psychologisch — mit dem trostvollen Hinweis darauf, dass eine für ihn äusserst begehrenswerte Wirkung mit dem Augenblick eintreten wird, wo er sich dem sittlich Guten zuwendet.

וְאִם לֹא תֵיטִיב לַפֶּתַח חַטָּאת - « Wenn du aber nicht Gutes tust, dann ist an der Türe: Sünde ». חַטָּאת ist zweifellos fem.; wenn darum eine Ergänzung dieses Begriffes folgen soll, ist sie sicher in der Femininform zu erwarten. Statt dessen:

רֹבֵץ - « Einer, der daliegt; einer, der kauert, sich lagert». Dieser abrupte Wechsel des Genus ist das erste, was die Aufmerksamkeit erregen muss, zumal dieses Partizip sich nicht allzu häufig im A. T. findet. Noch erstaunlicher aber ist, dass dieser Maskulinbegriff auch im folgenden die absolute Vorherrschaft hat; auf ihn beziehen sich eindeutig zwei der folgenden Suffixe:

(¹) S. 284 f.
(²) *Die Hl. Schrift des A. T.*³, Tübingen 1909, 13.

וְאֵלֶיךָ תְּשׁוּקָתוֹ וְאַתָּה תִּמְשָׁל־בּוֹ – « Und auf dich geht sein Verlangen, und du sollst über ihn herrschen ». תְּשׁוּקָה ist Gen. 3, 16 der Trieb des Weibes zum Manne; Cant. 7, 11 die Sehnsucht des Geliebten nach seiner Braut. Hier — Gen. 4, 7 — ist das Wort sicherlich nicht in seinem edelsten Sinne genommen. Es soll wohl das aus der Eigenart dieses רֹבֵץ naturhaft hervorbrechende Verlangen bezeichnen, sich des Menschen zu bemächtigen. KEIL (85) spricht davon, dass hier « die Sünde mit kaum zu verkennender Hindeutung auf die Schlange (3, 15) als ein wildes Tier personifiziert ist, das vor der Tür des menschlichen Innern lauert und nach dem Menschen giert, um ihn oder seine Seele zu verschlingen (1 Petr. 5, 8) ». KÖNIG (285): hier wird « positiv auf den Feind hingewiesen, der den unrecht handelnden Menschen anstatt Gottes in Beschlag nimmt. Dieser Besieger des nicht gut handelnden Menschen ist die *chaṭṭâth*, die an der Pforte — des menschlichen Herzens — gleichsam ein an der Zelttüre lauerndes Raubtier ist ». KAUPEL ([1]): « Es liegt der Vergleich der Sünde mit einem an der Tür des Gehöftes lagernden Raubtiere vor ».

All diese Deutungen sind recht anregend; aber wo ist denn רֹבֵץ im Sinne von « lagerndes Raubtier » nachgewiesen? Und wenn man dem Ursprung dieses רֹבֵץ nachgeht, wird man dann nicht auf eine ganz andere Spur geführt? — Mit Recht lehnt KAUPEL (a. a. O.) allerdings die Auffassung DUHMS ab. Dieser hatte חטאת als Glosse gestrichen, רֹבֵץ (= *râbiṣu*) zum Subjekt gemacht und dann behauptet, hier « schaue der Glaube an Schwellen-Dämonen heraus ». — Hat aber DUHM nicht vielleicht doch darin Recht, dass er in רֹבֵץ den akkadischen « *râbiṣu* » wiederfindet? Dann wäre unter Beibehaltung des gesicherten Konsonantenbestandes zu übersetzen: « *Ist dann nicht an dem Tore Sünde, ein Dämon, dessen Verlangen auf dich geht, und du sollst doch über ihn herrschen?* » In dieser Auffassung des Textes hätte der Verfasser das Bild vom akkadischen « Dämon am Tore » gebraucht, um damit Eigenart und Gefahr der drohenden Sünde zu kennzeichnen. Es wäre eine tief-theologische Umdeutung alt-mesopotamischen Dämonen-

---

[1] *Die Dämonen im A. T.*, Augsburg 1930, 77.

glaubens im Sinne der Offenbarungslehre über Gott, Mensch und Sünde ([1]).

Die gebräuchlichste akkadische Lesung des Ideogramms u t u g ist *râbiṣu* ([2]). Dies u t u g — *râbiṣu* ist einer der häufigsten Namen für eine Art der Dämonen in der šumerisch-akkadischen Literatur. Das babylonisch-assyrische *rbṣ* heisst « lagern », genau so wie das hebräische רָבַץ des völlig gleichlautenden Stammes. Der Grundsinn des *râbiṣu* ist also etwa « der Laurer = der Dämon ».

Die Erklärung der grammatischen Form ist für *râbiṣu* in doppelter Weise möglich. Entweder ist es direkt Nominalform; dann wäre das *a* kurz; vgl. *parisum* ([3]). Oder es ist Partizip; dann ist das *â* lang; vgl. *pârisum* ([4]). UNGNAD schreibt *râbiṣu* ([5]), sieht also in der Form ein Partizip. Damit würde רֹבֵץ in Gen. 4, 7 nicht nur der Stammesbedeutung, sondern auch der grammatikalischen Form nach absolut mit *râbiṣu* übereinstimmen.

Von den äusserst zahlreichen Belegstellen, die das konkrete Bild dieses u t u g — *râbiṣu* entwerfen, seine Eigenart und sein verhängnisvolles Treiben schildern, seien hier einige genannt, die in besonderer Weise den « *Dämon an der Türe* » erwähnen.

Von mehreren Unglücksstiftern, darunter dem « bösen u t u g », heisst es: ([6])

« Von Haus zu Haus dringen sie, — keine Tür kann sie ausschliessen, — kein Riegel zurückhalten; — durch die Tür gleich einer Schlange gleiten sie ».

([1]) Ansätze zu einer ähnlichen Interpretation für Gen. 4, 7 finden sich bei PROCKSCH (*Die Genesis*, Leipzig 1913). Seine Übersetzung gibt freilich diesen Gedanken in keiner Weise wieder: « Es lauert die Sünde (dich zu betören), und nach dir steht ihr Verlangen » (44). Das « am Tore » geht in der Kritik des Textes ganz verloren. Aber S. 47 bei der ausführlichen Erklärung der Worte stehen recht anregende Bemerkungen, die in die Richtung der oben vorgelegten Deutung weisen. Die Übersetzung « die Sünde ist ein Dämon » wird als « immerhin erwägenswert » bezeichnet. « Die Sünde scheint dann wie ein begehrlicher Dämon gedacht, der sich an sein Opfer klammert » (ebd.).

([2]) Vgl. DEIMEL, *Šumerisches Lexikon* II, Romae 1930, n. 295 d, S. 505.

([3]) UNGNAD, *Grammatik*², München 1926, S. 35.

([4]) Ebd. S. 86.

([5]) *Babyl. Briefe*, Leipzig 1914, 375.

([6]) JASTROW, *Religion Babyloniens und Assyriens*, Giessen 1905; I, 360.

In Beschwörungen gegen die Dämonen: (¹)

« Durch das Tor des Hauses sollen sie nicht eindringen, — durch die Tür des Hauses sollen sie nicht eindringen » usw. Es folgen 9 weitere Angaben von Öffnungen am Hause, und jedesmal wird wiederholt: « (Dadurch) sollen sie nicht eindringen ».

Bei Angabe von Schutzmitteln gegen die Dämonen wird gesagt: (²)

« Schliesse das Tor rechts ab, — schliesse das Tor links ab, — so wird der Bann gelöst ».

Ein ander Mal wird erzählt, was alles an Schutzgottheiten gegen die Dämonen aufzustellen sei: (³)

« Auf dass nichts Böses nahe, habe ich den Gallal und Latarak im Tor hingestellt; um alles Böse zu vertreiben, habe ich... gegenüber dem Tore aufgestellt; kämpfende Zwillinge aus Gips habe ich inmitten des Tores befestigt; ... habe ich bei den Pfosten des Tores rechts und links hingesetzt; ... habe ich inmitten des Tores rechts und links hingestellt ».

Solche Texte zeigen wohl zur Genüge, welch weite Verbreitung im alt-mesopotamischen Volksglauben die Vorstellung vom « *râbiṣu* am Tore » hatte. Es wäre wohl nicht voreilig, wenn man aus dem blossen Textvergleich auf eine Abhängigkeit der Idee vom רֹבֵץ לַפֶּתַח in Gen. 4, 7 schlösse. Grundstamm, Bedeutung, grammatikalische Form, syntaktische Verwendung des entscheidenden Wortes stimmen eben vollkommen überein. Aber über dieses blosse Vergleichsargument hinaus bietet Gen. 4, 7 weitere schwerwiegende Gründe dafür, dass dieses רֹבֵץ nicht als gewöhnliches Partizip gedacht ist,

---

(¹) Ebd. 376.
(²) Ebd.
(³) JASTROW, a. a. O. 388. — Weitere Belege zur Beschreibung des utug— *râbiṣu* vergleiche bei:
   JASTROW I, 280, 356, 358.
   DEIMEL, *Pantheon*, Romae, 1914, 1290
   ERICH EBELING, *Tod und Leben nach den Vorstellungen der Babylonier*, Berlin 1931, 83 f.
   THUREAU-DANGIN, *Die sumerischen und akkadischen Königsinschriften*, Leipzig 1907; S. 93: A 3, 20; S. 123: B 2, 9.
   KNUT TALLQUIST, *Die assyrische Beschwörungsserie Maqlû*, Leipzig 1895, 3. Tafel, 146.

sondern stark persönlich, substantiell gefasst wird. Der Gebrauch des Partizips in der Maskulinform nach dem Femininsubjekt, ferner die Rückbeziehung der beiden folgenden Maskulinsuffixe auf den רֹבֵץ und nicht auf חַטָּאת, die mit dem רֹבֵץ identisch gedacht ist, all das zeigt eindeutig, dass im Sprachbewusstsein des Schreibenden dieser רֹבֵץ eine ganz eigene Rolle spielte. Er wird erst durch die Appositionsstellung mit der חַטָּאת identifiziert; dann aber wird diese Begriffseinheit mit den Eigenschaften des רֹבֵץ näher erläutert. Die einzig ausreichende Erklärung dieses auffallenden Sprachphänomens ist aber die Annahme, dass der Verfasser bei dem רֹבֵץ an den *râbiṣu* gedacht hat. Und damit sind wir bei der oben vorgeschlagenen Übersetzung: « Wenn du aber nicht Gutes wirkst, ist dann nicht am Tore Sünde, ein Dämon, dessen Verlangen auf dich geht, und du sollst doch über ihn herrschen ?! » (¹).

Was würde aber ein solcher Text über die Sünde bedeuten? Die Sünde wird hier ein Dämon genannt, wird als etwas geschildert, was am Tore lauert wie der böse u t u g, um den Menschen zu packen, ihn zu vergewaltigen. Jahweh würde also sagen: « Wenn du nicht gut gesinnt bist, dann liegt in deiner unmittelbaren Nähe (am Tor) ein grässlicher Feind, für dich so unheilvoll und raubgierig wie der *râbiṣu* am Tore, von dem die Menschen reden ». Eine dem Volksglauben entnommene Vorstellung würde demnach als sprachliches Bild verwandt, um Eigenart und Wesen, Gefahr und Angriffsweise der Sünde zu kennzeichnen (²).

(¹) Diese Deutung des רֹבֵץ geht also wesentlich aus der besonderen Eigenart des Textes in Gen. 4, 7 voran. An anderen Stellen hat dieses Partizip mit einem entsprechenden Substantiv verbunden natürlich nur den Sinn « lagernd » u. dergl. So Gen. 29, 2: שְׁלֹשָׁה עֶדְרֵי־צֹאן רֹבְצִים « drei lagernde Schafherden » (עֵדֶר m.!); 49, 14: חֲמֹר רֹבֵץ « ein Esel, der sich lagert »; 49, 25: תְּהוֹם רֹבֶצֶת תַּחַת « die Flut, die in der Tiefe lagert ».

Ein ähnlich leicht zu deutender Text liesse sich in 4, 7 gewinnen, wenn man statt חַטָּאת die maskuline Form חֹטֵא läse. Aber gerade das Schluss-ת ist durch das ἥμαρτες der LXX durchaus gesichert. Ausserdem ist es ja nicht nur der schroffe Wechsel im Genus, der auf die Sonderart des רֹבֵץ in 4, 7 hinweist. Vgl., was über das « am Tore » oben gesagt wurde.

(²) Ausführlich setzt sich C. F. JEAN mit dieser (schon in *Bibl.* 16 [1935] 431-442 veröffentlichten) Auffassung auseinander (*Rev. Apol.* 63 [1936 II] 113-

Der Text würde also die Berührung mit dem alt-šumerisch-akkadischen Dämonenglauben nicht vermeiden, aber er bietet eine tief-theologische Umdeutung dieser Anschauung im Sinne des Offenbarungsglaubens. Der wahre *râbiṣu*, der den Menschen in seinem friedlichen Heim zu überfallen sucht, den der Mensch beherrschen soll, ist die Sünde. Darin liegt eine theologisch hohe und reine Auffassung der חַטָּאת gleich an der ersten Stelle, wo sie in der Schrift ausdrücklich mit ihrem Namen genannt ist.

Die Sünde wird demnach hier folgendermassen beschrieben:

1) Sie ist ein lauernder « Dämon an der Türe », dessen natürliche Sehnsucht es ist, sich an den Menschen heranzumachen und Gewalt über ihn zu gewinnen.

2) Der Mensch aber hat von seiner Seite aus die Aufgabe, die Gewalt über die Sünde zu bekommen.

3) Es steht in der Macht des Menschen, sich diesen Feind fernzuhalten, dass er gar nicht als « Dämon an der Türe » lauern kann. Und dieses Mittel ist das הֵיטִיב, das « Gutes wirken », « gut sein ».

4) Dies Abwehren der Sünde schliesst zugleich eine weitere günstige Wirkung für den Menschen ein, die mit dem dunklen Wort שְׂאֵת « Erheben » genannt wird, sicher irgendeine Befreiung oder Erlösung besagt.

Damit bietet Gen. 4, 7 eine ausgezeichnete theologische Würdigung der Psychologie der Sünde und des sündigen

---

117). J. trägt vor allem zwei Bedenken vor. « Sünde » sei hier *personifiziert*, könne deswegen als Maskulin behandelt werden. Auch Qohelet oder *mmlkt* (Majestät = König) gälten trotz der Femininendung als Maskulin. — Ausserdem erscheint J. die Parallele mit *râbiṣu* nicht stringent genug.

Darauf scheint zu sagen:

1) Bei Qohelet etc. handelt es sich um Namen *konkreter männlicher Personen*. Da ist es selbstverständlich, dass diese als Maskuline behandelt werden. In unserem Falle geht es um die *Personifikation* eines zunächst femininen Begriffes, also um einen wesentlich anderen Fall. — Zudem wird J. dem Argument nicht ganz gerecht, dass der blosse Sinn « liegen », der allein für das hebräische Verb רָבַץ nachzuweisen ist, in diesem Zusammenhang nicht ausreicht. Vgl. *Bibl.* 16 (1935) 437, 440.

2) A. a. O. ist keine « vollkommene *Parallele* » behauptet, sondern die *Vermutung* ausgesprochen, der gebrauchte *Vergleich* möchte sich an akkadische Vorstellungen anlehnen.

Menschen überhaupt, zugleich eine pastorale Belehrung des Sünders über den Weg zum Guten, wie sie feiner und packender kaum gedacht werden kann.

Recht beachtenswert scheint, wie diese Psychologie der Sünde zu den in Gen. 6, 1-4 geschilderten Ereignissen passt. 4, 7 wird die Sünde hingestellt als der Dämon, dessen angeborenes Verlangen den Menschen überfallen möchte; 6, 1-4 als etwas, was den Menschen schon völlig vergewaltigt hat. 4, 7 ist die Sünde etwas, das durch « Gutes tun » ferngehalten wird; 6, 5 heisst es, « alles Dichten und Trachten des Menschen sei immerfort auf das Böse gerichtet gewesen ». Kein Wunder also, dass die Sünde solche Herrschaft über die Menschen gewinnt, wie es in 6, 2 angedeutet ist. — Kurzum, die Psychologie der Sünde, wie sie 4, 7 geboten ist, stimmt mit dem tatsächlichen Verlauf der Dinge in Gen. 6, 1-4 bestens überein; ja, sie ist ein neuer Beweis, wie sehr tiefe und originelle Anschauungen über « Gott, Mensch und Sünde » in einem Buche wie der Genesis durchaus zu erwarten sind.

Gen. 50, 20

Die letzte theologische Ideenäusserung der Genesis fasst den Grundgedanken der Josephsgeschichte zusammen. Es sind die Worte, die Joseph nach dem Tode des Vaters an seine Brüder richtet: « Ihr hattet Böses gegen mich gedacht. Gott dachte es zum Guten, um zu tun wie an diesem Tage, am Leben zu erhalten ein zahlreiches Volk ». Damit sagt die Genesis zugleich ihr letztes Wort, das sie zur Theologie der Sünde zu sagen hat, nennt die *letzte heilsgeschichtliche Überwindung des Bösen* und zeigt eben durch Angabe dieser Grundidee der Kapitel 37-50, wie auch die Josephsgeschichten in hervorragendem Masse im Dienst der « Geschichte der Sünde » stehen.

Bei näherer Einzelbetrachtung des Textes ergibt sich folgendes:

וְאַתֶּם חֲשַׁבְתֶּם עָלַי רָעָה – Gemeint ist die Handlungsweise der Brüder an Joseph, dass sie ihn aus Neid als Sklaven an fremde Kaufleute verhandelten. Ziel ihrer Gedanken und Absichten

(חָשַׁב) war רָעָה « Schlechtes ». Es ist das gleiche Wort wie Gen. 6, 5: « Da sah Gott, dass die Schlechtigkeit der Menschen gross war », רַבָּה רָעַת הָאָדָם. Auch 50, 20 fehlt nicht der ethische Sinn. Gewiss dies רָעָה umschliesst auch all das physische Elend von Sklavenschaft und Kerker, das für Joseph aus der Tat seiner Brüder folgte. Aber es wird betrachtet, insofern eben dies Unglück Ziel, Objekt und Erfolg einer unmoralischen Gesinnung und Tat war. Vgl. 50, 17: « Die Sünde und das Vergehen deiner Brüder, dass sie dir Böses (רָעָה) getan ». רָעָה ist also hier das Unglück als Objekt und Inhalt einer sündhaften Handlung.

אֱלֹהִים חֲשָׁבָהּ לְטֹבָה – Die Übersetzung: « Gott *lenkte* es zum Guten » (Henne), genügt hier in keiner Weise; sie lenkt vom tiefen theologischen Grundsinn der Stelle ab. Hier steht kein vom vorigen verschiedenes Verb. Es ist *dasselbe* חָשַׁב « seine Gedanken richten auf ». Also: « Gott aber *dachte es* »; d. h. dasselbe רָעָה, das vorher Objekt der sündhaften Gedanken und Absichten der Brüder war, wird zum Inhalt und Objekt göttlicher Gedanken und Pläne. Nur geht jetzt dies göttliche Planen und Denken לְ mit « Beziehung », hier offenbar mit « Zielrichtung » auf — und eben darin liegt die ganze Paradoxie der göttlichen Weltlenkung — טֹבָה « etwas Gutes ». Die ganze Fülle aber dieses Segens, die Ziel und Wirkung dieser wahrhaft göttlichen Umdenkung menschlicher Sünde in Gedanken des Heils ist, wird im nächsten Satzabschnitt erläutert:

לְמַעַן עֲשֹׂה כַּיּוֹם הַזֶּה לְהַחֲיֹת עַם־רָב: – « Um zu tun, wie an diesem Tage, am Leben zu erhalten, Leben zu spenden für ein Volk von vielen » ([1]). Gemeint ist unmittelbar, das Werk der Ernährung der damals durch die langjährige Hungersnot gequälten und gefährdeten Volksscharen. Aber eben damit ist ein theologischer Gedanke von ganz aussergewöhnlicher Tiefe ausgesprochen. Was war die Sünde in der Genesis? Eine Macht, deren Wesen es ist, mit dämonischer Gewalt und Gier auf den

---

([1]) Vgl. Gen. 45, 5-8.

Menschen zu lauern (4, 7), etwas, das in sich die Kraft trägt, die furchtbarsten Todesurteile über die ganze Menschheit hervorzurufen (3; 6, 1-4). Und was geschieht mit dieser Sünde? Wenn sie Objekt göttlichen Denkens wird, dann hat dies Planen Gottes die Weisheit und Kraft, die Sünde, diese Quelle des Todes so umzudenken, dass sie zu einem Prinzip des Lebens wird. לְהַחֲיֹת « Ursache von Leben zu sein », ist das Ziel dieser göttlichen « Umwertung » menschlicher Sünde. Gewiss ist in diesen Texten unmittelbar die Rede vom leiblichen Tod und Untergang, den die Sünde verursacht, und vom zeitlich-leiblichen Leben, in das Gott die Sünde umzudenken versteht. Vor den Gedanken paulinischer Tiefe und johanneischer Schönheit von Tod und Leben der Seele stehen wir hier noch nicht. Aber gleichwohl bleibt dies letzte Wort, was die Genesis zur Theologie und zur Theologie der Sünde zu sagen hat, eine heilsgeschichtliche Überwindung der Sünde von übermenschlicher Weisheit und Grösse. Der Gedanke allein, Gott kann ein Prinzip des Todes umdenken zu einem Geheimnis des Lebens, enthält im Keim die Lösung für das Problem der Erlösungslehre, für das « mysterium crucis » des N. T. In dem Geheimnis von Kalvaria findet der Gedanke aus Gen. 50, 20 seine vollste Entfaltung und letzte Vollendung. Die schlimmste Sünde Israels war der Mord des Messias. « Sie dachten Böses gegen ihn ». Aber eben dieser Opfertod Christi gilt dem N. T. als Quelle von Gnade und ewigem Leben. « Gott aber dachte es zum Guten, um Leben zu spenden für ein Volk von vielen ». —

Es ist klar, dass mit den wenigen Andeutungen über Gen. 3; 4, 7; 50, 20 das grosse Thema « die Theologie der Sünde in der Genesis » in keiner Weise vollständig behandelt ist. Es sind ja nur wenige Ideen zu drei Texten des ganzen Buches. Aber schon diese Stellen der Genesis zeigen, vor welch reifer und weitschauender Theologie wir im ersten Buche der hl. Schrift stehen. Keine Literatur der alten Welt hat ähnlich Tiefes über das Problem der menschlichen Schuld geschrieben. Für das unmittelbare Ziel der vorliegenden Arbeit hatten diese drei kleinen Ausblicke auf die Theologie der Sünde in der übrigen Genesis den Wert, dass sie die für Gen. 6, 1-4 gewonnene Deutung einreihen halfen in die theologische Gedankenführung der Genesis überhaupt. Diese Erwägung überwindet vor allem die Schwierigkeit, als wenn der Abschnitt Gen. 6, 1-4 mit seiner tiefen Theologie ein « *isolierter Fremdkörper* » im ersten Buch Moses' sei. Im Gegenteil sind es vor allem die Gedanken von der Sünde als Prinzip des Todes, die Gen. 6, 1-4 in vollkommener Harmonie einfügen in die Geschichte der Sünde, wie sie die Genesis erzählt. Vom Bericht über die erste Auflehnung gegen Gott in Gen. 3 an bis zur theoretisch-geistigen Überwindung der Sünde in 50, 20 haben wir eine einheitliche Entwicklung. Die Sünde, die eine Todeskatastrophe nach der andern hervorruft, wird erst durch Gottes Gedanken überwunden. Seine Weisheit und Liebe hat dann freilich die Kraft, das Prinzip des Todes umzudenken zu einem Geheimnis des Lebens.

VERZEICHNIS DER SCHRIFTSTELLEN ([1])

Gen.		Gen.		Gen.	
	PAG.		PAG.		PAG.
1	. 120 f 136	4,25	. . 15. 159	9,26	. . . 135
	165 f 168 f	4,26	. 136 ff 143.	10	. . . 12
	238		153	10,8 ff	. . . 197 f
1-2	. . . 105	5	. . 12. 15.	10,12	. . . 198
1-3	. . . 11		148. 165.	11,1-9	. . . 229
1,26	. . . 162		232	11,4	. . . 211
1,26 f	. . . 233	5-6	. . . 233	11,5	. 16. 170 ([2])
1,27	. . . 166	5,1 ff	. 134. 136.	11,10	. . . 192 f
1,27 f	. 27. 161 f		158 ff. 166.	12,3	. . 13. 135
	182		169. 233	17,10	. . . 204
1,31	. . . 18	5,1-3	. . . 182	18,21	. . . 17
2,1	. . 121 ([1])	5,2	. . . 22	19	. . . 97 f
2,7	. 41. 46 ff	5,3	. . . 138	19,1-28	. . . 230
2,11 b	. . . 67	5,4	. . . 154	20,7	. . . 190
2,17	. . . 240	5,4 ff	. . . 13	23,1	. . . 65 f
2,21	. . . 61	5,32	. . 191 ff	24-27	. . 15 ([1])
2,23 f	. . . 61	6,1-4	. . passim	25,7	. . . 190
2,25	. . . 62	6,1-8	. 229. 232 f	26,8	. 13 ([2]). 15 ([1])
3	. 142 ([1]). 172	6,5	. 16. 151 f	27,1	. 13 ([2]). 15.
	239 ff 253 f		210 ft 251 f		15 ([1])
3,1 ff	. . . 229	6,5 ff	. . . 128	28,20	. . . 204
3,5	. . . 240	6,5-7	. 16. 149.	29,2	. . 249 ([1])
3,7	. . . 62		155	33,8	. . . 204
	240 f	6,5-9,17	. . . 12	35,22	. . . 229 f
3,10 f	. . 62. 241	6,7 f	. 39 f 152.	37-50	. . . 251
3,11	. . . 240		187 f	37,6	. . . 204
3,15	. . 12. 133	6,11 f	. . . 151 f	37,10	. . . 204
3,15 f	. 241. 246	6,12	. . . 18	37,22	. . . 204
3,16	. . . 244	6,12 b	. . . 56	38,13-23	. . . 230
3,17	. . 60. 240	6,12 f	. 58. 149 f	41,38	. . . 190
3,17 ff	. . . 242	6,13	. 56. 128.	41,50	. . 202 ([2])
3,19	. . 60. 63 f		210	42,38-44,34	. . 15 ([1])
3,22	. . . 227 f	7,6	. . . 194	43,20 f	. . . 13
4-5	. . . 16	7,11	. . . 191	43,21	. 13 ([2]). 15 ([1])
4,1 ff	. 206. 229	7,22	. . . 28	44,15	. . . 204
4,7	. 240. 243 ff	8,21	. 126. 229	44,24	. 13 ([2]). 15 ([1])
	253	9,10	. . . 28	45,5-8	. . 252 ([1])
4,19	. 12. 30. 142	9,18-29	. . . 230	45,6	. . . 203

([1]) Nicht eigens erwähnt wird, ob eine Schriftstelle sich auf der angegebenen Seite einmal oder öfter findet.

Die Ordnung der Bücher in diesem Verzeichnis ist die der gewohnten Ausgaben der Vulgata.

Verzeichnis der Schriftstellen

Gen.

	PAG.
46,7	. . 22 (¹)
49,14	. . 249 (¹)
49,25	. . 249 (¹)
49,28	. . . 204
50,17	. . . 252
50,20	. 240. 251 ff

Ex.

1,15-22	. . 15 (¹)
1,21	. 13 (²). 15. 15 (¹). 232
2,2	. . . 26
4,22 f	. . . 78
12,13	. . . 17 (¹)
12,23	. . . 17 (¹)
13,3-16	. . . 15 (¹)
13,15	. 13 (²). 15 (¹)
15,10	. . . 42
18,18	. . . 204
20,4	. . . 33
20,17	. . . 32
31,3	. . . 191
35,31	. . . 191

Lev.

1,12	. . . 242
15,2 f	. . . 55
15,7	. . . 55
15,19	. . . 55

Num.

13,33	. 67. 196 f
24,2	. . . 191

Dt.

1,28	. . . 197
2,10	. . . 197
2,21	. . . 197
4,22	. . . 26
9,1 f	. . . 197
9,6	. . . 26
14,1	. . 78. 83
18,15	. . . 190
34,7	. . . 65

Jos.

14,12	. . . 197
17,13	. . . 14 (¹)

Richt.

	PAG.
1,28	. . 14 (¹)
6,7	. . 14 (¹)
6,21 f	. . . 122
13,20	. . . 121
13,20 ff	. . . 122
15,2	. . . 26
16,7	. . . 173 f
16,16	. 14 (¹). 15
16,25	. . . 14 (¹)
20,3	. 173 ff. 177

Ruth

4,15	. . . 27

1 Sam.

1,1	. . . 67
9,2	. . . 26
10,6	. . . 191
10,10	. . . 191
12,12 f	. . . 29
12,23	. . . 26
13,6	. 173. 175 ff
14,21	. . . 177
15,23	. . . 168
16,7	. . . 57
18,10	. . . 191
19,9	. . . 191
24,20	. . . 26

2 Sam.

6,13	. . 14 (¹)
7,1	. 14 (¹). 15
7,23	. . 211 (¹)
8,13 f	. . 211 (¹)
17,1	. . . 29
19,26	. . 14 (¹)

3 Reg.

22,19	. . . 124
22,21	. . . 124

4 Reg.

3,25	. . . 27
17,7	. 14 (¹). 15

2 Chron.

	PAG.
14,10	. . . 58

Neh.

3,7	. . . 38
9,10	. . 211 (¹)
9,20	. . . 45

Tob.

6,14	. . 123 (¹)
6,15 (LXX)	. . . 3 ff
6,16 f (Vulg.)	. . 55 (¹)
6,17	. . . 126
8,3	. . . 126
12,12 f	. . . 87
12,19	. . . 122

Esth.

8,12 q (Rahlfs)	139 (¹)
9,22	. . . 203
16,16 (Vulg.)	. 139 (¹)

Job

1,1	. . . 67
1,5	. 14. 14 (¹). 15
1,6	. 75. 77. 83
2,1	. 75. 77. 83
7,16	. . . 32
9,14	. . . 29
10,3	. . . 57
10,4	. . . 57 f
27,3 f	. . . 46
32,8	. . . 46
33,3 ff	. . . 47
34,14 f	. . . 43
38,7	. 75. 77. 83

Ps.

8,4-6	. . . 170 f
8,4-9	. . . 168 f
8,6	. . . 167 ff
9,19	. . . 32
10,11	. . . 32
10,18	. . . 58
15,5	. . . 32

Ps.

	PAG.
29,1	. . 76 f. 83
30,7	. . . 32
31,2	. . . 32
44,24	. . 32. 34
48,7	. . . 241 ([3])
49,20	. . . 32
50,1	. . . 137
51,12 ff	. . . 45
55,23	. . 32. 35
56,5	. . . 56
56,12	. . . 56
71,1	. . . 32
72,17	. . . 38 ff
73,1	. . . 80
73,5	. 173. 178
73,11	. . . 80
73,15	. . 80. 83
73,17	. . . 80
73,26	. . . 80
73,28	. . . 80
74,19	. . 32. 34
82,6 f	. 80. 171
89,7	. 76 f. 83
103,9	. . 32. 34
104	. . . 44
104,5	. . . 32
104,29 f	. . . 42
112,6	. . . 32
119,93	. . . 32
133,3	. . . 85 f
137,1 (LXX)	. . . 88
143,10	. . . 45
146,4	. . . 43 f

Prov.

10,30	. . . 32
18,8	. . . 48
20,27	. . . 47 f
20,30	. . . 48
26,22	. . . 48
27,24	. . . 32

Qoh.

⌐,5	. . . 56
9,6	. . . 32

Cant.

7,11	. 244. 246

Sap.

	PAG.
2	. . . 84
2,13	. . . 81
2,16	. . . 81
2,18	. . . 81
2,24	. . . 93
5,5	. 81 f. 84
7,23	. . . 125
10,3 f	. . 141 ff
14,6	. . . 1
14,6 f	. . 213 ff

Sir.

16,4-7	. . . 213
17,5	. . . 48

Is.

1,2	. . . 78 f
1,3	. . . 78
1,4	. . . 79
13,20	. . . 32
14,13 f	. . . 211
14,20	. . . 32 f
24,21	. 84 ff. 93
25,2	. . . 32
28,28	. . . 32
30,1	. . . 79
30,9	. . , 79
31,3	. . 50. 57
33,20	. . . 32
37,26	. . . 71
40,20	. . . 29
43,4	. 173, 177
43,6 f	. 79, 84
45,17	. . . 32
55,13	. 32 f. 211 ([1])
56,5	. . 211 ([1])
57,16	. . . 31 ff
63,11	. . . 45
63,12	. . 211 ([1])
63,14	. . 211 ([1])
63,19	. . . 32
64,3	. . . 32
64,8	. . . 32

Jer.

3,5	. . . 34
3,12	. . 32. 34
3,14	. . . 79
3,19	. . . 79

Jer.

	PAG.
5,7 f	. . 55 ([1])
7,13	. . . 239
7,30	. . . 239
17,5	. . . 56
18,10	. . . 239
19,3	. . . 202
20,11	. . . 32 f
20,14	. . . 203
20,17	. . . 69
30,6	. . 241 ([3])
31,9	. . . 79
31,39	. . . 32
32,20	. 173. 177 f. 211 ([1])
50,5	. . . 32 f
50,39	. . . 32

Lam.

3,31	. . 32. 34

Bar.

3	. . . 214 f
3,26	. 196. 198
3,26-28	. . 1. 2. 3

Ez.

11,19	. . . 45
22,14	. . . 203
23,20	. . . 55
26,21	. . . 32
27,36	. . . 32
28,19	. . . 32
32,24-26	. . . 215
32,27	. . . 215 f
36,26	. . . 45

Dan.

2,44	. . . 32
3,25	. . . 76 f
3,34 f	. . . 34
3,86	. . . 123
9,21	. . . 121
9,26	. . 93 ([2])
14,36	. . . 121

Os.

2,1	. . 79. 83
11,1	. . . 80

17. — CLOSEN, *Die Sünde der « Söhne Gottes »*.

Joël
	PAG.
2,2	... 32
2,26 f	... 32

Jon.
1,2	... 209
3,2 ff	... 209
3,4	. 185. 188 f
3,8	... 210

Mich.
7,18	.. 32. 34

Hab.
1,4	... 32

Soph.
3,19	.. 211 (¹)

2 Makk.
10,29	... 121

Mt.
5,9	... 82
5,28	... 180
6,1	... 86 f
22,30	. 5 f. 111 f
24,22	... 33

Lc.
	PAG.
1,37	... 33
3,23-38	... 134
3,38	.. 134 f
17,21	.. 209 (¹)

Jo.
8,15	... 58
8,44	... 93

Act.
7,51	... 86
10,14	... 33

Rom.
3,9	... 32
8,9	.. 153 f
8,12 ff	... 88 f
8,13 f	... 82 f
9,4	... 82

1 Cor.
11,10	.. 87 ff

2 Cor.
13,2	... 86

Gal.
5,17	.. 45. 52

Eph.
	PAG.
6,12	... 89

Phil.
1,20	... 86

1 Tim.
3,6 f	... 93

1 Petr.
5,8	... 246

2 Petr.
2,4	... 99
2,4-6	.. 89 ff
2,9 f	... 89

Judas
6	. 89. 95 ff
7	.. 97 f
8	. 98 (²). 99
10	.. 98 (²)
12	.. 98 (²)
14	.. 98 (²)
16	.. 98 (²)
19	.. 98 (²)